妇产科学课程思政

教学案例集

主　编　王丽娟　林仲秋

副主编　刘畅浩　吴妙芳

编　者（以姓氏笔画为序）

丁　淼　王东雁　王丽娟　刘畅浩

吴妙芳　陈圣福　陈亚肖　林仲秋

祝丽琼　凌小婷　黄　佳　潘　萍

人民卫生出版社

·北　京·

图书在版编目（CIP）数据

妇产科学课程思政教学案例集 / 王丽娟，林仲秋主编. -- 北京 ： 人民卫生出版社，2025. 4. -- ISBN 978-7-117-37808-6

Ⅰ. G641

中国国家版本馆CIP数据核字第2025R7N035号

人卫智网	www.ipmph.com	医学教育、学术、考试、健康，购书智慧智能综合服务平台
人卫官网	www.pmph.com	人卫官方资讯发布平台

妇产科学课程思政教学案例集

Fuchankexue Kecheng Sizheng Jiaoxue Anliji

主　　编：王丽娟　林仲秋
出版发行：人民卫生出版社（中继线 010-59780011）
地　　址：北京市朝阳区潘家园南里 19 号
邮　　编：100021
E - mail：pmph @ pmph.com
购书热线：010-59787592　010-59787584　010-65264830
印　　刷：北京顶佳世纪印刷有限公司
经　　销：新华书店
开　　本：889 × 1194　1/32　　**印张：**9
字　　数：218 千字
版　　次：2025 年 4 月第 1 版
印　　次：2025 年 5 月第 1 次印刷
标准书号：ISBN 978-7-117-37808-6
定　　价：49.00 元
打击盗版举报电话：010-59787491　E-mail：WQ @ pmph.com
质量问题联系电话：010-59787234　E-mail：zhiliang @ pmph.com
数字融合服务电话：4001118166　E-mail：zengzhi @ pmph.com

前言

在医学领域的广袤版图中，妇产科学是独特且充满温度的临床学科，不仅关乎生命的降临与孕育，更紧密连接着无数家庭的幸福与未来。当我们聚焦妇产科学教育时，知识与技术的传授固然重要，但思政教育的融入同样不可或缺，它如春风化雨，赋予医学教育更深层次的价值与灵魂。

2020 年教育部印发的《高等学校课程思政建设指导纲要》，明确指出培养什么人、怎样培养人、为谁培养人是教育的根本问题，立德树人成效是检验高校一切工作的根本标准。2025 年 1 月 20 日，中共中央、国务院印发的《教育强国建设规划纲要（2024—2035 年）》，再次强调坚持教育优先发展，落实立德树人根本任务，为党育人、为国育才。在这样的新时代教育背景下，中山大学孙逸仙纪念医院妇产科学教研室积极响应国家号召，深入贯彻教育思想方针，致力于将思政教育深度融入医学专业课程的教学实践，发挥课程的育人作用。本书的编者既是长期奋战在妇产科临床一线的资深医生，又是肩负教育使命的大学教师，直接参与医学生的妇产科学理论授课、临床见习及实习带教工作。因此，在日常工作中，不断探索如何在妇产科教学中巧妙融合专业课程与思政教育，持续优化课程思政体系的构建，精心筛选思政元素，为培养新时代卓越医学人才奉献力量。

在课程思政构建过程中，收集典型案例是很重要的一环，这些案例将作为思政元素融入专业课教学，助力实现知识传授与价值引领的有机融合。在思政案例选择的过程中，遵循“六性”原则：专业性和科学性，历史性和前沿性，实用性和社会性。依据上述“六性”原则，从五个方面着手选择，包括历史及沿革、热点、名人、身边人身边事及真实病例。依据上述标准，本书共选择45个案例，分为医学事件（7个）、医学人物（11个）、技术发展（8个）、身边人身边事（10个）、典型案例及临床思维（9个）。这些案例涵盖了医学教育的多个方面，包括医德医风培养、人文关怀提升、社会责任感增强等，旨在引导医学生树立正确的世界观、人生观、价值观和职业道德观。同时，希望这本案例集能成为妇产科学教育的有益补充，为教育工作者提供丰富的教学资源。这些资源深度融合了妇产科学多个知识点，帮助他们在传授专业知识的同时，融入思政教育，以案例为载体，培养出医术精湛、医德高尚、有温度、有担当的新时代妇产科人才。

本书的案例是编者精心选择，也是在日常教学过程中经过反复实践检验的案例。受限于客观条件，本书仍存在一些难以避免的局限性。一方面，由于篇幅有限，本书仅能将部分具有代表性的案例呈现给读者；另一方面，编写团队均为中山大学孙逸仙纪念医院妇产科学教研室教职人员，这使得书中所选取的思政案例有一部分是来自编者所熟悉的人和事，比如“中山大学孙逸仙纪念医院发展历程”，以及身边人身边事，还有典型案例和临床思维的部分内容。尽管这些案例具有独特的地域和团队特色，但也可能在一定程度上限制了案例的多样性和广泛代表性。期望通过编者的分享，能够起到抛砖引玉的作用。

本书的编写得到了中山大学、中山大学孙逸仙纪念医院等单位的大力支持，并获得中山大学教学质量与教学改革工程类项目（编号：81000—12220011）的支持，为本书的出版提供了坚实的保障；特别感谢中山大学校级本科教学督导：中山大学中山医学院药理学教研室汪雪兰副教授和中山大学孙逸仙纪念医院内科学教研室伍卫教授，为本书的内容把关，提出了许多宝贵且具有建设性的意见；中山大学孙逸仙纪念医院院史馆杨宇平老师，为本书提供了珍贵的历史资料和研究线索；中山大学孙逸仙纪念医院教学科青永红老师，在教学事务协调等方面辛勤付出，确保编写工作顺利推进！

本书出版之际，期盼各位读者朋友在阅读过程中多提宝贵意见和建议，欢迎发送邮件至邮箱 renweifuer@pmph.com，或扫描下方二维码，关注“人卫妇产科学”，对我们的工作予以批评指正，期待与广大医学教育工作者并肩同行，共同探索更多元、更丰富的思政教育素材与方法，携手推动医学教育领域课程思政的深入发展！

主编

2025 年 4 月

“人卫妇产科学”二维码

目录

第一章

医学事件

中国解剖学的发展史

案例呈现

中国古代很早就有关于解剖活动的记载。根据《扁鹊仓公列传》记载，上古黄帝时期的名医俞跗行医治病时就有切割人体的行为。虽然以治病为目的的切割不是实际意义上的“解剖”，但可以认为我国对人体结构的认识始于上古的俞跗。

有关解剖术语的记载首见于商代后期甲骨文，如骨、面、耳、鼻、项、手、肱、腹、臀、足、膝、趾等。而“解剖”一词最早见于《黄帝内经》的《灵枢·经水》。一般认为《黄帝内经》始于春秋战国，成书于秦汉，其中有关人体解剖知识的描述系统而全面，集先秦人体解剖知识之大成。《黄帝内经》包括《素问》和《灵枢》两部分，解剖学内容主要集中于《灵枢》。《灵枢·经水》曰：“若夫八尺之士，皮肉在此，外可度量切循而得之，其死可解剖而视之。”这句话的意思是，要确定十二经脉和五脏六腑的对应关系，对于活着的人来说可以从外面度量探查，去世之后，可以解剖尸体进行观察。可见古人是通过体表测量和解剖尸体来观察和认识人体的。著名的病理学家梁伯强先生计算出《灵枢》中所记载的食管和肠道的比例是 1∶36，而德国 Spalterholz 所著《人体解剖图谱》所给出的比例是 1∶37，可见《灵枢》中有关消化器官的记载反映了当时先进的解剖水平。

《黄帝内经》的解剖学成就是多方面的，后人对其评价也极高，任应秋先生曾说"《黄帝内经》就是一部解剖学"。尽管其中的一些数据与现在的测量值不一致，但其方法学与现在的人体测量学是一致的，《黄帝内经》中主要脏腑的命名也一直为我国现代解剖学和医学所沿用。古希腊的希波克拉底和古罗马的盖伦是世界医学史上最伟大的医生和解剖学家，《黄帝内经》的出现晚于希波克拉底学派，早于盖伦时代，而其水平则介于二者之间，这说明我国当时的解剖学水平并不亚于同时期的世界其他地区和民族。

第一位被用"解剖学家"称呼的人是战国时期名医秦越人（扁鹊），见于现代解剖学家谢恩增 1921 年的论文《中国古代解剖学评述》。扁鹊著有关于脏腑与动脉的专著《难经》（也有学者认为《难经》成书于东汉，并非扁鹊所著，但扁鹊对《难经》的影响和贡献巨大），记载了大量对那个时代人体不同器官的测量值，其解剖学内容比《黄帝内经》更为丰富。其中关于心、肝、脾、肺、肾、五脏，以及胆、膀胱等脏器的形态、重量、容积方面的描述更是《黄帝内经》所没有的，其对内脏长短、度数的论述，分寸极为详细，足见当时解剖学水平之高。后人评价《难经》"用人体解剖来阐明脉理和病理，注重实证和科学解释"。《难经》对经脉的长度、流注次序和运行规律的描述简明扼要，丰富了中医经络学说的内容。当然，从现代的数据来看，《难经》

中也有不少描述错误的地方，但不论中外，解剖学就是在不断纠正前人的错误中发展起来的。

《黄帝内经》和《难经》显示了我国古代解剖学水平是领先于世界的。但自那之后，古人对人体构造的探索在很长的一段时间内中止了。

直到宋元明时期，中国科学发展到了另一个高峰，解剖学在这个时期也才有了长足的发展。在这一时期绘制了世界上最早的人体解剖图，铸造了世界上最早的人体解剖模型。目前已知的中国乃至世界最早且流传至今的脏腑图是五代十国时期烟萝子的《内境图》，其中除肝脏和脾脏的位置不正确外，其他脏器的位置大致是正确的，对后代的脏腑图有深远的影响。另一个影响较大的解剖图谱是《欧希范五脏图》，该图肝脏在右，脾脏在左，纠正了烟萝子《内境图》的错误，腹部图谱与现代解剖图谱非常相近。《欧希范五脏图》是中国人体解剖图的重要版本，不仅在国内影响深远，还传至日本，成为其认识人体脏腑的重要图谱。此外，还有《存真图》《朱提点内境论》《洗冤集录》等也在解剖学史上发挥了重要的作用。至于解剖模型方面，中国古代素有铸造人体模型的传统，如秦俑和汉俑，但这些都不能称为解剖模型。目前记载最为确切而翔实的解剖模型是宋代的针灸铜人，是世界上最早用于医疗和教学活动的人体解剖模型。针灸铜人后来也传到日本，是中国古代医学和解剖学领先世界的一种表现。

宋元明之后，由于自然科学滞后、社会伦理束缚，中国的解剖学又回到了注解《黄帝内经》《难经》等经典著作的老路上，没有太大的发展。而同一时期，西方的解剖学却有着革命性的进展。以维萨里为代表的意大利解剖学派推翻了盖伦解剖学的理论基础，开创了现代解剖学的新纪元。

明末清初，西方解剖学首次传入中国，盛况空前，专门的译著就有《泰西人身说概》《人身图说》和《钦定格体全录》三部。此外，传教士的一些宗教著作中也有些许解剖和生理的知识。这些译著包含了一些传统医学中没有的解剖内容，例如对肌肉、软骨的解剖，对感觉器官、神经、血管的描述等，对于中国来说是全新的。

清朝道光年间，王清任编著《医林改错》一书，纠正了古代医书中的一些错误。他详细描述了人体各种器官系统尤其是骨骼和内脏的形态结构。书中对脑的看法，如"灵机记性，不在心在脑""两耳通脑，所听之声归于脑""两目即脑汁所生，两目系如线，长于脑，所见之物归于脑"等论述，均与现代医学的认识相近。

尽管我国古代的解剖学研究已取得很大的成就，明末清初西方解剖学也传入我国，但由于封建社会制度的困扰、科技落后，以及西方解剖学被排斥在官方的教育与学术体系之外，导致我国的解剖学发展缓慢。直到 1871 年，京师同文馆增设解剖学和生理课程，西方解剖学才被纳入官方的教育体系。1881 年，李鸿章在天津设立北洋医学馆，训练海陆军外科医生，据称当时也偶尔解剖尸体，但解剖课程并不正规。1893 年，李鸿章又创办天津总医院并附设医学校，称北洋医学堂，可算是中国最早的专门培养医学人才的教育机构。然而，当时解剖学并没有真正确立。直到 1913 年 11 月 22 日，民国政府公布《解剖条例》，涵盖正常解剖、病理解剖、法医解剖等内容。该法令的公布是中国解剖学和医学发展史上的里程碑，至此解剖学真正在中国确立。

此后，我国逐渐建立医学院校及医院，开设解剖学课程，组建了一支中国人自己的人体解剖学教师队伍，编写了一批具有中国特色、适合中国医学生学习的教材和教学辅导资料。经典的解剖学教材包括汤尔和于 1924 年编写的《解剖学提纲》和 1937 年翻译的《精选解剖学》，李定与汤肇虞于 1935 年编写的《局部解剖学》，张查理于 1938 年编写的《解剖学实习指导》，张岩于 1945 年编写的《人体系统解剖学》等。这些解剖学教材为我国人体解剖学和医学教育事业的发展作出了重要的贡献。

中华人民共和国成立后，在中国共产党的教育方针指导下，医学教育事业更加蓬勃发展，解剖学教学条件明显改善。1949—1950 年，臧玉淦编写的《人体解剖实习》、张查理编写的《解剖学实习指导》、薛德育编写的《脊椎动物比较解剖学》等教材和教学辅导资料出版。此后，又有一大批中国学者自己编写的人体解剖学教材出版，为我国解剖学教学发挥了巨大的作用。随着解剖学科研的发展和教学改革的深入，相信会有越来越多的解剖学人才、解剖学科研成绩、解剖学教材出现，以适应人民群众对高质量医疗健康的需要。

思政映射融入点与融入方式

专业知识、专业技能	思政映射融入点	融入方式
殷商至汉代中国的解剖学成就	从甲骨文中解剖术语的记载到《黄帝内经》《难经》中的解剖学成就，突出这一时期中国解剖学的先进水平，激发学生的历史自豪感和学习兴趣	授课一开始先引用史书关于上古俞跗的传说，并将经典医学著作与同时期外国解剖学著作对比，引起学生的学习兴趣
宋元明时期中国的解剖学成就	宋元明时期，随着科学的发展，解剖学水平也到了一个新的高峰。这一时期出现多个世界第一：第一幅解剖图，第一个解剖模型。激发学生的历史认同感	通过介绍这一时期的解剖学相关书籍和解剖模型让学生感受这一时期的中国解剖学在世界上的领先地位

续表

专业知识、专业技能	思政映射融入点	融入方式
清代的解剖学状况	科学的发展如逆水行舟，不进则退，教导学生要有危机意识。随着西学东渐，西方解剖学知识也传入中国，带来一些新的解剖知识，使学生认识到科学的发展需要交流，有交流才有进步	通过中西方解剖学发展比较，使学生认识到中国解剖学发展的局限性及与西方的差距。接着介绍解剖学译著带来的新知识，使学生认识到交流学习在科学发展中的重要作用
解剖学科在中国的确立	清末洋务派官员李鸿章等在全国开展变革运动，西方解剖学开始进入官方教育体系。民国时期《解剖条例》的公布是中国解剖学发展的里程碑，标志着解剖学真正在中国确立。由此，让学生感受洋务派为“自强、求富”所做出的努力，也认识到法律条例对科学实践的规范和保障	以时间为轴，介绍近代解剖学大事件，展现解剖学在中国的确立过程。以此让学生感受仁人志士为中国解剖学发展做出的努力
中华人民共和国成立前后解剖学的发展	中华人民共和国成立前，医学院校设立解剖学课程，使用自编教材。中华人民共和国成立后，有了一系列具备中国特色、符合我国国情的解剖学教材。让学生感受到在党的正确领导下解剖学教育事业的蓬勃发展	通过列举代表性的解剖学教材展现中华人民共和国成立前后解剖学教育事业的发展，激发学生的学习热情

（王东雁）

参考文献

[1] 牛亚华. 中日接受西方解剖学之比较研究 [D]. 西安：西北大学，2005：1-187.

[2] 李锋，杨智昉，李志宏，等. 近代中国解剖学发展概略 [J]. 解剖学研究，2020，42（1）：1-3.

[3] 李瑞锡. 中国最早的解剖学家[J]. 解剖学研究，2021，43（6）：670-671.

[4] 崔慧先，刘学政. 系统解剖学[M]. 10版. 北京：人民卫生出版社，2024：3.

以人为本，守心守正

——中国妇产科学的发展史

案例呈现

人类的医学起源于远古时代与自然环境的斗争，在各个文明中均有不同发展水平的存续。有些医学知识随着文明的衰落而流失，有些则随着文明的延续和进步而提升。随着科学的萌芽与快速发展，现代医学也逐渐形成并持续发展。中华文明作为仅有的赓续不断的文明，其中的传统医学也同样流传至今，形成了中医学与现代医学并存的格局。

中医妇产科学的发展简史

一、萌芽时期

远古时代就生活在中华大地上的祖先，在救治生病同伴的漫长探索中，发现了一些有药物作用的物质，积累了初步的医疗经验。到了夏、商、周时代，中医妇产科学有了萌芽。商代甲骨文卜辞中，存在大量有关妇女生育方面的内容，以及有关妇产科的一些药物的记载。春秋战国时期，社会生产力有了很大的提高，同时，百家争鸣的学术风气为妇产科学发展提供了良好的环境。这一时期出现了许多医家，如医和、医缓、扁鹊等，特别是扁鹊，还曾专门从事过妇产科的医疗工作。这一时期妇产科理论进展主要是难产、优生学、胚胎学的相关理论。

战国时代成书的《黄帝内经》，是我国现存的第一部中医学巨著，代表了当时的最高学术水准，奠定了中医学的理论基础，至今仍影响巨大。这部巨著中提出了妇女的解剖、月经生理、妊娠诊断等基本理论，还初步论述了一些妇女疾病的病理，如血崩、月事不来、带下、不孕等。书中还记载了第一个治疗血枯经闭、调经种子的药方“四乌鲗骨一芦茹丸”。

二、学科确立到成熟时期

秦汉时期，医事制度上设有“女医”，这可视为中医妇产科的基本确立。秦代开始有妇产科病案的记载。据《史记·扁鹊仓公列传》记载，太仓公淳于意首创“诊籍”，其中“韩女内寒月事不下”及“王美人怀子而不乳”的病案，是妇产科最早的病案。到了汉代，出现了妇产科的专著，记载了许多治疗妇产科疾病的药物，药物堕胎、连体胎儿、手术摘除死胎等首见记载。马王堆汉墓出土的文物中有《胎产书》，约成书于公元前2世纪，是现存最早的妇产科专著。《汉书·艺文志》记载有《妇人婴儿方》（公元前26年）。“医圣”张仲景所著《金匮要略》中的妇人三篇，有经、带、胎、产、杂病等内容。与张仲景同代的名医华佗发明了麻沸散、创伤药（神膏），并进行了摘除死胎的手术。各种方剂与内服、外治方法的出现，使妇产科的治疗水平提高到一个新的阶段。

三国两晋南北朝时期，脉学和病源证候学的成就推动了妇产科的发展。王叔和著成的《脉经》使诊脉的理论与方法系统化、规范化，在妇产科方面，提出了“居经”“避年”之说，指出“尺中不绝，胎脉方真”及脉辨男女，描写了产时“离经脉”。南齐褚澄著《褚氏遗书》从养生角度提出了节育及晚婚的主张。南齐徐文伯著有专书《疗妇人瘕》，并曾针刺引产成功。北齐徐之才的《逐月养胎法》明确指出怀胎十月养生和调摄的注意事项。

隋代对妇产科疾病的病因病机及证候的认识有所突破。巢元方编著了《诸病源候论》，书中有妇人病 8 卷，逐项讨论了病因病机及临床所见，内容颇为丰富。病因病机学说的逐步成形，是揭示疾病本质的重大开端，是妇产科学通向辨证论治的桥梁，使妇产科学成为具有生理、病因病机、诊断、药物、方剂、治疗、医案等内容齐备的学科。

妇产科在唐代的医学中占有显要的地位，所涉及的病种很多，方剂十分丰富，专著也很可观。著名的医学家孙思邈，兼长内、妇、儿各科，所著《千金要方》，全书 30 卷，有妇人方上、中、下 3 卷，而且将妇人胎产列于卷首。唐代还出现了我国现存理论较完备的产科专著，即昝殷编著的《经效产宝》。

宋代是妇产科学的鼎盛时期与成熟阶段，产生了一系列妇产科理论，如阴阳学说、气血学说等。当时朝廷设立的医学教育体系中，就设置有产科，这对妇产科的发展起到了积极的推进作用。

辨证论治的产生、妇产科方剂内容的爆炸性增长，使妇产科的临床水平明显提高，在许多方面获得突破性进展，尤其是对胎位不正导致的难产运用手法纠正胎位治疗，是产科领域的一场革命，使得许多妇女摆脱了死亡的厄难。此外，对于葡萄胎的诊断与治疗、催产药物的研究运用、产后清宫术的开展、类似阴道窥器的发明使用，都是妇产科发展史上具有价值的成果。

金、元时代，医学流派开始兴起，百家争鸣，刘、张、李、朱四大家对妇产科从不同角度作出了贡献，创建了许多别具一格的学术观点与临证特色，极大地丰富了妇产科学的内容。

三、停滞与衰落时期

明代的医事制度和医学教育都有妇人科，此期间妇产科的理论与临床都取得一定的进展。但是，封建礼教思想在明代日益保守禁锢，妇产科的“四诊”得不到很好地运用，产科只能由接生婆参与，给妇产科的发展带来很大的障碍，出现了相对停滞不前的局面。

清代虽然出现了很多的妇产科著作，但也多为对前人理论和经验的总结整理，创新内容有限。民国期间，由于遭受西方文明的全面打击，国人的文化自信严重受损，出现歧视、扼杀中医的现象，使中医妇产科的发展受到极大的阻碍。

四、新生时期

中华人民共和国成立后，中医事业得到了很大的发展，中医妇科学理论进一步得到整理和提高。1956 年以后各省、市相继建立了中医学院，连续编写了六版《中医妇科学》教材，出版了《中国医学百科全书·中医妇科学》、教学参考丛书《中医妇科学》，各地先后编写了一批内部教材和妇科专著。开展了学士、硕士、博士等不同层次的医学教育，培养了一大批中医妇科人才，创建了中医、西医和中西医结合的三支妇产科队伍，为中国和世界的妇产科事业作出了贡献。

西医妇产科学的发展简史

西医妇产科学在中国的萌芽，发生于 19 世纪末、20 世纪初，一些传教士医生在广东、福建等沿海城市率先开展妇产科医疗工作，将西医的理念带入中国。与此同时，西医教学也在我国各地相继出现，随着妇女思想的自我解放，越来越多的年轻女子开始进入学堂，学习医学知识。

20 世纪初期，以杨崇瑞、王淑贞、林巧稚、梁毅文等为代表的一批有志于投身祖国医药卫生事业的知识女青年，先后赴北京协和医学院等高等院校学习，甚至远赴海外的顶级医学中心修习，她们怀揣着满腔热忱，扎根于北京、上海、广州等地，在潜心专业研究和临床工作的同时，也孜孜不倦地培养人才，为中华人民共和国成立后的学科建设夯实了基础。1929 年，杨崇瑞创办了西医助产学校和产院——北平国立第一助产学校和附属产院，开创了中国人自己创办西医妇产科学校和医院的先河。1930 年，她拟定了《助产士管理法》，设讲习所培训旧式接生员，使其掌握新式接生方法，从此新式接生方法逐渐得到推广，成为我国妇婴保健史上的一项重大改革与进展。原上海西门妇孺医院妇科主任兼上海女子医学院教授王淑贞，积极引进国外的先进医疗技术与教学方法，使妇产科得到了迅速发展。她认为，医、教、研三方面的工作必须结合进行，医学科研工作是教学医院的重要任务之一，医学科研既要为医疗服务，又要为教学服务。

1937 年 4 月，成立中华医学会妇产科学分会，马士敦担任第一届会长。专科学会的成立，为全国妇产科医生提供了学术交流的专门平台，成为联络各地妇产科学精英的良好纽带，标志着我国妇产科学专业告别各自为政，开启齐心协力共谋发展的时代，中国的妇产科学迎来了快速发展的契机。

20 世纪 50 年代开始，政府组织了两次大规模的宫颈癌普查普治和“两病”（子宫脱垂和尿瘘）防治，极大地提高了我国妇女的健康水平。在学术上，制定了我国的阴道壁脱垂和子宫脱垂的分度方法。子宫内膜异位症等妇科疾病的基础与临床研究水平持续提升，腹腔镜和宫腔镜等微创手术发展迅速，形成了我国自己的诊治特色。妇科恶性肿瘤的研究是我国妇科领域最富成果的工作之一，对妇科肿瘤发病与进展机制研究的深入及手术、化疗、放疗等治疗策略的不断完善，使卵巢癌等妇科肿瘤的生存率达到世界先进水平。随着宫颈癌筛查的不断普及，防控“关口”大幅前移。宋鸿钊等在 20 世纪 50 年代开始对妊娠滋养细胞肿瘤的系列研究引领了世界潮流，他所制定的临床分期在 20 世纪 60 年代被世界卫生组织采纳，其基本框架被国际妇产科联盟沿用至今。1988 年，中国内地首例“试管婴儿”诞生，我国辅助生殖技术从此进入了世界先进行列。计划生育方面，1963 年，第一批国产口服避孕药研制成功，距世界上第一个口服避孕药的上市仅 3 年。多项大规模前瞻性多中心临床试验推动了各种新型国产避孕药和宫内节育器的研发及应用，使我国在这一领域长期居于世界先进水平。产科方面，对妊娠期高血压疾病等多种妊娠并发症和合并症的研究不断深入，催产、引产及剖宫产技术不断改进，产前、产时各种胎儿监测技术应用普及，并建立围产保健制度，大大提高了产科质量，我国孕产妇死亡率和围产儿死亡率已相当于世界中等以上发达国家水平。

当前，我国的西医与中医妇产科学都在快速发展，在疾病预防、治疗和康复中均发挥了重要作用，全方位、全周期保障妇女健康。在新的时代，我们应当坚持中西医结合的方向，正确把握继承与创新的关系，坚持原创思维，坚持创造性转化、创新性发展，注重利用现代科学技术和方法，在创新中形成新特色、新优势，促进有中国特色的妇产科学的发展，最终更好地保障妇女的健康。

思政映射融入点与融入方式

专业知识、专业技能	思政映射融入点	融入方式
中医妇产科学的发展历程以及取得的成果	中医历史源远流长，成绩斐然，为历代中国人民的健康保驾护航，是中华文明的重要组成部分。激发学生对中医以及中华文明的自信心	以时间轴的方式呈现，让学生感受到中医妇产科学发展的过程。亦可从相应时代切入当时的中医妇产科学发展情况及取得的成就
西医妇产科学的发展历程及取得的成就	了解中国西医妇产科学发展与同时期社会巨变的国情。通过我国妇产科学的迅速发展及伟大成就，激发学生的制度自信和职业责任感	通过介绍某些疾病的诊治进展，引入百年来妇产科的发展及成就，让学生熟悉妇产科学的历史，明确未来的发展方向

（丁淼）

参考文献

[1] 马大正. 中医妇产科发展史 [M]. 北京：人民卫生出版社，2020.

[2] 王成荣. 中医妇产科学发展史简论 [J]. 成都医药通讯，1979，3：97-101.

[3] 叶笑. 百年中医妇科发展史研究 [D]. 北京：中国中医科学院，2014.

[4] 沈铿. 以人为本　建设健康中国：回顾中国妇产科学发展历程 [J]. 健康中国观察，2019，12：40-41.

[5] 王颖. 新中国 70 年中国妇女健康事业发展回顾 [J]. 中国妇运，2019，11：45-48.

[6] 吴苗. 教育、临床与科研相结合：北京协和医学院妇产科学早期发展史（1919—1942）[J]. 协和医学杂志，2023，14（2）：442-448.

珠江河畔，西医摇篮
——中山大学孙逸仙纪念医院发展历程

案例呈现

我国西医的摇篮，在南粤大地上巍然挺立，历经百余载，书写传奇无数。它就是中国内地第一家西医医院，我国西医医学和西医教育的发源地，广州首家三甲医院——中山大学孙逸仙纪念医院。

1835 年 11 月 4 日，广州眼科医局（中山大学孙逸仙纪念医院前身）在广州十三行新豆栏街成立，开启了它在中国西医历史上的传奇征程。1837 年，美国首位来华医疗传教士伯驾首次在该院招收学生传授医术，揭开了近代中国医学发展的序幕。医院在中国西医史上写下了多个第一：如第一例卵巢切除术、膀胱取石术、眼疾手术、病理解剖术、乙醚麻醉术，第一张 X 线片、第一间西医学堂、第一本《中国医学杂志》、第一位中国医学留学生等。无数个“第一”在此诞生，成为中国西医学和西医教育的摇篮。

1886 年秋天，中国民主革命的先驱——孙中山先生，以“逸仙”之名就读于该院附属南华医学堂，“借医术为入世之媒，问寻救国发展之道”，结识了郑士良等人，为医院植入“救国救世”的红色基因。孙中山之子孙科曾指出“该院不但为吾粤西医之先河，于吾国革命历史亦有相当关系”。1935 年，博济医院百年之际，孙科亲临医院为“孙逸仙博士开始学医及革命运动策源地纪念碑”揭幕。

1946 年，时任岭南大学医学院院长与博济医院院长的李廷安招贤纳士，一大批名医名家齐聚一堂。中山医学院首任院长柯麟，既是红色医生和红色教育家，也是中国共产党隐蔽战线上的革命家。中华人民共和国成立后，他将中山大学医学院、岭南大学医学院和广东光华医学院三所医学院“三校合并”，汇聚成响亮的“中山医”名片，为我国的医疗卫生教育事业作出了重大贡献。“中山医”八大国家一级教授引领群英，使医院在岭南一枝独秀。著名生理学专家林树模教授，在血液化学、物质代谢、消化生理，以及内分泌生理等方面功勋卓著，他测定了中国人自己的血液化学成分正常值，改变了袭用西方人数值的历史。我国现代眼科学奠基人之一、著名医学教育家陈耀真教授，编写了我国第一部全国高等医学院校教材《眼科学》，并创办了中山大学中山眼科中心。中国临床放射学奠基人之一的谢志光教授，创建华南肿瘤医院（现为中山大学肿瘤防治中心），并任首任院长；1948 年，他在博济医院创立肿瘤专科，引领广东放射医学的发展。著名儿科学专家钟世藩教授，在病原微生物研究方面作出了重要贡献。著名的病理学家梁伯强教授，对鼻咽癌开拓性的研究，蜚声国际；另一位著名的病理学家秦光煜教授，对麻风病理学进行了开拓性研究，成绩卓著；这两位教授为我国病理学发展作出了重大的贡献。中国医学寄生虫学奠基人陈心陶教授，首次证实广东为日本血吸虫病流行地区，指导广东乃至全国各地采用改造生态环境方式消灭血吸虫，为广东乃至全国血吸虫病的防控作出了杰出贡献。著名内科学家周寿恺教授，推动中山医学院形成“三基三严”的严谨学风，为奠定学校高素质医学生打下了坚实的基础，为国家培养了大批优秀的医学人才。

改革开放以来，医院勇立潮头，秉承“夯实根基，敢为人先”的发展理念，锐意进取，继续创造多个全国乃至世界的“首例首创”，如世界首次提出“肝静脉切除的地位和作用”理论，使肝外科有了突破性进展；国内首例颞浅动脉 - 大脑中动脉血管搭桥术治疗脑血管栓塞；国内最早开展门奇静脉断流术，吻合器食管下段横断吻合术 + 带蒂自体脾移植手术治疗门静脉高压症；国内首例脐血移植治疗重症地中海贫血；华南地区第一例埋藏式单腔心脏起搏器置入术……

时光荏苒，岁月峥嵘，在党的坚强领导及一代代秉承“博爱、崇德、求精、奋进”院训精神的逸仙人的努力之下，这家珠江河畔曾经堪称全国面积最小的三甲医院，实现了党建、人才、医疗、教学和科研的全面跨越式发展，硕果累累。

逸仙之本色，党建来铸魂。党的坚强领导是医院取得各项成就的根本保证，医院党委充分发挥党建引领作用。2017 年至今，医院党委连续多年获评“中山大学先进二级党组织”。2019 年，入选“广东机关和事业单位党建十佳创新案例”。2020 年，入选广东省高校“党建工作标杆院系”，医院党委获评为广东省先进基层党组织。2021 年，获广东省公立医院党建“四有”工程示范点。

逸仙之壮大，人才是保证。医院不断发展壮大，续写新的辉煌篇章，离不开优秀的人才队伍。截至 2022 年年底，医院拥有中国科学院院士 1 人，国家重点基础研究发展计划（973 计划）首席科学家 1 人，获得“国家杰出青年科学基金”6 人，获得“优秀青年科学基金”10 人，国家级海外人才引进 8 人，国家级学术团体主任委员、副主任委员 12 人。2023 年，医院新增获得“优秀青年科学基金”3 人、国家“万人计划”青年拔尖人才 1 人、获得“省级杰出青年科学基金”1 人、广东省培养高层次人才特殊支持计划“科技创新青年拔尖人才”1人、广东省名中医1人、丁颖科技奖获得者1人，获得“新基石研究员项目”资助1人。国家级奖项花落该院：第十四届“谈家桢生命科学成就奖”、第三届全国创新争先奖、首届“钟南山青年科技创新奖”。此外，医院职工当选为第十三、十四届全国人大代表，第十九、二十大党代表，第十四届全国政协委员，积极为党献策、为民发声。

逸仙之盛名，临床是根本。作为部属医院，肩负攻坚克难、解除百姓疾苦之大任。医院目前拥有7个国家重点学科，17个国家临床重点专科，26个广东省临床重点专科。入选广东省高水平医院第二批重点建设医院、国家肿瘤学疑难疾病诊治能力提升工程项目。器官移植全面开展，是国内少数具备开展心、肺、肝、肾四大器官移植资质的单位。精准肿瘤治疗中心、多学科协作诊疗会诊中心（含多学科会诊中心、疑难病会诊中心、远程会诊中心）的成立，充分彰显了医院攻坚克难、敢打硬仗的能力。

逸仙之发展，科研是引擎。从临床发现问题，到以科学研究反哺临床。医院已建成国际、国家级前沿高端研究平台，拥有“长非编码RNA与重大疾病国际科技合作基地”、“重大新药创制”国家科技重大专项“靶向肿瘤及其微环境创新药物临床研究评价技术平台”，并被纳入国家疑难病症诊治能力提升工程、国家健康医疗大数据分级协同诊疗创新体系建设。此外还拥有广东省恶性肿瘤表观遗传与基因调控重点实验室等省部、厅局级平台20个。借助该类平台，医院在*Cell*、*Nature*、*Science*等发表论文12篇，研究成果曾入选“中国高等学校十大科技进展”。全国创新争先奖、广东省科学技术突出贡献奖、广东省科学技术奖一等奖等多个重磅奖项花落该院。2023年，医院以全国第23名的排名再次入选“中国研究型医院（综合医院）”。在全球自然指数（nature index）研究型医院排行榜中，医院连续多年入围全球百强，排名曾高居全球第 65 名、全国第 4 名。

不忘初心、牢记使命。该院作为“组团式”援疆医疗队的队长单位远赴新疆维吾尔自治区西南部的喀什地区，带领 100 多名广东援疆专家开展新技术 100 多项，使当地患者转诊率降至 15%，急危重症患者抢救率提高到 98%；由该院泌尿外科教授发起的“结石宝宝”公益项目，五年时间为 117 名喀什地区贫困家庭的尿路结石患儿免费实施手术；在海拔 5 000 米的西藏自治区日喀则市仲巴县，借助逸仙医疗队多年的帮扶，仲巴县卫生服务中心升级为仲巴县人民医院，并成功通过二级乙等医院评审……在祖国和人民需要的地方，只要党和国家号召，哪里有困难，哪里就会出现逸仙人的身影，哪里有危险，逸仙人就会战斗在哪里。孙中山先生救人救国救世的精神在一代代传承，逸仙精神也在不断发扬光大，源源不断地注入新的时代内涵。

乾坤数易，万象更新。当年十三行新豆栏街的院址，早已淹没在历史的长河，唯一跨越时光延续至今的，是逸仙人的健康使命与初心！在历届医院领导班子的统筹带领下，作为曾经全国面积最小的三甲医院，医院突破地域限制、扩大规模、重医精研、育德育才，拓展形成“一体两翼”的战略发展规划布局。目前，医院共有四个院区，一个门诊部，包括北院区、南院区、深汕院区（深汕中心医院）、花都院区及南校园门诊部。海珠湾院区一期工程已正式动工。中国内地最古老的西医医院，正以崭新的风貌迎接下一个辉煌。百年逸仙，传奇待续！

思政映射融入点与融入方式

专业知识、专业技能	思政映射融入点	融入方式
介绍我国西医医学的早期历史	教育引导学生对我国西医医学发展史进行了解，增加学生医学历史素养	将我国第一家西医医院的创立与西医医学发展史相融合，通过具体事例来展示中山大学孙逸仙纪念医院和我国西医医学的早期发展史
介绍医院发展过程中的红色基因	教育引导医学生提高个人的爱国、敬业、诚信、友善的修养，自觉把小我融入大我，激发学生的家国情怀	讲述伟大革命先行者孙中山在医院学医、从事革命活动的事迹，通过立于院中的“孙逸仙博士开始学医及革命运动策源地纪念碑”来具体展示
介绍医院的传承与发展	教育引导学生传承中华文脉和医学历史。让学生接受医学前辈事迹的熏陶，激励学生开拓创新，为医学事业的发展添砖加瓦	通过介绍中华人民共和国成立后医院“八大国家一级教授”、改革开放时期医院多个全国乃至全世界的“首例首创”来激发学生为医学事业奋斗
医院近期党建成果	培养学生的政治认同、家国情怀，坚定中国特色社会主义道路自信、理论自信、制度自信、文化自信	展示医院在党建中取得的重要成就，让学生理解党在各项事业发展中的核心引领作用
医院近期人才建设成果	教育引导学生把国家、社会、公民的价值要求融为一体，将社会主义核心价值观内化为精神追求、外化为自觉行动，成为国家需要的人才	用具体数字来说明医院国家级人才前所未有之兴盛，用全国两会代表来凸显医院人才红专并进
医院近期临床实力和科研成果	教育引导学生深刻理解并自觉实践各行业的职业精神和职业规范，努力争先，增强开拓创新的职业品格	介绍医院拥有的国家重点学科和临床重点专科硬指标，凸显医院硬实力。解读医院在科研创新方面的优势和特点，展示医院在医学研究领域的卓越成就
医院的家国情怀、社会担当	培育和践行社会主义核心价值观。教育引导学生把医生的责任担当、使命初心融入国家需求和社会责任当中，社会主义下的医务工作者更要具备社会使命担当，为国从医的精神	通过医院援助帮扶偏远地区的先进事迹来展示医院“人民至上、生命至上”的家国情怀

续表

专业知识、专业技能	思政映射融入点	融入方式
医院未来的发展规划	培养学生以改革创新为核心的时代精神，自觉把小我融入大我，不断追求国家富强、民族进步	医院曾经是面积最小的三甲医院，如今发展成“一体两翼”的基本格局，同时在多个区域不断拓展。这需要改革创新精神、把小我融入大我的奉献精神

（陈圣福）

参考文献

[1] 齐悦. 革命家的悬壶济世：孙逸仙早年习医行医经历 [J]. 炎黄春秋，2021，4：33-36.

[2] 夏烨. 踔厉奋发　勇毅前行　为百姓提供优质医疗服务：专访党的二十大代表，中山大学孙逸仙纪念医院党委副书记、副院长许可慰 [J]. 健康中国观察，2022，11：42-45.

[3] 中山大学孙逸仙纪念医院 [J]. 中国科学：生命科学，2020，50（10）：1004.

[4] 宋尔卫. 中山大学中山医学院 & 孙逸仙纪念医院专辑简介 [J]. 中国科学：生命科学，2020，50（10）：1007-1012.

[5] 吴财聪. 跨越千山万水，演绎仁医大爱：中山大学孙逸仙纪念医院健康帮扶西藏仲巴县人民医院工作成效及经验 [J]. 岭南现代临床外科，2018，18（5）：612-615.

[6] 吴财聪，刘东红. 加强院史馆建设打造医院文化精品：以中山大学孙逸仙纪念医院为例 [J]. 现代医院，2016，16（12）：1820-1822.

实施“降消”项目，确保母婴安全

案例呈现

妇女儿童占我国总人口的 2/3，妇女儿童健康是民族兴盛的基础，妇幼卫生水平的提高是社会文明进步和卫生事业发展的重要标志。孕产妇死亡率和婴儿死亡率更是衡量一个国家和地区社会经济发展和卫生水平的重要指标。中华人民共和国成立前，我国孕产妇及婴儿死亡率仍较高，孕产妇死亡率约为 1 500/10 万，婴儿死亡率为 200‰。新中国成立后，特别是改革开放以来，党和政府高度重视妇幼卫生工作。1994 年 10 月，全国人民代表大会常务委员会审议正式通过了《中华人民共和国母婴保健法》，这标志着中国妇幼卫生工作进入了法制化管理的新阶段。国务院将妇女和儿童健康纳入党和国家的重要政策和规划，采取一系列有效措施提高妇幼卫生服务的能力，强化保障措施，制定了《中华人民共和国母婴保健法实施办法》《女职工劳动保护特别规定》等一系列法律法规，下发了《中国妇女发展纲要（2021—2030 年）》《中国儿童发展纲要（2021—2030 年）》等政策措施，旨在保障妇幼健康。

降低孕产妇死亡率和婴幼儿死亡率是《中国妇女发展纲要（2021—2030 年）》《中国儿童发展纲要（2021—2030 年）》的重要指标之一。为实现上述目标，促进妇幼健康的发展，2000 年，卫生部、财政部和国务院妇女儿童工作委员会共同组织实施“降低孕产妇死亡率、消除新生儿破伤风”项目（即“降消”项目）。

该项目分为三个周期：第一周期从2000年到2001年在西部12个省（区、市）的378个贫困县开展；第二周期从2002年到2004年，在原有基础上又扩展了4个省（区）和新疆生产建设兵团的62个县（团场），共有16个省（区、市）和新疆生产建设兵团的440个县（团场）参与，受益人口总计达1.5亿人；第三周期从2005年开始至2009年，扩展到22个省（区、市）和新疆生产建设兵团共1 000个县，覆盖人口约3亿人，范围基本涵盖了中西部地区经济发展滞后的所有地区。

"降消"项目的实施是一项系统工程，包括以下几个方面内容。

1．项目管理 在各级政府和卫生行政部门的领导下，建立"降消"项目领导小组，负责项目开展过程中的各项领导工作。结合各省、市及地区的实际情况，各级签订"降消"工程的责任书，制订详细实施方案，将项目工作落实到基层，落到实处。

2．人员培训 包括行政人员的培训，业务能力的培训。对各级政府行政领导干部进行相关部门职责、项目实施、经费管理、产科建设、孕产妇死亡报告、项目监督指导、档案管理、信息报告等项目监督及协调工作的培训。对从事妇儿工作的各级人员进行岗位职责、孕产妇儿童系统保健管理技术、高危妊娠筛查、评分与管理、产后访视要求、孕期卫生、心理、营养、母乳喂养、产前检查和助产技术操作规范、新生儿窒息复苏、消毒隔离措施、孕期用药等专业知识的培训。

3．促进孕产妇住院分娩 住院分娩、消毒接生是降低孕产妇死亡及消除新生儿破伤风的重要手段。然而，广大农村地区，特别是边远山区收入低、经济条件落后。在县、乡、镇级医疗保健机构实行住院分娩限价政策，尽可能降低孕产妇就医的医疗费用。对村医、卫生员、接生员进行高危孕产妇识别培训，鼓励他们将高危孕产妇转诊到医疗保健机构住院分娩，并给予一定奖励补贴。各级医疗保健机构应加强医务工作者的临床技能、服务意识，减少孕产妇因出现分娩并发症而带来的额外经济负担。

4．建立孕产妇急救中心，建立和完善孕产妇转运支持系统 有明确的规章制度，有完善的急救设施，强化基础知识及技能培训，做好孕产期保健，加强高危孕产妇识别，及时转运高危孕产妇，形成上下贯穿的孕产妇急救“绿色生命通道”。

5．健康教育 开展健康教育宣传，播放妇幼卫生科普知识；利用“孕妇学校”“家庭学校”等对孕产妇进行孕产期保健、安全分娩等保健知识的宣传教育；宣传“住院分娩、母婴安全”妇幼卫生科普知识，充分利用电视、报刊、宣传栏、发放宣传资料等各种形式宣传“降消”项目，宣传住院分娩限价收费和医疗救助的有关政策。

6．上报管理 “降消”管理小组认真收集及整理项目相关资料，如责任书、实施方案、培训档案及记录、对外宣传活动记录，经费支出凭证及单据、会议记录等，将上述资料按规定上报并存档，由专人管理。

7．项目监控与评估 定期接受上级部门评估及指导。从评估指导中总结经验，指导项目后续的继续实施。

妇女儿童健康是全民健康的基石，是人类可持续发展的前提。我国自开展“降消”项目以来，全国妇幼健康工作取得了长足进步和显著成就，孕产妇及婴幼儿死亡率逐年降低。国家卫生健康委新闻发言人介绍，截至 2023 年，我国孕产妇死亡率降至 15.1/10 万，婴儿死亡率降至 4.5‰。国家政策利国利民！

思政映射融入点与融入方式

专业知识、专业技能	思政映射融入点	融入方式
中华人民共和国成立前后我国孕产妇及婴儿死亡情况的变化	列举国务院为保障妇女儿童健康权益颁布的一些法律法规、政策措施，体现了党和政府以人民为中心的发展思想和为人民谋幸福、为民族谋复兴的家国情怀	通过中华人民共和国成立前后我国孕产妇及婴儿死亡率的数据列举和对比分析，以直观且震撼的方式激发学生学习兴趣
“降消”项目的提出及实施阶段	通过介绍“降消”项目的提出及实施阶段，让学生认识到党和政府高度重视妇幼卫生工作，保障不同地域妇女儿童的健康权益，促进社会公平正义的实现	通过讲解“降消”项目，帮助学生理解社会政策的制定和执行，以及公共卫生体系在保障民众健康中的关键作用
降低孕产妇死亡率，消除新生儿破伤风的措施	“降消”项目是一项系统工程，让学生了解国家制度，增强对党的政治认同和情感认同，同时体会作为医务人员的职业责任感	通过逐个分析“降消”项目的具体实施内容，让学生了解并掌握降低孕产妇及婴幼儿死亡率的各项措施和手段

（祝丽琼）

参考文献

[1] 何丹，熊庆，吴方银，等. 2000—2009年四川省“降消”项目实施效果总结及分析[J]. 四川大学学报（医学版），2012，43（5）：789-791.

[2] 徐冬梅，施凤涟，赵悦淑. “降消”项目对孕产妇死亡率的影响[J]. 中国妇幼保健，2012，27（17）：2571-2572.

[3] 白云岩. 实施“降消”项目保障母婴安全[J]. 中国妇幼保健，2011，26（11）：1612-1613.

[4] 蒋作君. 加大“降消”项目工作力度开创妇幼保健工作新局面[J]. 中国妇幼保健，2004，19（6）：4-6.

[5] 彭文英，覃春香，彭丽群. 妇幼卫生“降消”项目实施效果分析[J]. 中国妇幼保健，2005，20（2）：144-145.

[6] 李润清，李少丽，刘植鸿，等. 深圳市“降消”项目健康教育与健康促进效果评价[J]. 中国健康教育，2007，23（5）：361-362.

[7] 陈敦金，贺芳. 中国孕产妇死亡率极大程度降低：对世界的最大贡献[J]. 中国实用妇科与产科杂志，2019，35（10）：1076-1080.

构建妇幼健康网络，谱写妇幼保健华章

案例呈现

在我国，妇女儿童的比例已经达到了全国人口的2/3。推动妇幼卫生服务的发展，不仅仅体现了社会文明的进程，更是一项促进全民公众健康的必由之路。中华人民共和国成立前，我国的妇幼健康服务能力非常低下，广大农村地区和偏远地区缺医少药，医疗资源严重缺乏。当时我国的孕产妇死亡率高达1 500/10万，婴儿死亡率高达200‰。中华人民共和国成立后，为确保妇女和儿童的身心健康，党中央及卫生部门积极推进妇女儿童的健康发展，实行多种改革举措，加大对医疗机构的投入，构建并逐步完善妇幼健康服务网络，极大降低了孕产妇及婴幼儿的死亡率，我国的妇幼健康事业取得了重大成果。1994

年，《中华人民共和国母婴保健法》公布，强调把妇幼卫生工作摆在经济社会发展及卫生和计划生育工作全局中，要坚持以“一法两纲”为核心，探索中国特色的妇幼卫生发展道路。2006年，我国发布《卫生部关于进一步加强妇幼卫生工作的指导意见》(卫妇社发〔2006〕495号)，以期更有效地推进妇幼保健事业的蓬勃发展。在党和国家的正确领导下，我国目前形成了一套健全有效的妇幼健康服务网络，佑护着中华大地妇女儿童的健康。

我国的妇幼保健服务体系可总结为覆盖城乡的三级妇幼健康网络。自中华人民共和国成立以来，为了保障妇女儿童的健康，党和政府开始进行妇幼保健服务体系的建设工作。其发展历程可以大致划分为以下三个阶段。

初创与探索期（1949—1978年）：1949年，中国人民政治协商会议第一届全体会议通过了《中国人民政治协商会议共同纲领》，明确提出“注意保护母亲、婴儿和儿童的健康”，将妇儿健康纳入全国健康发展规划，旨在加强对妇女及婴儿的保护，并且着力于防止和减轻婴儿及其母亲的疾病，推动了中国妇女及婴儿健康的蓬勃发展。1950年，卫生部建立了中央妇幼保健实验院，开展妇女儿童保健及建立三级妇幼保健网络等科研工作，使中国的妇幼卫生体系从无到有，逐步发展，带动了各地妇幼卫生工作的开展。

发展与成熟期（1978—2012年）：随着时代的发展，我国的妇幼健康事业已经迈入一个新的阶段，不仅加强了与国际社会的合作，积极汲取国外先进的理念和经验，而且根据我国的实际情况，积极推动政策的转型，建立起完善的妇幼健康信息统计体系，为国家的科学决策提供有力的支撑。

深化改革与创新期（2012年至今）：随着社会发展的不断推

进，我国妇幼卫生政策正朝着均等化、惠民化的方向发展，要求妇幼保健机构不仅要认真履行其公共卫生职责，还要为妇女儿童提供更加全面、优质的基本医疗服务。

经过不懈努力，我国已经建立起一个覆盖全境、遍布城乡、相对完整、布局合理、分级管理的妇幼保健服务网络体系，形成了一个分层负责、各有侧重、根在基层的有机整体，在保障妇女儿童健康方面发挥了重大的作用，并且受到国际上的重视和推崇。中国的妇婴保健事业正在朝着一个更加均衡的方向发展，在我国的功能定位主要体现在以下四个方面。

公共卫生服务：负责提供妇女儿童健康相关的公共卫生服务，如预防接种、健康教育、疾病筛查等；承担孕产妇系统管理、儿童系统管理、出生缺陷综合防治等公共卫生任务。

基本医疗服务：包括但不限于妇科、产科、儿科，以及计划生育、生殖健康方面的专业知识和技能。

教学与科研：承担医学教育任务，培养妇幼卫生专业人才；开展妇幼保健领域的科学研究和技术创新，推动学科发展。

指导与培训：对下级妇幼保健机构和基层医疗卫生机构进行业务指导和人员培训；推广先进的妇幼保健理念和技术方法，提高整体服务水平。

我国妇幼保健系统的建设和政策是如何落地生根的？以广东省为例，为提升妇幼保健工作能力，形成以省、市、县三级妇幼健康服务组织为核心，以社区医药卫生单位为基础，以大中小型医院和相关科研教学组织为科技支持的妇幼健康服务网络系统，广东省先后制定出台了一系列配套法规和规范性文件，包括《广东省母婴保健管理条例》《卫生部 财政部关于加强基本公共卫生服务项目绩效考核的指导意见》《广东省疾病应急救助制度实施细则》等多项政策措施，以确保妇幼保健服务的合法规范，落实广东省妇女儿童发展计划，为更多民众提供更加优质的卫生保障，使妇幼健康服务工作逐步实现了有法可依、规范服务和依法管理。这些政策措施大大促进了广东省妇幼卫生健康事业的发展。

工欲善其事，必先利其器。为加强妇幼医疗机构基础建设，近几年，广东省各级财政共投入资金十多亿元，为全省县级医院配置包括妇产科、儿科、急诊科、麻醉科，以及重症监护等专科的 76 种关键性设备，提高县级医院综合服务能力。人才是引领发展的第一动力。为了大力推进解决当地基层产科、儿科人才短缺的问题，广东省大力支持和鼓励医学院校加强儿科、产科的学科专业建设，以期更好地满足当地社会对于优秀产科和儿科医护人员的需求；加大儿科医师转岗培训力度，符合条件的相关专业医师，经过培训考核合格的，在原专科执业范围基础上增加儿科执业范围。为提高基层妇幼医务人员的待遇，广东省出台《关于深化公共卫生与基层医疗卫生事业单位绩效工资分配的意见》（粤人社发〔2017〕134 号），允许有条件的地方适当提高奖励性绩效工资的比例；鼓励优秀人才到欠发达地区基层单位工作或灵活上岗服务，可结合当地实际对引进的高层次急需人才发放特别补贴；基层医疗卫生机构收支结余部分可按规定提取一定比例改善医务人员待遇。

随着各类政策的实施，广东省妇女儿童保障工作已取得巨大的发展，其中包括完善的医疗保障机构、医疗卫生支持、医疗保障技术、疾病预防治疗、医疗保障网络、医疗保险政策、疾病预警机构、疾病预防治疗体系。通过开展免费的两癌筛查、婚前孕前健康检查、适龄人群的人乳头状瘤病毒（human papilloma virus，HPV）疫苗免费注射等举措，极大地改善了妇女和儿童的身体健康。

广东省只是我国妇幼保健服务体系建设的一个缩影。随着党的政策和宗旨的深入人心，我国逐步形成了具有中国特色的三级妇幼健康服务网络。这个网络究竟有多大？通过一组数据可以感受到。2018 年，我国拥有 3 080 家妇幼保健机构，807 家妇产医院，228 家儿童医院，从业的工作人员接近 64 万人，年度门诊人次达 4 亿人次，年度入院人次达 1 379 万人次，总床位 33.8 万张。截至 2023 年 12 月，我国依托覆盖城乡的三级妇幼健康服务网络，经过数十年的发展，持续加强出生缺陷防治，新生儿疾病筛查中心已达到 259 家，所有区县均设置新生儿遗传代谢病筛查采血机构。产前筛查机构为 4 850 家，较 2015 年新增 3 689 家，区县覆盖率 58.6%。产前诊断机构为 527 家，较 2015 年新增 239 家，300 万人口以上地市覆盖率 90%。我国 26 个省份已建立省级出生缺陷防治管理中心，27 个省设置省级产前诊断中心，婚前保健机构、孕前优生健康检查机构分别达到 3 380 家、3 933 家，基本实现县级区域全覆盖。

不但医疗卫生服务网络日趋健全，卫生公共服务的质量也得到了显著改善。目前我国关于妇女儿童健康的惠民政策多达数十个，涵盖了婚前、孕前、孕期、分娩、产后、儿童各期。其中包括：婚前孕前的全面保健，为妊娠期妇女提供叶酸补充、进行产前筛查及诊断，消除获得性免疫缺陷综合征、梅毒及流行性乙型脑炎等疾病的传播；为孕期及哺乳期妇女提供全面的健康管理服务；为育龄期妇女提供宫颈癌及其他癌症的免费筛查；提供基本的避孕措施；为新生儿提供全面的疾病筛查；为 0 ~ 6 岁儿童提供全面的健康管理及预防性疫苗注射；为 6 岁以上儿童提供免费的窝沟封闭；适龄人群的人乳头状瘤病毒疫苗接种服务。这些惠民政策的推广实施，大大提升了我国的妇女儿童健康保健服务能力，促进了妇女儿童的健康。

三级妇幼健康网络的建立，不仅大幅降低了孕产妇及新生儿的死亡率，还极大改善了妇女儿童的身体健康情况，同时也激励着一批批优秀的妇幼卫生专业人员投身于我国的妇幼健康事业。国家卫生健康委新闻发言人介绍的数据显示，2023 年，我国孕产妇死亡率降至 15.1/10 万，婴儿死亡率降至 4.5‰，5 岁以下儿童死亡率降至 6.2‰，这些数字均为历史最低。力争到 2030 年，我国孕产妇死亡率下降到 12/10 万以下，5 岁以下儿童死亡率下降到 6‰以下。3 个“历史最低”是对我国妇幼健康事业取得跨越式进展的最好写照。从 200‰到 4.5‰，从 1 500/10 万到 15.1/10 万，每一次数据的下降，背后都是我国妇幼健康服务网络的一次扩展和完善，是我国妇幼健康服务能力提升的有力证明。

思政映射融入点与融入方式

专业知识、专业技能	思政映射融入点	融入方式
我国妇女儿童健康事业的发展历程	通过宣传国家的政策、方针以及取得的成效，激发学生的家国情怀、对党和国家的热爱，增强民族自豪感和归属感	讲解我国目前对妇幼健康的各种惠民政策、免费筛查政策等。列举数据展示妇儿健康促进的成果
三级妇幼健康网络的建立与不断完善	让学生感同身受我国医疗卫生系统逐渐完善、不断超越、造福国人的真情实感，增强学生的自信心和投身医疗行业的热情	按时间顺序讲述历史发展过程
广东省三级妇幼健康网络实施的情况	具象化政府和国家层面对于妇幼健康的投入、法律法规保障和人才培养机制	陈述与展示广东省的建设情况

续表

专业知识、专业技能	思政映射融入点	融入方式
国家妇幼健康建设的成果：三个“历史最低”	激发学生的成就感、认同感	数据展示，意义揭示

（陈亚肖）

参考文献

[1] 卫生部关于进一步加强妇幼卫生工作的指导意见[J]. 中华人民共和国卫生部公报，2007，2：9-11.

[2] 由林麒. 党领导下的上海妇幼卫生事业发展概述[J]. 兰台世界，2024，4：138-140.

[3] 师灿南，贺君剑，惠晓庆，等. 2016—2020年河南省妇幼保健机构发展状况[J]. 现代疾病预防控制，2024，35（4）：308-312.

[4] 石雪颖，胡焕青，黄爱群. 2015—2022年全国三级妇幼保健院卫生人力资源配置状况分析[J]. 中国医院管理，2024，44（4）：74-77.

[5] 中国妇幼健康事业发展报告（2019）（一）[J]. 中国妇幼卫生杂志，2019，10（5）：1-8.

[6] 中国妇幼健康事业发展报告（2019）（二）[J]. 中国妇幼卫生杂志，2019，10（6）：1-7.

卵巢癌新药入医保，患者生命之光被点亮

案例呈现

卵巢癌是一类恶性程度很高的妇科肿瘤。根据最新全球癌症观察站（Global Cancer Observatory，GLOBOCAN）公布的数据，在2022年全世界发生的肿瘤中，卵巢癌的发病率排名18位，死亡率排名14位，在妇科恶性肿瘤中发生率仅次于宫颈癌和子宫内膜癌。卵巢癌早期症状不典型，导致许多患者在发现时已经处于晚期。晚期的卵巢癌患者多数伴有腹腔或者全身多处转移，极易复发，需要多次、多疗程的化疗，患者往往经历多轮手术、化疗甚至放疗后，反复复发，预后极差。大约有70%的卵巢癌发现的时候为晚期，即使经过标准的手术和化疗，仍有70%的患者在3年内复发，70%在5年内死亡。因此，妇科肿瘤医生和科学家不断探索各种可能改善晚期卵巢癌治疗效果的新药。

1990年，加州大学伯克利分校的玛丽-克莱尔·金（Mary-Claire King）教授团队发现了早发性遗传性乳腺癌易感基因（breast cancer-related gene，*BRCA*）。*BRCA*基因编码的蛋白通过同源重组通路参与DNA双链损伤的修复，是重要的抑癌基因。当*BRCA*基因出现致病性突变的时候，携带者终身罹患乳腺癌和卵巢癌的累积风险显著增加。同时，*BRCA*基因的突变在一定程度上也会增加其他癌症的风险，包括前列腺癌、食管癌和胰腺癌。2005年，随着*BRCA*基因的研究继续深入，出色的科

学家们证明了多腺苷二磷酸核糖聚合酶抑制剂（poly ADP ribose polymerase inhibitor，PARPi）与 *BRCA* 突变之间存在“合成致死”效应，开启了 PARPi 用于治疗携带 *BRCA* 基因突变肿瘤患者的先河。在随后的几年间，PARPi 在携带 *BRCA* 基因突变卵巢癌治疗相关临床研究中获得成功。2018 及 2019 年，欧洲肿瘤内科学会（European Society for Medical Oncology，ESMO）年会上，公布的两项针对 *BRCA* 基因突变及同源重组修复缺陷（homologous recombination deficiency，HRD）阳性的新诊断晚期卵巢癌患者一线维持治疗相关研究，使晚期卵巢癌患者进入一线维持治疗“新模式”，成功避免了在化疗缓解后快速复发的“死循环”。在手术和化疗后，使用 PARPi 进行维持治疗，让卵巢癌患者生存期延长。在 2022 年 ESMO 年会上，更新的研究 7 年随访总生存期（overall survival，OS）数据显示：使用 PARPi 组与安慰剂组相比，7 年总生存率分别为 67.0%、46.5%。二者差距可以看到，PARPi 是一类治疗卵巢癌非常重要的药物。因此，医学界把这类药物称为卵巢癌治疗领域的“里程碑”。

为了让卵巢癌患者尽早享受到科学进步带来的益处，2014 年，美国 FDA 批准了第一个 PARPi 治疗已接受≥ 3 线化疗的胚系 *BRCA* 基因突变卵巢上皮性癌患者；2017 年，批准了 PARPi 用于对含铂化疗完全或部分缓解患者的维持治疗。2018 年 8 月，PARPi 在中国获批上市，正式进入临床。

但是这么有用的一个创新药物，是不是很贵呢？答案是肯定的。在 PARPi 刚进入临床应用也就是刚上市的时候，治疗费用约每月四万多人民币，并且需要患者全自费。这笔费用对于普通患者及家庭来说非常昂贵，多数都无力负担。

PARPi 对 *BRCA* 基因突变患者的疗效非常好，如果大部分患者因为经济原因无法服用这个药物，会十分可惜。科技的发展已经能救助这些患者，但是由于经济原因，这些本来能够被延长生命的患者却无法接受这样先进的治疗。在医务人员为很多卵巢癌患者惋惜之时，国家医疗保障局开始行动了。

2018 年 5 月，国家医疗保障局正式挂牌。国家医疗保障局把破解群众看病贵的问题当作一件重要工作来抓，采取取消医用耗材加成、推行医疗服务价格改革、实行药品及医用耗材集中带量采购等一系列措施。这些措施取得了较大成效，有力地推动了医疗卫生事业的发展。

一叶可以知秋，以小可以见大。以我国第一个上市的 PARPi——奥拉帕利片为例，来看抗肿瘤药进入医保之后，患者自己所需要承担的医疗费用的变化。奥拉帕利片作为卵巢癌的维持治疗药物，患者每月需要服用 2 盒左右，身体能够耐受的情况下需要持续用药 2 年。2018 年，奥拉帕利片的上市价格为每盒 2 万余元。2019 年进入医保后，价格降为每盒 9 000 余元。2020 年，进入医保后，价格降为每盒 5 000 余元。根据患者自付比例（5% ~ 40%）算，月治疗费用约 500 ~ 4 000 元，具体金额因地区医保政策或投保人所享受的医保不同而略有差异。从以上的价格可以看到，每月的治疗费用从 4 万余元下降至 500 ~ 4 000 元，降幅最高可达 35 000 元左右，让这些不幸罹患癌症的患者能用上世界上先进的药物。创新药物被纳入我国的医保报销范围，极大地减轻了患者的经济负担。体现了社会主义医疗保险制度的优越性，还体现了祖国一心为民，切切实实地关心全国人民的健康。

我国目前基本已经进入全民医保的时代，国家医疗保障局竭尽一切所能让医疗和药物的价格降低到患者可以负担的范围内。新药、特殊药和贵重药等，都尽可能地纳入医保，且国家集中采购药品让药物降价。以上双重优势的叠加，让我国的“看病难”“看病贵”问题得到了妥善解决，同时也切实地保障了人民群众的生命健康安全。

医疗保险是一项关乎亿万民众福祉的制度。这项制度，不仅为人民群众的健康保驾护航，更在促进社会和谐稳定、推动经济持续发展中发挥着不可替代的作用。

党和政府一直在努力让每一位中国人都能享受到基本的医疗保障。同时，国家医保已经从基本的医疗保障，逐步走向优质的医疗保障；从基本的药物，向抗肿瘤药、创新药等范围和领域延伸。这些都是和国力逐步强盛、人民的生活水平越来越高、科技的发展越来越先进分不开的。现在，我国已经全面建成覆盖全民的基本医疗保险体系，并且正在向高质量和精细化的方向发展。全国范围内的城乡居民基本医疗保险制度已经完成了一体化整合，绝大多数省份的统筹管理层次已经提升到市级，这显著提高了保险制度的互助共济能力。党的二十大报告指出：“共同富裕是社会主义的本质要求，是中国式现代化的重要特征”。我国正在党中央的引领下，积极推进共同富裕，不断取得新成效。随着生活品质的稳步提升，人民群众对健康的重视程度日渐上升。医疗保障体系是一项直接关系到人民群众健康福祉的重大社会工程，同时也是维护社会和谐与稳定的基石，对于保障和提升广大人民群众的生活质量起到了至关重要的作用。

卵巢癌患者使用 PARPi 治疗费用的前后变化是中国医疗保障体系不断完善和创新药物研发成就的一个缩影。患者能用上最新的抗肿瘤药，并且能使用医保报销大部分费用，既体现了政府对民众生命健康的高度重视和关怀，同时也体现了国家的强大为人民带来的巨大福祉。只有拥有强大的国力，才能够在各方面为人民着想，为人民谋福利，把昂贵的费用降下来，使人民获益、患者获益。在政府及社会各界的共同努力下，要坚信，未来我国的医疗保障体系必将更加健全和完善，可以为广大人民群众提供更多医疗保障和更加优质的医疗服务。

思政映射融入点与融入方式

专业知识、专业技能	思政映射融入点	融入方式
卵巢癌与基因检测（*BRCA* 基因突变、HRD）和 PARPi 的关系	医疗保障制度的现状介绍，了解中国医疗保障制度建立的不易，激发学生爱国爱党的热情	授课一开始，用卵巢癌的发病率、死亡率引起学生的学习兴趣，同时这也是专业课所要求学生必须获得的知识
卵巢癌靶向药物 PARPi 的适应证及用法	PARPi 价格的变动以国家的繁荣和强大作为后盾，让国家医保集中采购药品得以顺利进行，激发学生的爱国心和自豪感	通过药物的具体用法，引出药物前后价格的变化，让学生掌握卵巢癌靶向药物 PARPi 的适应证及用法
PARPi 的应用是卵巢癌治疗领域的重大进展	给学生进行医学教育的同时，也要进行医者仁心的教育，让学生全方位关注患者，不仅是医学，而且包括生活、经济、心理等各层面	从多个方面进行对比分析，让学生掌握不同基因突变与治疗效果之间的内在联系

（刘畅浩）

参考文献

[1] 孔北华，刘继红，黄鹤，等. 卵巢癌 PARP 抑制剂临床应用指南（2022 版）[J]. 现代妇产科进展，2022，31（8）：561-572.

[2] 刘畅浩，林少丹，林仲秋.《PARP 抑制剂在卵巢癌中的应用：ASCO 指南》解读 [J]. 中国实用妇科与产科杂志，2020，36（9）：835-839.

[3] BRAY F, LAVERSANNE M, SUNG H, et al. Global cancer statistics 2022: GLOBOCAN estimates of incidence and mortality worldwide for 36

cancers in 185 countries[J]. CA Cancer J Clin，2024, 74(3): 229-263.

[4] DISILVESTRO P, BANERJEE S, COLOMBO N, et al. Overall survival with maintenance olaparib at a 7-year follow-up in patients with newly diagnosed advanced ovarian cancer and a BRCA mutation: the SOLO1/GOG 3004 trial[J]. J Clin Oncol, 2023, 41(3): 609-617.

[5] 时涛，秦大伟，邢鲁民，等. 共同富裕视角下城乡居民医保事业发展现状及影响因素研究 [J]. 中国卫生经济，2024，43（6）: 44-49.

治未病之疾

——女性宫颈癌免费筛查及人乳头状瘤病毒疫苗的免费接种

案例呈现

一个平常的周三工作日，中山大学孙逸仙纪念医院妇科肿瘤专科的医生像往常一样开诊，有一位母亲替 13 岁的女儿就诊，因学校组织免费接种人乳头状瘤病毒疫苗用于宫颈癌的预防，想咨询专科医生的专业意见。医生给予解答了接种疫苗的益处和可能的不良反应。

宫颈癌是全球女性最常见的恶性肿瘤之一，根据世界卫生组织（World Health Organization，WHO）公布的数据，2018 年，全球宫颈癌的新发病例数为 56.9 万例，死亡人数为 31.1 万例。与 2012 年相比，新发病例数下降了 27%，死亡人数下降了 34%。

国家癌症中心的数据显示，我国 2022 年宫颈癌的发病人数高达 15.07 万，死亡人数 5.57 万。虽然宫颈癌现在仍是威胁女性健康的常见原因之一，但在全世界范围内，其发病率和病死率均有所下降，这得益于宫颈癌的早期筛查和疫苗接种。

为什么早期筛查和接种疫苗可以降低宫颈癌的发病率和病死率？这就得从宫颈癌的病因说起。20 世纪 80 年代，在哈拉尔德・楚尔・豪森（Harald zur Hausen）和他的团队的不懈努力下，明确了高危型 HPV 感染是导致宫颈癌的“罪魁祸首”，超过 90% 的宫颈癌和 HPV 感染有关。找到了病因就可以正本清源，在科学家们的努力下，世界上首个针对 HPV 16/18 型的 HPV 疫苗终于在 2006 年获得美国食品和药品管理局批准上市，有望预防 70% 的宫颈癌。这是人类对抗癌症的一个里程碑，标志着宫颈癌可能会成为首个可以预防的癌症。而乔治・柏柏尼科拉乌发明的巴氏涂片（Pap smear）能助力早期发现宫颈癌。

“药王”孙思邈在《千金要方》中提道:“消未起之患、治未病之疾，医之于无事之前。”《黄帝内经》中写道:“圣人不治已病，治未病，不治已乱，治未乱。”我国古人的智慧与现代宫颈癌的三级预防不谋而合。宫颈癌三级预防体系包括：一级预防，通过接种 HPV 疫苗，达到“消未起之疾”的效果；二级预防，通过“早筛查”，达到“早诊断、早治疗”，将宫颈癌阻断在早期，实现治愈的目标；三级预防，对于确诊宫颈癌的病例，确保能得到规范的治疗。通过在世界范围内推广“三级预防体系”，有望在一代人内让宫颈癌成为历史。为了加强全球对宫颈癌的关注并加强预防与控制措施，以达到最终消除宫颈癌的目标，WHO 总干事在 2018 年发起了消除宫颈癌的全球行动呼吁。2020 年 11 月，WHO 正式启动《加速消除宫颈癌全球战略》，旨在通过一系列相互关联的措施显著降低宫颈癌的发病率与病死率，其中包括推广 HPV 疫苗接种和有效的宫颈癌筛查方法，以便预防和早期识别宫颈癌前病变。《加速消除宫颈癌全球战略》设定了三大目标：到 2030 年，90% 的女性在 15 岁之前接种人乳头瘤病毒疫苗；70% 的女性在 35 ~ 45 岁前接受高效宫颈癌筛查；90% 的已确诊宫颈疾病病例获得适当诊治。党和国家历来高度重视人民健康，中共中央、国务院在 2016 年 10 月发布的《“健康中国 2030”规划纲要》提纲挈领地指出，加强健康教育，实施预防为主策略，降低疾病发生率，并强化疾病的早期诊断、治疗与康复是实现全民健康的关键措施。为了进一步落实该规划纲要，并响应 WHO 的《加速消除宫颈癌全球战略》，国家卫生健康委员会、教育部、民政部等十个部门于 2023 年 1 月联合发布了《加速消除宫颈癌行动计划（2023—2030 年）》，这是结合我国卫生、经济发展水平后提出来的符合我国国情且具有中国特色分步走的消除宫颈癌之路。计划提出，到 2025 年，试点推广适龄女孩 HPV 疫苗接种服务；适龄妇女宫颈癌筛查率达到 50%；宫颈癌及癌前病变患者治疗率达到 90%。到 2030 年，持续推进适龄女孩 HPV 疫苗接种试点工作；适龄妇女宫颈癌筛查率达到 70%；宫颈癌及癌前病变患者治疗率达到 90%。

自 WHO 提出消除宫颈癌战略以来，世界范围内宫颈癌的防治取得了长足进步。目前已有预防 HPV 16/18 的二价、四价（可预防 HPV 6/11/16/18 型）和九价（可预防 HPV 6/11/16/18/31/33/45/52/58 型）HPV 疫苗。其中，最值得一提的是我国自主研制的首个国产二价宫颈癌疫苗，2021 年 10 月 14 日，正式通过世界卫生组织 PQ（Prequalification）认证。这是中国第一支通过 PQ 认证的宫颈癌疫苗，也是第一支由发展中国家拥有完全自主知识产权并获得国际认可的宫颈癌疫苗，标志着中国的“国货”打破进口疫苗的

“垄断地位”，对降低接种成本、提高疫苗接种率具有极大的意义，而且丰富了国内疫苗市场，促进医药行业健康成长。国产二价疫苗的上市不仅是一项医学进步，更是对中国公共卫生事业的重大贡献。其影响将远远超出疫苗本身，对提升国民健康水平、推动医药行业发展以及增强国家科技实力都将产生积极而深远的影响。2021 年起，在各界的重视和呼吁下，国家卫生健康委员会推动 HPV 疫苗免费接种试点，全国多个省份逐步实施适龄女孩免费接种 HPV 疫苗：2022 年，广东省对于具有本省学籍、9 月份进入初中一年级且未接种过 HPV 疫苗的 14 周岁以下女孩实行免费接种；江苏省启动面向八年级女孩免费接种政策；山东、四川多地出台相关利好政策推动疫苗接种。截至 2022 年，已有 125 个国家将 HPV 疫苗接种列入国家女童免疫规划中，其中 47 个国家包括了男童。除了接种 HPV 疫苗的一级预防措施，我国在“宫颈癌筛查”二级预防环节同样贡献了“中国力量”。自党的十八大以来，国家推行面向农村适龄妇女“宫颈癌和乳腺癌”的“两癌”免费筛查项目，2019 年，被纳入基本公共卫生服务范围。各地政府加大筛查投入力度，截至 2020 年，我国免费宫颈癌筛查 1.3 亿人次，通过对宫颈癌的早诊、早治，降低了宫颈癌的发病率和病死率。2022 年，国家卫生健康委员会发布的《宫颈癌筛查工作方案》中指出，将筛查服务对象由以往的农村适龄妇女扩大为城乡适龄（35 ~ 64 周岁）妇女，更大范围保障了我国妇女的健康。

然而，在消除宫颈癌的道路上仍存在诸多挑战。社会经济因素是影响宫颈癌筛查和治疗的重要障碍。贫困和经济不平等可能导致一些女性无法承担筛查和治疗的费用，或者因为工作和其他家庭责任而无法抽出时间进行筛查。此外，交通不便和医疗服务的地理分布不均也可能限制了女性获取医疗服务的能力。文化因素在宫颈癌的筛查和治疗中也扮演着重要角色。在不同的社会和文化中，关于女性健康问题的讨论可能仍然是禁忌，或者存在对女性身体的羞耻感，这些观念可能阻碍女性寻求必要的医疗关怀。此外，一些地区的女性可能缺乏关于宫颈癌预防和治疗的知识，这可能导致她们忽视症状，延迟就医，从而增加了疾病的风险。在许多低收入和中等收入国家，由于基础设施不足、医疗资源匮乏或公共卫生政策未能覆盖所有人群，接受过宫颈癌筛查的比例小于 5%。

距离《加速消除宫颈癌全球战略》制定的三大目标前路漫漫，还需要全世界、各组织通力合作。经过大量数据验证接种效果，WHO 推荐免疫力正常的 9 ~ 14 女孩和 / 或男孩采用 2 针接种方案来替代常规的 3 针方案。2022 年，WHO 提出在经济落后地区的特定人群中推行单剂次 HPV 疫苗接种方案的全球建议，这是一项重要转变，显著减少了扩大疫苗接种规划的障碍。2023 年，美洲区域的一项类似建议进一步消除了障碍。世界卫生组织非洲区域办事处也紧随其后，建议该区域各国采用单剂次疫苗接种方案。迄今为止，有 37 个国家已改用或打算改用单剂次方案。为了推动世界各国扩大疫苗覆盖范围、加强筛查和规范治疗，首届“全球消除宫颈癌论坛：推进行动呼吁”于 2024 年 3 月 5 日在哥伦比亚卡塔赫纳德印第亚斯举行。世界卫生组织总干事谭德塞博士表示：“我们已经拥有知识和工具，可以让宫颈癌成为历史，但是疫苗接种、筛查和治疗规划仍未达到所需的规模。这是该领域首届全球论坛，为各国政府和合作伙伴提供了重要机会，能够对消除宫颈癌全球战略作出投资并解决导致妇女和女童无法获得所需救生工具的不平等问题。”在该论坛上，各国政府、捐助者和合作伙伴宣布了政策、规划和资金资助等多方面的新承诺，其中包括 6 亿美元的新资金用于疫苗和筛查。《加速消除宫颈癌行动计划（2023—2030年）》提出了普及宫颈癌防治知识、加强宫颈癌筛查服务、规范宫颈癌治疗和完善宫颈癌综合防治体系等多项举措，旨在加快我国宫颈癌消除进程，保护广大妇女健康。

道阻且长，行则将至。在世界卫生组织、各国政府、机构和组织的推动下，利用有效的预防和筛查工具，一起奔走在消除宫颈癌的道路上，一起努力，定会早日让宫颈癌成为历史。

思政映射融入点与融入方式

专业知识、专业技能	思政映射融入点	融入方式
宫颈癌的防治现状	宫颈癌是威胁女性健康的恶性肿瘤，危害不容小觑，激发学生的责任感	列举数字，引起学生的重视和学习的热情
接种宫颈癌疫苗和宫颈癌筛查可降低宫颈癌发病率和病死率的原因	从疾病病因出发进行一级预防，让学生学习到传统医学的智慧，增强文化自信；基于科学依据的预防，提升学生的科学思维与理性精神	一方面讲述传统医学的预防思想，另一方面通过重温乔治·柏柏尼科拉乌发明的巴氏涂片和哈拉尔德·楚尔·豪森发现HPV感染导致宫颈癌的故事，引发学生的学习兴趣，掌握宫颈癌发病的病因
宫颈癌的三级预防体系	通过国际和我国的相关政策，让学生看到国家经济实力的腾飞给了中国走出具有中国特色宫颈癌消除之路的底气和信心，增加学生民族自豪感和自信心	通过分层讲解宫颈癌三级预防体系的具体措施，加强学生对于宫颈癌三级预防的理解和掌握

续表

专业知识、专业技能	思政映射融入点	融入方式
HPV 疫苗的类型、适应人群和接种方法	国产疫苗的上市体现了我国社会经济和医疗水平的进步，科技创新和自主发展；适龄女性免费疫苗接种和免费宫颈癌筛查体现了国家高度重视妇女健康，彰显了社会主义制度的优越性，有助于培养学生的制度自信，激发爱国情感	通过展示和比较世界范围内多个国家 HPV 疫苗接种情况和 WHO 关于 HPV 疫苗接种方案的建议，让学生了解 HPV 疫苗的类型、适应人群和接种方法

（吴妙芳）

参考文献

[1] 王少明，郑荣寿，韩冰峰，等. 2022 年中国人群恶性肿瘤发病与死亡年龄特征分析 [J]. 中国肿瘤，2024，33（3）：165-174.

[2] Practice bulletin no.168: cervical cancer screening and prevention[J]. Obstet Gynecol, 2016, 128(4): e111-e130.

[3] JOURA E A, KYRGIOU M, BOSCH F X, et al. Human papillomavirus vaccination: the ESGO-EFC position paper of the European Society of Gynaecologic Oncology and the European Federation for Colposcopy[J]. Eur J Cancer, 2019, 116: 21-26.

[4] 李双，李明珠，丛青，等. 人乳头瘤病毒疫苗临床应用中国专家共识 [J]. 中国妇产科临床杂志，2021，22（2）：225-234.

[5] MARKOWITZ L E, UNGER E R. Human papillomavirus vaccination[J]. N Engl J Med, 2023, 388(19): 1790-1798.

[6] RAHANGDALE L, MUNGO C, O'CONNOR S, et al. Human papillomavirus vaccination and cervical cancer risk[J]. BMJ, 2022, 379: e70115.

[7] SASLOW D, ANDREWS K S, MANASSARAM-BAPTISTE D, et al.

Human papillomavirus vaccination 2020 guideline update: American Cancer Society guideline adaptation[J]. CA Cancer J Clin, 2020, 70(4): 274-280.

[8] AIMAGAMBETOVA G, AZIZAN A. Human papillomavirus vaccination: past, present and future[J]. Vaccines (Basel), 2022, 10(9): 67-73.

[9] TOH Z Q, RUSSELL F M, GARLAND S M, et al. Human papillomavirus vaccination after COVID-19[J]. JNCI Cancer Spectr, 2021, 5(2): 11.

[10] Human papillomavirus vaccines: WHO position paper, December 2022[J]. Wkly Epidemiol Rec, 2022, 97: 645-672.

第二章

医学人物

弘扬医圣精神，树立文化自信

案例呈现

张仲景，东汉末年医学家，建安三神医之一，被后人尊称为“医圣”。张仲景广泛收集医方，写出了传世巨著《伤寒杂病论》，其确立的“辨证论治”原则，是中医临床的基本原则，是中医的灵魂所在。

张仲景出生在没落的官僚家庭，由于家庭的特殊条件，使他从小有机会接触到许多典籍。他从史书上读到扁鹊望诊蔡桓公的故事，对扁鹊高超的医术非常钦佩。《伤寒杂病论》序曰：“余每览越人入虢之诊，望齐侯之色，未尝不慨然叹其才秀也。”从此他对医学产生了浓厚的兴趣，并立下“进则救世，退则救民，不能为良相，亦当为良医”的志向，年少时便拜师学医。他学医非常用心，无论是外出诊病、抄方抓药，还是上山采药、回家炮制，从不怕苦、不怕累，深得老师真传。

尽管热心医术，但在东汉末年举孝廉的制度下，张仲景还是承袭了家门，被州郡举为孝廉，当上了长沙太守。当时，长沙瘟疫横行，虽然公务繁忙，张仲景依然继续钻研医术，希望能用自己的医术为百姓解除病痛。在那个时代，做官的不能随便进入民宅，接近百姓。可是不接触百姓，就不能为他们治疗。于是张仲景想了一个办法，他打破官府戒律，让衙役贴出安民告示，择定每月初一和十五两天，大开衙门，让有病的百姓进来，他端端正正地坐在大堂上，挨个仔细地为群众诊治。张仲景敢于打破阶层观念，把官衙“大堂”当成诊室，为百姓诊病的举动，震动乡野，百姓无不拍手称好，对张仲景更加拥戴，留下了“坐堂医生”的美谈。后来人们就把坐在药铺里给人看病的医生，通称为“坐堂医生”，以用来纪念张仲景。

东汉末年，是中国历史上一个极为动荡的时代。统治阶级内部出现了外戚与宦官相互争斗残杀的“党锢之祸”；军阀、豪强也为争霸中原而大动干戈；农民起义的烽火更是此起彼伏……一时间战火频仍，百姓为避战乱而相继逃亡，流离失所者不计其数。汉献帝初平元年（公元 190 年），董卓挟汉献帝及洛阳地区百万居民西迁长安，洛阳所有宫殿、民房都被焚毁，方圆二百里内尽为焦土，百姓流离途中病殁者不可胜数。战乱往往伴随着瘟疫，当时疫病流行严重，成千累万的人被病魔吞噬，以致造成了十室九空的空前劫难。南阳地区当时也接连发生瘟疫大流行，许多人因此丧生。张仲景的家族本来是个大族，人口多达二百余人，但在不到十年的时间里，有三分之二的人因患疫症而死亡，其中死于伤寒者竟占十分之七。面对瘟疫的肆虐，以及统治者的腐败，张仲景下定决心，潜心研究伤寒病的诊治。值得注意的是，中医古籍所载“伤寒”与现代医学所说的“伤寒”不是一个概念。现代医学所说的伤寒（或副伤寒）是指由细菌引起的肠道传染病，而《伤寒杂病论》中的“伤寒”则是指一切外感热病的总称。

建安十年，张仲景辞去长沙太守的职位，来到岭南隐居，潜心研究伤寒病的诊治，开始着手撰写《伤寒杂病论》。他“勤求古训，博采众方”，刻苦研读古代医学著作，广泛借鉴前人的医学理论和治疗方法，四处收集民间验方，精选了三百多方记入书中，结合自己丰富的临床诊断经验，寻找治疗伤寒的方法。经过几十年的奋斗，这本十六卷的医学巨著《伤寒杂病论》终于面世。

《伤寒杂病论》对于中医，乃至世界医学都有着不可磨灭的重要贡献，它是我国医学史上影响最大的古典医学著作之一，也是我国第一部临床治疗学方面的巨著。《伤寒杂病论》和《黄帝内经》《难经》《神农本草经》合称为中医的“四大经典”，它确立了“辨证论治”的理论和方法体系。“辨证”，就是通过望、闻、问、切等手段，分析判断患者的证候。“论治”，就是根据“辨证”的结果，确定相应的治疗方法。

可以说，张仲景的《伤寒杂病论》是一个六经分病、八纲辨证的完整思想体系，它创立的是中医学的认识论和方法论，即中医诊疗看重整体、着眼于“病的人”，而不是看重局部、只关注“人的病”，从而形成了鲜明的特点。

首先，《伤寒杂病论》系统地分析了伤寒的原因、症状和发展阶段。张仲景将病邪的发展过程按照深浅、进退、缓急等概括为太阳、少阳、阳明、太阴、少阴、厥阴六大类型，根据相互之间的联系和相互转化的关系确立了对于伤寒病的六经论治方法。张仲景还将其在临床实践中所观察到的各种证候总结为“阴、阳、表、里、寒、热、虚、实”八纲辨证原则，以辨识疾病的特性。通过六经论治和八纲辨证，按照扶正祛邪的原则，采取“汗、吐、下、和、温、清、补、消”中医八法进行治疗，并在对前人药方进行吸收、研究和改进的基础上发明了许多疗效显著的方剂。如麻黄汤、桂枝汤、柴胡汤、白虎汤、青龙汤、麻杏石甘汤，这些著名方剂经过千百年来临床实践的检验，疗效可靠而且显著，至今仍被广泛运用，并为中医的方剂学奠定了坚实的基础。故而《伤寒杂病论》被赞誉为“方书之祖”，张仲景被称为“方剂之祖”。

其次，《伤寒杂病论》还创造了三个世界第一：首次记载了人工呼吸、药物灌肠和胆道蛔虫的治疗方法。在这部著作中，记载了对于自缢者如何进行急救的方法，指出对于自缢时间不长者，应徐徐抱解，上下安被卧之，一人以手按据胸上，数动之，并按其腹，如此一炊顷，气从口出，呼吸眼开，并配合吹耳等方法，使自缢者无不活也。其操作步骤和概念与现代急救时的人工呼吸法基本一致，这也是我国关于人工呼吸最早的文字记录，比国外最早的人工呼吸法研究提前了近16个世纪。对于遇溺者，张仲景也认识到其抢救关键是迅速排出溺者体内的水，并提出了“取灶中灰两石余，以埋人，从头至足，水出七孔，即活”的方法。这事实上是希望通过加压的方法使溺者体内的水迅速排出体外，非常符合科学急救的原则。有些患者由于高热导致无法排便，对于其中年老和身体较弱的患者因不能采用猛泻的方法，致使身体更加虚弱，可以用蜂蜜熬制成栓剂，由肛门塞进直肠，也可以用土瓜根和猪的胆汁灌入直肠，这两种方法均吸收快、药效发挥迅速，可以达到极好的通便效果而且不会伤及身体，是比较科学的方法。《伤寒杂病论》对于胆道蛔虫的临床综合表现进行了最早的文字记录，并记载了治疗胆道蛔虫的方法和药物乌梅丸。目前，这种药剂仍是临床上较为行之有效的治疗蛔虫和其他一些寄生虫感染的首选方剂。张仲景在书中还记载了肠痈病，即阑尾炎的症状，“肠痈者，少腹肿痞，按之即痛，如淋，小便自调，时时发热，自汗出，复恶寒”，明确指出此病的病理是肠内有痈脓。张仲景提出在此病未化脓前可用大黄牡丹皮汤进行医治。用大黄牡丹皮破瘀血，大黄可以促进结肠收缩，有通便的作用，使盲肠血肿自大便排出，在当时缺乏解剖知识和无法实施外科手术的情况下，极大地降低了患者的痛苦和风险，至今仍在临床中有所运用。可以说，《伤寒杂病论》总结了张仲景毕生的行医经验，他诊治过的症状都被记录在这本书中。

根据史料记载，张仲景的著作除了《伤寒杂病论》之外，还有《辨伤寒》十卷，《评病药方》一卷、《五脏论》一卷、《口齿论》一卷、《疗妇人方》两卷，可惜这些珍贵的医学著作都早已失传。而最初的《伤寒杂病论》也险些失传，幸好被后人发现，并经过整理，成为如今的《伤寒论》和《金匮要略》。

张仲景医术高明、医德高尚，为后世医学发展作出了重大贡献。他在民间有着很崇高的地位，人们推崇他的医学著作，敬仰他的医术和医德，后世尊称为“医圣”。他出身官宦之家，却心怀黎民；他妙手回春，却不为财不为利；他医术高明，却又热衷于分享自己的医学成果，将诸多珍贵的药方记录并流传下来。张仲景不仅是救死扶伤的医者，更是心怀天下的圣人。他以精湛的医术、高尚的医德彪炳千秋，不愧于“医圣”的千古美名。

2021 年 5 月 12 日，习近平总书记在河南省南阳市参观医圣祠，了解张仲景生平及其对中医药发展作出的贡献，并强调中医药学包含着中华民族几千年的健康养生理念及其实践经验，是中华民族的伟大创造和中国古代科学的瑰宝。要做好守正创新、传承发展工作，积极推进中医药科研和创新，注重用现代科学解读中医药学原理，推动传统中医药和现代科学相结合、相促进，推动中西医药相互补充、协调发展，为人民群众提供更加优质的健康服务。

思政映射融入点与融入方式

专业知识、专业技能	思政映射融入点	融入方式
对医学事业的热爱	张仲景学医的初衷体现了中华民族先贤们提出和体现的爱民、贵民、重民、安民、恤民的民本思想，以及儒家的仁爱思想	讲授学医的初心或职业规划时，引用张仲景的事例，触发学生见贤思齐之心
以患者为中心的理念	中华优秀传统文化中讲仁爱、重民本的思想，也是当代医护应当培养的职业道德	讲授“以患者为中心”的医学理念时，可提问“坐堂医生”的由来，引起学生的兴趣及思考，提高他们的职业道德标准
传承精华、守正创新的医学精神	医生需要开拓创新的职业品格	通过张仲景收集、归纳前人医学知识和经验，并加以批判、继承和创新的事例，启发学生思考医学的进步是如何取得的，以及未来要如何继续推动医学发展
《伤寒杂病论》的六经分病、八纲辨证的完整思想体系	中医诊疗看重整体、着眼于“病的人”，而不是看重局部、只关注“人的病”，这样的认识论和方法论，完全可以体现现代医学客观唯实、科学求是的精神。可引导学生深入了解中医学的博大精深，树立文化自信	让医学生从中医这个角度了解中华传统文化的辉煌灿烂，树立起高度的文化自信，以及继续发扬光大中医和传统文化的责任感

（丁淼）

参考文献

[1] 焦振廉．“医圣”张仲景和他的《伤寒杂病论》[J]．家庭中医药，2009，16（7）：18-21.

[2] 刘瑛，孙金立，孙艳．漫谈医圣张仲景的贡献与成就 [J]．兰台世界，2012，9：56-57.

[3] 陈嘉彬. 一代医圣张仲景[J]. 解放军健康，2008，4：81.
[4] 任应秋. 医圣张仲景的伟大成就[J]. 上海中医药杂志，1983，2：2-4.
[5] 西门杏庵. 一纸经方传承千载：医圣张仲景和他的《伤寒杂病论》[J]. 南腔北调（周一刊），2021，7：57-74.
[6] 甄雪燕，王利敏，梁永宣. “医圣”张仲景[J]. 中国卫生人才，2013，7：88-89.
[7] 陈忠海. 汉末大瘟疫与“医圣”张仲景[J]. 文史天地，2020，4：4-7.
[8] 侯艳. 走近千秋“医圣”张仲景[J]. 健康中国观察，2021，6：11-12.
[9] 朱佩娴，时岩. 南阳：医圣故里草药香[J]. 人民周刊，2021，10：26-30.

中国内地第一家西医医院创办者
——伯驾

案例呈现

习近平总书记在关于中医药工作的指示中指出，中医药学包含着中华民族几千年的健康养生理念及其实践经验，是中华文明的瑰宝，凝聚着中国人民和中华民族的博大智慧。要大力加快推进中医药现代化、产业化，坚持中西医并重，推动中医药和西医药相互补充、协调发展，推动中医药事业和产业高质量发展。近年来国家大力推进中医、中西医结合的发展，了解西医在我国的传入历史，在医学史中进行对比、学习和思考，将会加深对传统医学和现代医学的认知，促进不同医学模式成果的相互交流、相互学习、取长补短、共同发展。

西医西药传入我国，早期可追溯至唐代景教、元代也里可温教等开展的零星、局部的医疗活动。明末清初，伴随“西学东渐”，西医西药大量传入。19 世纪初英国医生亚历山大·皮尔逊（Alexander Pearson）把牛痘接种术传到广东省，随后西医眼科治疗技术和外科陆续传入。1840 年后西医大规模传入。19 世纪西医来华是西方医学全球扩散的其中一站。中国社会在接受西医的同时也融入了世界医学发展浪潮，在医学科学的推动下逐步完成了本土医学的转型。美国人彼得·伯驾（Peter Parker），具备医学院校毕业的医生以及教会认可的传教士双重资格，被认为是传教士来华行医的开端。从 1835 年 11 月在广州开设眼科医局到 1855 年被任命为美国驻华公使离开医局，伯驾把绝大部分时间和精力都用于医务活动，在我国医疗发展史中具有较高知名度。

伯驾于 1804 年出生于美国马萨诸塞州。1831 年，毕业于耶鲁大学，随后又在该校修读医学和神学课程。1834 年，伯驾接到了美国海外传道部的指示：“你将有机会运用你所掌握的医学和外科知识，来为那里（中国）的人民解除身体的病苦。”1834 年 6 月 4 日，伯驾乘坐美国同孚洋行的商船“马礼逊号”，从纽约出发，经大西洋过赤道绕好望角，然后横越印度洋，从印度尼西亚的苏门答腊与爪哇岛之间通过巽他海峡，最后经南海北上到达广州，全程航行 144 天。经过四个多月的海上颠簸，伯驾乘坐的“马礼逊号”于 1834 年 10 月 26 日抵达广州。伯驾落脚于美国商人奥立芬的商馆中。恰逢中英两国因通商问题发生冲突，社会氛围不利于伯驾开展相关活动，遂于 1834 年 12 月 23 日前往新加坡。在新加坡和马六甲逗留近 8 个月后伯驾于 1835 年重回广州。

在英美商人的捐助和广州十三行（清政府特许经营对外贸易的专业商行）首席行商浩官的帮助下，伯驾在广州十三行新豆栏街 7 号丰泰行开设了“眼科医局”。1835 年 11 月 4 日，伯驾在医局开始接诊患者。为获得百姓的认可，伯驾从眼科常见病入手，第二天一名患青光眼的妇女上门就医，伯驾不收取患者费用，吸引了第一批“尝鲜者”。他所采取的治疗方法与传统中医存在差异，然而治疗效果显著，得到患者认可，口口相传，诊治范围也由眼部疾病逐渐扩展到其他“全科”领域。伯驾对待患者态度好，能急患者之所急，陪在危重患者身旁连续数小时；深夜病患来诊，他也能及时诊治。正因为医德好、医术高，伯驾很快积累了人气。开业最初 3 个月（1835 年 11 月 4 日至 1836 年 2 月 4 日），共有 925 名患者到医局就诊，其中男性 655 名，女性 270 名，诊断病例共计 1 057 例。为扩大业务范围，不久改名为仁济医院（1865 年改名为博济医院，即今中山大学孙逸仙纪念医院前身），设立病床，接收患者住院治疗。

伯驾完成多项中国首例手术，尤其在膀胱结石治疗方面有重大突破，医院也因此在结石切除方面长期保持着世界纪录。医局运营初期，伯驾主要是为白内障患者施行白内障摘除术，成功率极高，最初接受手术治疗的 30 名患者中，有 28 例获得成功。1836 年 1 月 19 日，伯驾开展眼科以外的手术，为患者进行了肉瘤切除术；同年为病案编号 2152 的患者实施了扁桃体切除手术，这是在中国实施的第一例扁桃体切除术。1836 年 11 月 11 日，伯驾完成了首例上臂截肢术；1837 年 6 月 21 日，伯驾为罹患乳腺肿瘤 6 年的 48 岁莫姓女性施行了第一例女性乳房切除手术。1836 年，伯驾开始治疗患有尿道结石的患者，一开始采用碎石法诊治，随着患者例数增多，面临的状况不尽相同，伯驾也不断更新治疗方案。1843 年，一名 34 岁广州男性接受了碎石法治疗，结石碎成两块，但体积依然较大，治疗效果欠佳，一年后患者再次返院寻求治疗，1844 年 7 月 17 日，伯驾为其实施了中国第一例膀胱切开取石术。伯驾采用会阴横切手术将结石取出，结石重 32g，周长为 13.9cm × 8.9cm，18 天后患者痊愈。一周后伯驾又实施第二例取石术。此后结石手术逐渐增多，1844—1935 年，治疗结石的患者共 4 000 余例，保持着世界纪录。

伯驾引进西医，紧跟国际趋势，率先在中国使用麻醉术，扩展外科手术范围，他也倡导人体解剖，推动医学发展。麻醉术引入中国后，伯驾率先应用并扩展外科手术，推动西医技术传播。既往实施外科手术均在无麻醉下进行，患者痛苦极大。1846 年，美国牙科医生莫顿在麻省总医院进行乙醚麻醉的演示手术，成功摘除了一名印刷工人的下颌肿瘤，这一事件标志着现代麻醉学的开端。1846 年 10 月，伯驾即购买了麻醉仪和一批乙醚麻醉剂。1847 年，伯驾第一次在中国使用乙醚麻醉法为一名患者摘除了右臂脂肪瘤。1849 年，伯驾首次使用氯仿麻醉进行乳房切除术。伯驾作为将西医引入我国的先锋人物，一直保持着对前沿医学技术的学习和运用。麻醉术的应用，使外科手术范围大大扩展。1842 年以后，伯驾创立的医院治疗疾病的种类已涉及内外科、骨科、皮肤科、牙科等方面，开展了包括肿瘤、膀胱结石、乳腺疾病、坏死骨切除等手术。这些实例反映出西医技术在中国传播的时效性和有效性。外科操作的娴熟离不开对人体解剖知识的精通。伯驾同时也是人体解剖的倡导者。1850 年，伯驾获准在医院内第一次对两具尸体进行了病理解剖，寻找患者的死因。保持学习、夯实基础、谨慎实践以及全面掌握医学知识，这些闪光的专业品格对于当代医生的培养同样具有重要的启发作用。

在医院日常诊疗工作中，大部分患者均由伯驾亲自诊治，诊治患者数每天最高达 200 多人次。二十余年间约 53 000 多名中国人接受了伯驾的治疗，这些被治愈的患者，有钱者积极捐钱，有才者著文作诗相赠，普通百姓则送些土特产等表达感谢。林则徐就曾对伯驾创办的眼科医局表示赞许，两广总督耆英因伯驾治好了他的皮肤病而赠匾致谢。有留存于世的诗歌写道："寻医留住五羊城，幸遇真人善点睛。已喜拨云能见日，从教污浊转清明。"良好的治疗效果、与国人建立友善的关系、保持社交往来、建立彼此信任，这些举措一定程度上消除了中国人对传教士的仇视和对西医医药的偏见，使得西医在中国生根发芽。

伯驾不仅医疗技术出众，其医院管理才能也得到充分发挥。随着患者数量增多，为提高医院管理效率，他发明了世界上最早的挂号系统。他准备了一些用中英文标明号数的竹牌，一张竹牌就等于一张通行证，患者按照竹牌的先后顺序看病。他建立了病案库，包含了患者的姓名、性别、年龄、籍贯、用药处方、治疗效果、手术时间长短、取出肿瘤或结石的大小、重量等，并请画家为 100 多名体表有症状的肿瘤患者画像，这批画像至今仍保存于美国耶鲁大学图书馆及英国伦敦盖伊医院，成为珍贵的医学史料。病案编号 6565 的病历是伯驾医生为林则徐治疗疝气和哮喘留存的资料，成为我国最早保存下来的西医病历。此外伯驾在给患者实施重大手术前，要求患者签订医疗协议书。伯驾曾详细记下协议书内容："我（患者）遭受结石痛苦，几次寻求救助无效。如今我有幸受美国伯驾医生之恩惠，将使用他的（手术）刀把我的结石取出。当治愈时，不仅我一人受其恩惠，而且我的整个家庭都会感激他伟大的仁慈。山高水深，不可逾越（意即若结果不幸），这和医生无关，一切都是上天的旨意所定。以免空口无凭，我立字为证，作为证明交由医生。”这也是中国医学史最早的医疗协议书。从上面几处细节反映出伯驾重视医患沟通，注重医疗资料收集以及在医疗运营管理上所具备的才能。

伯驾也身体力行推动医学教育工作。为了引进最新的医学技术，伯驾积极寻找机会参观医院、遍访名医。1841 年他花了近半年的时间前往英、法两国，向伦敦、巴黎的许多名医请教，获益匪浅。除了自己重视进修以外，伯驾还以半工半读和带徒弟的形式，训练中国徒弟做医疗助手，向他们传授西方医术。其中一位名叫关韬的学生品学兼优，能独立施行多种外科手术，得到伯驾赏识，其毕业后也成为医院的业务技术骨干。这种医学教育传承，开创了外国人在中国培养近代西医人才的先河。1838 年 2 月 21 日，伯驾与英国东印度公司传教医生郭雷枢及公理会传教士裨治文联名发起组织“广州医学传道会”，并担任副会长一职，此为中国第一个西医药学术团体。除此之外，伯驾还创作中文医学书籍，借以传播西医学知识。学习经典医学专著，紧跟世界最新诊疗前沿，临床实践培养人才，100 余年前的医学教育模式至今依然为我们所采用。

伯驾开设了中国内地第一家西医医院；在我国开展麻醉术，实施眼科治疗，肿瘤、泌尿系统结石等疾病的诊疗；培养了首批西医人才等。这些事迹为中国近代医药卫生事业的发展作出了贡献，使中国人对待西医的态度经历了“疑忌—接触—试用—对比—信服”的转变。同时西医的诊治思路、管理模式等也促进了中医的现代化历程。

思政映射融入点与融入方式

专业知识、专业技能	思政映射融入点	融入方式
简述西学东渐，了解医学发展的世情、国情	医学的发展同国家实力、命运紧密相连。医学是国家综合实力的体现。由医学技术本身上升到思想、理论、制度的差异带来的反思，激发学生爱国、建设国家的热忱	历史节点标志性事件的简述。了解西医在我国发展历程，对照我国社会经济发展状况。可与中华人民共和国成立后中西医高质量、高层次的相互促进作为对比
西医院建立的开端	强调医疗事业的爱岗敬业、甘于奉献的精神。从个人经历入手，引入人文性。践行职业精神，治疗有效、有疾必应，以及良好的医患沟通	以人物传记形式呈现伯驾个人成长及辗转到达广州建立西式医院。增强故事性、冲突性，激发学生兴趣，加深认知开创新局面的不易。激发学生面对困境不退缩的精神，致敬理想情怀
医疗技术开展及新技术应用历程	遵循职业规范，由易到难、稳步推进的处事方法。开拓创新的职业品格和行为习惯。构建平等、公正、和谐的医患关系对医疗事业的正向促进作用	罗列开展一系列医疗技术的时间、数量及案例，通过具体案例引发学生的兴趣。展示医疗技术的创新性，突出终身学习、不断推陈出新的必要性
认知医疗文书、知情同意等的重要性，理解医疗教育的重要性	建立行业规范的必要性，增强职业责任感。加强劳动教育。医疗的特殊性，强调了继续教育的重要性及传承性	伯驾在医院管理中所重视的几个细节，对比现行制度的一脉相承。引导学生认知医疗核心制度对于医生、患者均具有重要的意义。伯驾不断学习提升医疗技术、师徒教育培养人才以及建立学会等的具体工作介绍。实例教学启发思考及讨论

（黄佳）

参考文献

[1] 谭树林. 美国传教士伯驾在华医疗事业影响述论[J]. 历史教学，2005，9：33-37.

[2] 朱素颖. 博济医院研究综述[J]. 南京医科大学学报（社会科学

版），2021，21（5）：457-462.

[3] 李丹，刘明玉. 近代在华西式医院探微：广州眼科医局研究（1835 年~1855 年）[J]. 医学与哲学，2017，38（22）：88-92.

[4] 郭强，李计筹. 近代来粤医学传教士对结石病的研究：以广州博济医院为中心 [J]. 南京中医药大学学报（社会科学版），2017，18（2）：86-91.

[5] 杨楼. 美国基督新教传教士彼得·伯驾研究述评 [J]. 科教导刊，2010，20：249-250.

[6] 董少新. 19 世纪前期西医在广州口岸的传播 [J]. 海交史研究，2002，2：21-29.

万婴之母

——林巧稚

案例呈现

在医疗卫生条件以及医学水平落后的年代，生育对于妇女来说风险极大。在老舍先生的经典文学作品《骆驼祥子》中，就有这样一段关于难产的描述："到了月底，虎妞终于要生了。虎妞岁数大，并且平时缺乏运动，接生婆来了，对祥子说可能要难产。在大杂院里，小孩的生和母亲的死大家都已经习以为常，……虎妞疼了三天三夜也没有生下来。她强忍着疼痛，让祥子去请一个大仙来。大仙来了又是画符又是念咒，花了不少钱，却无济于事。

这时的虎妞只剩下大口咽气，已经不会出声了。接生婆说，必须送医院了，否则就没救了。……夜里十二点，虎妞带着死孩子，断了气。”从这段描述中不难看出，在20世纪20年代，我国的产科非常落后，虽然已经有“送医院”这一方案，但绝大多数产妇在生孩子时，第一时间想到的只能是求助于接生婆。

这种旧式接生方法造成了产妇和婴儿的高死亡率。南京医科大学医政学院张慰丰教授提供的数据显示：1920—1930年，估计有20万的旧式接生婆分布全国，当时的产妇死亡率约为15‰，婴儿死亡率为150‰～300‰。中国近代妇幼卫生事业创始人杨崇瑞也在1928年发表的《产科教育计划》中提到“兹就北平统计与外国比较而论之，产母死亡率，我国每千人中约十五人”，婴儿死亡率，每千人中“中国竟达二百五十至三百之多”。她进一步指出，死亡率高的原因不外乎“助产者缺乏产科知识耳”。林巧稚，就生长于这样一个年代。

1901年，林巧稚出生在福建省思明县鼓浪屿的一个教育世家中。林巧稚的父亲留过学，做过生意，有见识，开明豁达。在男人还留着长辫子的晚清时期，他毅然劝说妻子，不要再给小女儿缠足；他鼓励林巧稚读书，接受教育。可以说，林巧稚是非常幸运的，她有着爱她的家庭，父母兄长都愿意支持她，走一条独特的路，成长为新时代女性该有的样子。

林巧稚的母亲生下她后身体虚弱，出血现象持续了很久，郎中说是妇女病，治不好，让看西医。但母亲性格保守，不接受外国医生，尤其还是男医生给自己问诊。最终，在林巧稚5岁那年，一直缠绵病榻的母亲去世了。虽然林巧稚当时年纪很小，但是母亲临走前痛苦的表情，父亲抱着自己悲伤的哭声，门梁上挂着的白帆，成了她童年最深刻的记忆，让她永生难忘，也埋下了成为一代良医的种子。

1921 年夏，林巧稚第一次离开厦门，到上海参加北京协和医学院的考试。在林巧稚参加英语考试的过程中，一位女考生因中暑而昏倒，监考老师一时不知所措。林巧稚见状，立刻放下考卷对这位女生进行施救，直到她恢复正常为止。但林巧稚也因此耽误了考试时间，未能完成英语笔试。当时北京协和医学院在 150 名考生中只录取 25 名，林巧稚觉得自己因为英语笔试没有完成而无望被录取。父亲安慰她说："你这样做是对的，救人最要紧。"没想到一个月后，林巧稚惊喜地收到了北京协和医学院的录取通知书。原来是监考老师将她不顾自己、乐于救人的事迹写了份报告，附在她的英语考卷后面报了上去。校方根据她的综合成绩和这份报告，决定录取这位品学兼优的学生。就这样，20 岁的林巧稚如愿以偿地进入北京协和医学院读书。

北京协和医学院有着当时全国最为先进的教育理念和医学实验室，相应的学习淘汰制也极其严格，考试 75 分才算及格，一门主课不及格留级，两门不及格除名，绝无补考和商量的余地。林巧稚凭着坚持不懈地苦学和持之以恒的努力，在 8 年的学习和残酷的淘汰竞争中独占鳌头，成绩一路领先。1929 年 6 月毕业时，入学的 25 人只剩下 16 人，而她高居榜首，并获得北京协和医学院的最高荣誉奖——文海奖学金，同时获得了博士学位。

毕业后的林巧稚进入了北京协和医院妇产科，很多同学对她的选择深感惋惜，因为在当时，内科和外科的发展前景比妇产科要好很多。但林巧稚始终忘不了死去的母亲，希望通过自己的知识和努力，能够降低产妇和新生儿的死亡率。林巧稚勤奋工作，无论白天黑夜、严寒酷暑，她都为治病救人而忙碌。不管是什么身份的患者，只要有人向她求诊，她都有求必应。医院的晋升制度非常严格，林巧稚却一年一个台阶地升上去：从助理住院医师，到住院医师，一直到总住院医师。1932 年，担任总住院医师一年后，林巧稚被派往英国曼彻斯特医学院和伦敦妇产科医院进修。1939 年，她又被派赴美国芝加哥学习，一直涉足于妇产医学研究的领先领域。1940 年，林巧稚完成在美国的学习时，被授予“美国自然科学荣誉学会会员”，并荣获该学会颁发的金钥匙。有人曾劝林巧稚留在美国，但她拒绝了。1941 年，林巧稚凭着高超的医术和高尚的医德，成为北京协和医院第一位中国籍妇产科主任。

1941 年，因战争北京协和医院被迫关闭，林巧稚出于无奈，只得开了一家私人诊所，继续服务广大患者。在此期间，她更多地接触到广大劳动人民的生活，这使她深感社会的不公平和人民的痛苦。她的感情发生了很大变化，开始把自己的全部爱心，献给那些在痛苦中生活的人们。在此期间，她一共接待了近万名女性患者，而且为每一位患者都建立了个人档案，中英文对照，字迹端正整洁，一丝不苟。对于穷苦人家的患者，林巧稚不但分文不收，反而经常拿出自己的钱来资助她们，久而久之，她被人们亲切地称为“活菩萨”。

北京协和医学院于 1948 年 5 月全部恢复工作，林巧稚重回医院任职。1948 年秋天，林巧稚拒绝接受离开祖国的机票。她认定:“我是中国人，我要和我的事业共存。”中华人民共和国成立后，林巧稚对中国共产党领导的新中国感到欢欣鼓舞。她充分施展自己的理想和抱负，致力于妇产科科研队伍的建设，担任《中华妇产科杂志》总编辑、《中华医学会》外文版月刊编辑委员会常务委员等学术任职。在她的主持下，北京协和医院妇产科形成了一个高水准的医疗科研团队。她经常带领医务人员深入农村、城镇考察妇女和儿童的疾病。为了降低我国婴儿死亡率，防治宫颈癌，她撰写了妇幼卫生科普通俗读物《家庭卫生顾问》等书，受到人们的普遍欢迎。为了治疗新生儿溶血症，林巧稚邀集有关专家研究，终于创造出脐静脉换血的医疗方法，填补了国内的空白。

为了发展祖国的医疗事业，林巧稚倾注全力为首都医院和全国各地培养了大批妇产科专业人才。她和学生们对染色体的遗传学作了初步探讨，开拓该学科的研究，为后来她的学生攻下绒毛膜癌难关打下坚实的基础。1965年，林巧稚主持中华医学会第一届妇产科学术会议。1974年，赴日内瓦出席世界卫生组织召开的医学顾问委员会会议。1978年12月，和楚图南率领中国人民友好代表团赴西欧四国访问，在英国时她患脑血栓，回国后便长卧病榻，一病不起。林巧稚不顾病魔缠身，仍抱病和学生们通力合作，经过4年努力，于1980年8月完成了50万字的巨著《妇科肿瘤》。她虽身患重病不能行动，仍在病床上日夜筹划着成立妇产科研究所，时时刻刻惦记着她的临床医疗工作。

林巧稚是一位勤奋的临床实践家，她一生中亲自为成千上万的妇女接生、治病，甚至为不少母女两代人接生。她忘我地工作，实践着自己的誓言“我是一辈子的值班医生”。她几十年如一日，坚守在工作岗位上，病房就是她的家。她用一双灵巧的手，迎接5万多个小生命来到人间。许多父母感念她从死亡线上抢救出自己的孩子，就给孩子取名为念林、爱林、敬林、仰林等。后来人们亲切地称她为“万婴之母”。在长期的临床实践中，林巧稚把妇女生产和护理变成了一门精湛的艺术，她在实践中摸索的一整套妇女生产生育的技术、方法和程序，成为我国妇产科学的重要基础。林巧稚毕生对妇产科学许多领域进行了探索和研究，在胎儿宫内呼吸、女性盆腔疾病、妇科肿瘤以及新生儿溶血症等方面研究作出了杰出的贡献。1983年4月22日，林巧稚病逝，享年82岁。她逝世后，人们为了永远纪念她，在她的家乡厦门鼓浪屿为她建立了纪念馆。回首林巧稚60余年的从医生涯，“妙手仁心”这四个字在她的身上体现得淋漓尽致；“春蚕到死丝方尽，蜡炬成灰泪始干”是她鞠躬尽瘁、呕心沥血献身医学的一生的真实写照。

2021年5月，《柳叶刀》上线重要专题报告，聚焦自1949年至2019年，70年来中国妇幼健康领域的进展，北京大学第三医院乔杰院士、国家卫生健康委妇幼健康司司长宋莉、四川大学全国妇幼卫生监测办公室朱军教授为共同通信作者，来自国内外知名机构的共31位专家学者为共同作者。报告指出，自1949年以来，中国在妇幼健康领域取得了瞩目成就。其中，孕产妇死亡率从1949年的1 500/10万，下降到2019年的17.8/10万；同期，婴儿死亡率从200‰下降到5.6‰。粗略计算降幅分别达到98.8%和97.2%。回顾本内容开篇提到的情况，现已发生了天翻地覆的变化。如今，我国孕产妇死亡率、5岁以下儿童死亡率和婴儿死亡率这些妇幼健康核心指标已经位于全球中高收入国家的前列。中国被世界卫生组织列为全球妇幼健康高绩效的10个国家之一。如此累累硕果，离不开以林巧稚为代表的前辈们的孜孜追求和苦苦耕耘。有一种伟大叫平凡，有一种爱心叫坚守。在蓬勃发展的今天，像他们这样的时代先驱才是让中国可以抬头挺胸的精神脊梁，他们留给我们的伟大精神，永远激励着后人在新的道路上持续求索、砥砺前行！

思政映射融入点与融入方式

专业知识、专业技能	思政映射融入点	融入方式
旧式助产方式造成了产妇和婴儿的高死亡率	反映了过去医疗条件的落后和科学知识的缺乏，向学生强调科学精神、创新思维及生命至上的职业责任感	通过文学经典《骆驼祥子》里的描述，提出旧式接生方法对于难产的无能为力，进一步讲述20世纪前半期我国孕产妇和新生儿高死亡率的惨状。通过对比，让学生了解现代医学，尤其是现代助产技术发展，对于改善孕产妇和新生儿高死亡率的重要意义

续表

专业知识、专业技能	思政映射融入点	融入方式
医者的基本素养	给学生们树立优秀的道德品质，践行社会主义核心价值观：良好的道德素养重于单一的书面成绩；坚持不懈、勇攀高峰的奋斗精神是通往成功、达成理想的唯一道路	以讲故事的形式展现林巧稚参加北京协和医学院考试，以及进入协和医院刻苦求学、参加工作初期的过程
林巧稚带领协和妇产科团队取得的一系列成就	向学生传达：立足现状、深入研究是探索科学问题的基本方法；总结归纳、开拓创新是探索科学问题的核心精神	讲解林巧稚带领团队考察、防病治病、撰写《家庭卫生顾问》等书；开创脐静脉换血疗法填补国内新生儿溶血症治疗的空白；对遗传学的初步探索；缠绵病榻仍坚持完成巨著《妇科肿瘤》等一系列事迹
万婴之母的由来	爱岗敬业、无私奉献的职业精神	讲述林巧稚数十年如一日工作在临床一线的职业生涯，并亲手迎接5万多名新生儿
中华人民共和国成立70余年来我国孕产妇和新生儿死亡率大幅下降	一方面唤醒学生们的大国自豪感，另一方面再次感受前辈们的不懈追求和奋斗，激励学生们继承衣钵、砥砺前行的信念	通过统计数字的展示，以及中华人民共和国成立70余年来前后对比，列举中国“被世界卫生组织列为妇幼健康高绩效的10个国家之一”等成就，让学生直观地感受到我国妇幼健康工作的巨大成就

（丁淼）

参考文献

[1] 赖妙宽. 少年林巧稚[M]. 福州：福建教育出版社，2023：67.

[2] 郎景和. 妇女的保护神：纪念林巧稚大夫[J]. 中国医院，2002，6（1）：35-36.

探索绒毛膜癌的治愈之路
——记北京协和医院宋鸿钊院士

案例呈现

母亲，经过十月怀胎，最终孕育出一个新的生命，谱写出最难忘、最动听的生命旋律。女性在妊娠后身体会产生一类细胞，称为滋养细胞，在妊娠的过程中起着非常重要的作用，为胎儿的发育保驾护航。但是，当滋养细胞发生恶变时却会导致妊娠滋养细胞肿瘤（gestational trophoblastic neoplasia，GTN），包括侵蚀性葡萄胎、绒毛膜癌、胎盘部位滋养细胞肿瘤和上皮样滋养细胞肿瘤。

在 20 世纪中叶，妊娠滋养细胞肿瘤没有好的治疗方法，世界范围内此类疾病的病死率均居高不下。著名的病理学家詹姆斯·尤文（James Ewing）曾说："凡是绒毛膜癌无一例能活，能活的都不是绒毛膜癌。"临床科学家们在 20 世纪 50 年代开始了对妊娠滋养细胞肿瘤化疗的研究，使得其治愈率不断提高。在我国，绒毛膜癌的治疗最初是沿用国际上的传统方法，为局部治疗，包括手术切除子宫和术后放疗，疗效不佳。根据北京协和医院的报道，1948—1958 年，传统的局部治疗后，绒毛膜癌的病死率为 90.8%，侵蚀性葡萄胎的病死率为 22.2%。1958 年，由宋鸿钊牵头的研究中心开始了对绒毛膜癌新治疗方法的研究。从此，中国对于绒毛膜癌的研究和治疗展开了新的篇章，并不断地在国际舞台上亮相，惊艳众人。

绒毛膜癌治疗的研究，是基于对其生物学性质的了解之上。北京协和医院前辈们的研究发现，绒毛膜癌很早就能经过血行转移到全身多个器官，而手术和放疗作为局部治疗手段，对全身转移性疾病的治疗效果有限，但药物进入体内后，可以随着血液输送到全身各处。以此为依据，宋鸿钊决定从寻找有效的药物开始。最初用的药物是中药紫草根，虽然有一定的疗效，但是不够稳定。宋鸿钊又把目光转向了 6- 巯基嘌呤（6-mercaptopurine，6-MP），此药虽然是治疗慢性淋巴细胞白血病的药物，但是在动物实验中发现 6-MP 对胎盘的滋养细胞有很强的破坏作用，因此在避孕的研究工作中会涉及此药。虽然在绒毛膜癌中尚无应用的先例，但考虑到绒毛膜癌是由滋养细胞恶变而来的疾病，此药可能有效，宋鸿钊及其团队成员开创性地将此药用于绒毛膜癌的研究。最初，宋鸿钊采用白血病的治疗方法，小剂量、长疗程，每疗程时长 2 ~ 4 个月，但效果并不理想，患者往往尚未完成一个疗程即发生死亡。宋鸿钊征得家属同意后为患者做了尸检，发现滋养细胞确实受到了药物破坏，推测患者的死亡原因可能是肿瘤细胞增殖快导致病情进展迅速，而药物的剂量与密度不够。因此，宋鸿钊在原有方案的基础上进行了调整，加大剂量并缩短疗程，即药物剂量加倍的同时将疗程缩短一半。此次调整产生了明显的疗效，1958 年，北京协和医院的第一例绒毛膜癌合并肺转移的患者得到治愈。此后，经过反复地摸索、不断地调整剂量和疗程，药物治疗绒毛膜癌的疗效不断提高。4 年间，以 6-MP 治疗的患者总体病死率降低至 48%。

宋鸿钊在使用 6-MP 治疗绒毛膜癌的过程中，也逐渐发现了一些新的问题，如随着药物剂量的加大和疗程的缩短，副作用也更加明显，部分患者出现耐药及如何进一步提高疗效的问题。针对这些问题，宋鸿钊亲自在病房观察患者，逐渐摸索出了患者不良反应发生、发展和消退的规律，描绘出不同类型血细胞独特的变化曲线。在清楚掌握不良反应特征的基础上予以对应的防治措施，大大提高了化疗的安全性，减少了对患者的危害。在此过程中，逐步确立了大剂量用药的方法，使更多的患者得到治愈。对于耐药患者，研究团队不断尝试其他药物，如 5- 氟尿嘧啶（5-fluorouracil，5-FU）、放线菌素 D、抗瘤新芥、消瘤芥等。由于所探索的有效药物不断增加，经过多线治疗，耐药问题得到进一步解决，疗效也有了明显改善。取得的成果虽然是令人振奋和欣喜的，但对于少数已经发生了全身广泛转移的患者，治疗效果仍不能令人满意。乘胜追击，宋鸿钊带领团队继续探索多药联合、多种途径给药的方法，给了更多患者生存的希望和机会。1958—1982 年，宋鸿钊和他的团队治疗的一千多例绒毛膜癌患者病死率从 90% 逐渐下降到 15.2%，其中近百名是晚期绒毛膜癌患者。

对于特殊部位的转移，如脑转移，一旦发病，往往于数天内迅速发生死亡。国外采用全脑外照射，虽然有效，但是不良反应同样明显，后遗症较多。宋鸿钊为寻找更优的治疗方案，开展了一系列研究，探究脑转移的病程特点，总结既往治疗成功与失败的经验和教训。他试验了多种治疗方法，包括颈内动脉或鞘内给药，增加脑组织中的药物浓度；多药、多途径联合给药，同时治疗多脏器的转移；对症治疗，包括脱水、降低颅内压。最终，使得超过半数的脑转移患者获得治愈，且后遗症极少，同时病死率由过去的 100% 逐步降至 30%。

除了提高治愈率，使患者活得更久，他还希望患者能活得更好，使更多的女性既能治愈肿瘤，又能避免子宫切除，保留生育能力。但是保留子宫的方案有很大的风险：保留子宫会不会增加复发的概率？子宫保留后是否有生育功能？生育的孩子会不会有畸形？这样的尝试既无经验可借鉴，同时又遭到很多的质疑。但是宋鸿钊产生这样的研究思路并不是凭空想象，而是在广泛查阅和学习文献、反思既往治疗后患者的随访和治疗效果中逐渐形成的。文献表明，绒毛膜癌没有遗传性，化疗后也没有增加胎儿的畸形率。研究团队在对既往化疗患者月经情况及卵巢功能的研究中发现，患者在化疗结束一段时间后，月经可逐渐自然恢复。由于年龄、所用化疗药物不同，患者月经恢复时间长短不同。这种现象说明了用药后卵巢功能只是暂时受到抑制。经过化疗的患者行子宫切除术，术后标本中可以观察到子宫内的肿瘤完全消失，内膜也已经修复，说明保留子宫进行妊娠是有可能的。研究团队在与少数强烈要求保留生育功能的年轻患者充分沟通、知情同意的基础上，进行了保留生育功能的治疗，并取得成功。1959—1980 年，成功为 265 例患者保留生育功能，其中有 205 例患者妊娠，妊娠次数达 365 次，妊娠结局与同期进行的全国 303 万妇女生育情况相比，发生流产、先天畸形、双胎、早产，以及新生儿和婴儿死亡率均未增加，所有存活孩子生长均正常，与全国重点调查区域正常儿童身高和体重增长无明显差异。为了明确有无潜在畸变，随机为 94 名第二代和 8 名第三代进行了外周血淋巴细胞染色体研究。染色体异常的发生率和 20 名正常儿童对照无明显差异。患者在生育后复发概率未增加。由此可见，妊娠滋养细胞肿瘤患者保留生育功能是安全可行的。到 20 世纪 80 年代，宋鸿钊报道了超过 500 例患者的保留生育功能的研究，这是当时世界范围内例数最多的报道，引起了强烈反响，开创了妇科恶性肿瘤保留生育治疗的先河。同时，这也带来了妊娠滋养细胞肿瘤治疗观念的革命性改变，即手术治疗不作为妊娠滋养细胞肿瘤的首选治疗方式。如今，对于合适的妊娠滋养细胞肿瘤患者进行保留生育的治疗已经是非常常见的选择，这些患者不仅可以得到疾病的根治，而且可以拥有健康的子代。

在探索绒毛膜癌治疗方案的过程中，宋鸿钊总结了北京协和医院绒毛膜癌患者的尸检和手术病理资料，提出了绒毛膜癌的临床分期，将此分期应用于临床实践中，证明其极具实用价值。由于此临床分期具有符合疾病发展规律、直观易记的特点，因此，在20世纪60年代提出后就被普遍接受，80年代被接受为国际标准，至今国际妇产科联盟（International Federation of Gynecology and Obstetrics，FIGO）妊娠滋养细胞肿瘤分期标准仍然是基于“宋氏分期”。

除了进行研究外，宋鸿钊还非常注重治疗经验的推广工作。1972年起在北京协和医院举办了40多期绒毛膜癌学习班；1978年起在全国各地举办了50多期绒毛膜癌学习班，自费编印教材，亲自授课，推广绒毛膜癌的诊治方法，并帮助建立地区性绒毛膜癌诊治中心，使得全国范围内的绒毛膜癌治疗水平得到极大提高。这是在20世纪80年代以前，我国得到国际公认的能够达到甚至领先国际水平的医疗成就之一。

以宋鸿钊为首的研究者们经过数十年的共同努力，使绒毛膜癌从病死率90%到根治率90%，获得国内外的肯定，1985年，荣获国家科学技术进步奖一等奖。同年宋鸿钊当选为绒毛膜癌研究权威机构国际滋养细胞疾病学会主席，并在北京举办了第四届国际滋养细胞疾病学会双年会，1995年，当选为中国工程院院士。宋鸿钊院士在回顾探索根治绒毛膜癌的方法时，无限感慨地说：“患者求生的愿望，给了我们战胜绒毛膜癌的勇气和智慧。”

2000年2月17日，宋鸿钊院士因病逝世，享年85岁。在他的墓前有“济世华佗，绒癌克星”八个大字，概括了他一生的卓越贡献。他所创立的一系列化疗方案，从药物选择、配伍到给药途径、顺序、速度，以及对疗效和不良反应的总结，得到了国际滋养细胞肿瘤研究界的认可。目前，中国方案已经被列入国际妇产科联盟和美国国立综合癌症网络指南中，这也是中国人对于肿瘤研究作出的世界级的贡献。

宋鸿钊院士曾前瞻性地提出，妊娠滋养细胞肿瘤来源于异体（胚胎）细胞，研究其生长和发展规律，也是免疫学研究工作中一个有意义的课题。沿着这条研究思路，2021年，北京协和医院向阳教授领衔的CAP01研究在《柳叶刀·肿瘤学》发表，这是全球范围内首个免疫检查点抑制剂联合抗血管生成药物治疗高危耐药/复发妊娠滋养细胞肿瘤的前瞻性Ⅱ期临床试验研究，研究中所使用的药物均为国内自主知识产权的药物，立足中国人数据，为民族医药卫生事业作出了重要贡献。

思政映射融入点与融入方式

专业知识、专业技能	思政映射融入点	融入方式
绒毛膜癌治疗情况概述	人类对绒毛膜癌的认识和治疗随着治疗手段和研究的进展发生着动态变化	列出绒毛膜癌病死率历史数据的对比及著名学者的论断，让学生直观感受到绒毛膜癌治疗效果的提高
绒毛膜癌的药物治疗	科学的进展总是从未知到已知，从知之甚少到知之较多，这些都需要我们的努力探索和实践。激发学生树立只要敢于探索，勇于实践，任何事情都有可能成功的勇气和信心	关于绒毛膜癌的治疗对不同阶段的学生要求不同。在此处引出对药物治疗的探索之路，让学生更加深刻地领会到为何以“化疗为主，其他治疗方法为辅”
绒毛膜癌脑转移和保留生育功能患者的治疗	为了患者的利益要敢作敢当，不怕困难挫折，不考虑个人得失，也不满足于一时的成就，同时要实事求是，善于跟患者和家属沟通，最终取得的结果才能经得起临床实践的检验，真正造福于人民。充分体现了爱岗敬业、无私奉献、开拓创新的精神	在针对绒毛膜癌特殊患者治疗的部分，根据宋鸿钊探索的历程，从对绒毛膜癌总治愈率提高到不停地探索新的领域，经受住质疑和挫折，让学生感受到好医生的担当和责任的同时，也建立了课程内容之间的前后关联

续表

专业知识、专业技能	思政映射融入点	融入方式
绒毛膜癌的分期	善于思考，勤于总结。学习的过程同样如此，要带着思考去学习，才能有更大的进步。让学生理解“从实践中学习，在学习中思考”的重要性，同时感受到中国力量和中国贡献	用示例图和临床真实图片的形式展示绒毛膜癌的转移途径和不同分期，并与其他分期进行比较，从而让学生直观感受到“宋氏分期”的优越之处
绒毛膜癌的免疫治疗	知识在传承，科学在进步，人类对于疾病的认识也在不断地深入，以免疫治疗为代表的精准医疗逐渐成为热点，中国原创性的新药和临床研究也能走在世界前列，增强学生的科学探索精神以及民族自豪感	在药物治疗部分，引导学生发现传统药物治疗不能完全满足治疗的需求，根据前面所学习的绒毛膜癌特性，引出免疫治疗的原理。用中国数据说话，展示免疫治疗的效果

（王丽娟）

参考文献

[1] 宋鸿钊，夏宗馥，吴葆桢，等. 二十年806例绒癌和恶性葡萄胎化学治疗经验总结[J]. 中华妇产科杂志，1979，14（4）：255-261.

[2] 宋鸿钊，董淑英，杨秀玉，等. 恶性滋养细胞肿瘤病人化疗治愈后再妊娠结果的长期观察[J]. 中华妇产科杂志，1987，22（6）：339-343.

[3] 宋鸿钊，杨秀玉. 恶性滋养细胞肿瘤化疗后病人再生育问题[J]. 实用肿瘤杂志，1994，3：139-140.

[4] 顾迈南. 向绒癌夺取生命：记国家科学技术进步一等奖获得者宋鸿钊教授[J]. 瞭望周刊，1986，21：39-41.

[5] SONG H Z, WU B Z, TANG M Y, et al. A staging system of gestational trophoblastic neoplasms based on the development of the disease[J]. Chin Med J (Engl), 1984, 97(8): 557-566.

[6] NGAN H Y S, SECKL M J, BERKOWITZ R S, et al. Diagnosis and management of gestatiaonl trophoblastic disease: 2021 update[J]. Int J Gynecol Obstet, 2021, 155 (Suppl 1): 86-93.

[7] CHENG H Y, ZONG L J, KONG Y J, et al. Camrelizumab plus apatinib in patients with high-risk chemorefractory or relapsed gestational trophoblastic neoplasia(CAP 01): a single-arm, open-label, phase 2 trial[J]. Lancet Oncol, 2021, 22(11): 1609-1617.

神州试管婴儿之母
——张丽珠

案例呈现

辅助生殖技术（assisted reproductive technology，ART）是人类解决生育障碍的有效技术手段，包括人工授精、体外受精-胚胎移植（in vitro fertilization and embryo transfer，IVF-ET）及其衍生技术等。体外受精-胚胎移植指从女性卵巢内取出卵子，在体外和优化处理的精子培养，受精 3～5 日后形成卵裂期胚胎或囊胚，再将胚胎移植回女性子宫腔内，使其着床发育成胎儿的完整过程。应用辅助生殖技术诞生的婴儿称为“试管婴儿”。

英国妇产科学家帕特里克·斯特普托（Patrick Steptoe）和胚胎学家罗伯特·爱德华兹（Robert Edwards）合作，给原发性不孕长达 9 年的 30 岁女性莱斯莉·布朗（Lesley Brown）在自然周期采用腹腔镜取卵，卵子在体外受精形成胚胎，移植后成功妊娠。在妊娠期间，布朗经历了羊膜腔穿刺术行胎儿染色体检查、高血压、下肢乃至颜面部和腹部水肿，以及孕晚期胎儿生长缓慢，最后于 1978 年 7 月 25 日在孕 38^{+5} 周时行剖宫产分娩世界首例试管婴儿路易丝·布朗（Louise Brown）。1978 年 8 月 12 日，斯特普托和爱德华兹在著名医学期刊 *Lancet* 上报道了首例人类胚胎移植的活产，成为生殖医学发展史上的一个里程碑事件。为此，爱德华兹被誉为“世界试管婴儿之父”，并于 2010 年获得诺贝尔生理学或医学奖。此后，IVF 助孕技术在各个国家陆续开展，并蓬勃发展。根据欧洲人类生殖与胚胎学学会发布的 ART 治疗数据，1998 年，欧洲 18 个国家 521 家中心报告完成 232 225 个周期，2018 年，欧洲 39 个国家 1 422 家中心报告完成 1 007 598 个周期，相当于 1998 年治疗周期数的 4 倍。

中国内地首个试管婴儿于 1988 年 3 月 10 日出生在北京医科大学第三医院（现为北京大学第三医院）。妇产科学专家张丽珠教授作为缔造者，为我国生殖医学发展作出了突出贡献，并因此获得“神州试管婴儿之母”的美誉。如今历经 30 余年发展，我国 ART 助孕的应用范围和技术水平已经与国际先进水平接轨。根据 2022 年 8 月中华医学会生殖医学分会发布的数据，2019 年，我国 221 家生殖中心报告完成 ART 治疗 370 515 个周期，同年欧洲 40 个国家 1 488 家中心报告完成 1 077 813 个周期，也就是说，我国周期数相当于欧洲的 1/3。

回顾我国内地首例试管婴儿新生命的诞生历程，可谓“功不唐捐，玉汝于成”。张丽珠教授从 1982 年开始钻研辅助生殖技术，那时候资金短缺，设备缺乏，环境简陋，可是在重重困难面前，张教授没有退缩，充分发挥严谨务实、勇于担当、不断创新的精神，带领团队坚定地一步一个脚印朝着目标前进。第一道难关是取卵，当时国外采用腹腔镜，在卵巢表面找到成熟卵泡，从中吸出卵泡液，获取卵子；而国内没有开展腹腔镜技术，只能采用开腹手术，用手触摸卵巢寻找卵泡。第二道难关是收集和识别卵母细胞，吸取的卵泡液需要保温，肉眼识别卵冠丘复合体，并在立体显微镜下进行卵子评估。初期很多仪器、器皿、培养箱都是张丽珠教授出国交流时购买回来的，由于没有专业的保温设备，就先把卵泡液存放在保温瓶里，再由她的学生送去胚胎教研室。张教授与组织胚胎学专家刘斌教授合作，参照动物卵子的形状，从卵泡液中寻找人的卵母细胞。第三道难关是卵母细胞培养和受精。有一台国际慈善组织捐赠的二氧化碳培养箱，但买不到培养液，只能自己在实验室摸索配制。张丽珠教授的学生、北京大学第三医院生殖医学专家刘平在《怀念恩师张丽珠》一文中写道："张丽珠教授会在做完取卵手术的第一时间找到我，询问是否找到卵母细胞，找到几个，之后几天又询问受精卵和胚胎发育情况。"第四道难关是胚胎移植。刘平教授回忆道："前两三次胚胎移植是在胚胎教研室的实验室完成的，然后再用担架把患者转移到医院救护车上送回病房。"在经历两次移植不成功后，张丽珠教授认为必须改善胚胎培养和移植手术的条件，她几经努力，在医院里争取空间作为胚胎培养室和移植手术室。团队成员动手改造环境，用医用胶布粘住窗户缝隙，避免刮风吹进灰尘，只留一扇小窗通风换气，实验台就是砖头水泥搭成的一个平台，铺上加厚的黑色橡皮布和白色床单，遮盖住台面裂纹。除此之外，实验器皿在使用后反复清洁和高压消毒，取卵针的针头用钝了就送到钟表铺磨一磨，消毒后再继续使用。虽然条件如此艰难，但幸运的是没有一例患者发生感染或出血。在张丽珠教授眼里，办法总比困难多，竭尽所能地改进每一个环节、每一个步骤。

成功并不是一蹴而就的，在自主探索之路上，荆棘载途，磨难重重。张丽珠教授团队一次次重复促排卵、卵泡监测、取卵、体外受精、胚胎培养和胚胎移植的整个过程，在3年时间里，他们经历了12次胚胎移植失败。张丽珠教授承受着巨大的压力，除了应对技术攻关的艰辛，还要面对一些质疑的声音：我国人口众多，推行计划生育政策，提倡少生优生，为什么还要研究辅助生殖技术治疗不孕？那是因为，张丽珠教授在6 300封不孕患者的来信里，深切感受到生育障碍给患者带来沉重的心理压力和无尽的精神痛苦，影响夫妻感情及家庭和睦，从而对社会造成危害，这就是张教授专注于辅助生殖技术研究的动力。其实，辅助生殖技术助孕与国家计划生育政策并不矛盾，恰恰相反，这体现了体恤病痛、治病救人的医者仁心。

1987年，来自甘肃省礼县38岁的郑桂珍成为第13位接受胚胎移植的患者。由于双侧输卵管阻塞，她婚后多年不孕。结合郑桂珍的病情，张丽珠教授给她开腹取得4个卵子，体外受精后进行胚胎移植，幸运的是她怀孕了，成为国内首例IVF-ET成功妊娠者，并于1988年3月10日在北京大学第三医院剖宫产娩下一名健康的女婴，取名为“郑萌珠”。“萌”取萌芽之意，“珠”表达了对张丽珠教授的感激之情。67岁的张丽珠教授怀抱襁褓中的郑萌珠合影的照片成为经典，标志着我国辅助生殖技术迈上一个新台阶。值得一提的是，2019年4月15日，31岁的郑萌珠自然怀孕在北京大学第三医院顺利产下一子，“试管婴儿二代宝宝”的降生体现着新一轮生命的延续。

后来，在以张丽珠教授为代表的广大辅助生殖医学工作者的共同努力下，我国在辅助生殖技术上不断取得零的突破：首例供胚试管婴儿于1988年6月在中南大学湘雅医学院诞生；首例冻融胚胎试管婴儿于1995年2月诞生；首例卵细胞质内单精子注射试管婴儿于1996年4月在中山大学附属第一医院诞生，由庄广伦教授完成；首例植入前遗传学诊断试管婴儿于 1999 年在中山大学附属第一医院诞生，由庄广伦教授指导，徐艳文教授完成；首例也是国际第 2 例“三冻”（即冻精、冻卵、冻胚胎）试管婴儿于 2006 年 1 月在北京大学第三医院诞生。

2016 年 9 月 2 日，德高望重的张丽珠教授在北京去世，享年 95 岁。2020 年 7 月 11 日，张丽珠教授的先生、我国科学院院士、著名化学家唐有祺迎来百岁寿辰，并在同日启动以自己和已故夫人张丽珠的名义设立的“北京大学唐有祺 - 张丽珠奖学基金”，用于奖励和支持北京大学化学与分子工程学院、医学部的优秀学生，激励同学们奋发图强、求真务实、勇于钻研，将科学精神不断传承和发扬光大。2022 年，北京大学第三医院国家妇产疾病临床医学中心设立“张丽珠生殖医学青年创新奖”，用于表彰生殖医学领域中取得重大科技突破和贡献卓越的医务工作者。

时光荏苒，中国生殖医学白手起家，张丽珠教授、庄广伦教授等老一辈生殖医学专家“筚路蓝缕，以启山林”，励精图治，经历了从无到有，从小到大，创造了一个又一个的生命奇迹。如今我国辅助生殖技术飞速发展，守正创新，走在国际生殖健康事业的前列，正奋力书写着新篇章。

思政映射融入点与融入方式

专业知识、专业技能	思政映射融入点	融入方式
介绍世界第一例试管婴儿的诞生史	探索未知，追求真理，勇攀科学高峰，造福人类的科学精神	*Lancet* 对人类胚胎移植首例活产的报道。英国胚胎学家爱德华兹获 2010 年诺贝尔生理学或医学奖

续表

专业知识、专业技能	思政映射融入点	融入方式
IVF 的治疗过程	初期我国生殖医学与国际先进水平存在较大差距，激发学生奋发图强、锐意进取、攻坚克难的精神。通过张丽珠教授自主探索的经历，给学生树立顽强拼搏、奋斗有我的信念	中国内地首例试管婴儿诞生与世界首例有 10 年之差。20 世纪 80 年代张丽珠教授开始研发辅助生殖技术，既要解决技术难题，又要面对人们的不理解
我国辅助生殖技术的发展	“试管婴儿二代宝宝”的降生，延续爱和生命。后期我国的各种“首例”诞生，是中华民族自力更生后崛起、屹立于世界民族之林的缩影，提升民族自豪感	按时间顺序展现我国在辅助生殖技术上各种零的突破。介绍“北京大学唐有祺－张丽珠奖学基金”和“张丽珠生殖医学青年创新奖”的设立，致敬前辈，体现生殖事业薪火相传

（潘萍）

参考文献

[1] STEPTOE P C, EDWARDS R G. Birth after the reimplantation of a human embryo[J]. Lancet, 1978, 2(8085): 366.

[2] JOHNSON M H. A short history of in vitro fertilization(IVF)[J]. Int J Dev Biol, 2019, 63(3/4/5): 83-92.

[3] SMEENK J, WYNS C, DE GEYTER C, et al. ART in Europe, 2019: results generated from European registries by ESHRE [J]. Hum Reprod, 2023, 38(12): 2321-2338.

[4] 张孝东，邓成艳，黄学锋，等．中华医学会生殖医学分会：2019 年辅助生殖技术数据报告 [J]．生殖医学杂志，2022，31（8）：1015-1021.

[5] 刘平．怀念恩师张丽珠 [J]．中国卫生人才，2016，12：59-61.

[6] 张德强．中国“试管婴儿之母”张丽珠 [J]．中关村，2020，10：102-105.

[7] 梁宾宾. “试管婴儿之母”：记中国著名妇产科医学专家张丽珠教授 [J]. 国际人才交流，2009，8：36-38.

[8] 胡琳莉，孙莹璞. 中国辅助生殖技术发展历程和现状 [J]. 生殖医学杂志，2019，28（10）：1113-1114.

[9] 乔杰，马彩虹. 中国辅助生殖技术发展现状 [J]. 国际生殖健康/计划生育杂志，2012，31（5）：332-333.

人民医学家
——吴孟超院士

案例呈现

在长达七十八年的医疗生涯中，他坚持至九十七岁高龄，仍不辞辛劳每周亲临门诊、操刀手术；其辉煌的一生，成功实施了超过一万六千例复杂肝脏手术，更在我国和全球肝脏外科领域开创了众多“先河”，取得了多个里程碑式的成就。他被誉为“中国肝胆外科之父”，是该领域的奠基泰斗，还是中国科学院的杰出院士，曾担任上海东方肝胆外科医院的院长之职。这位传奇人物，便是人民医学家——吴孟超院士。

吴孟超曾清晰地阐述了他的人生三大正确抉择：“我这一生有三条路走对了：回国、参军、入党。”他强调，若非选择回到祖国，或许能积累财富，但无法成就今日之事业；若非加入人民军队，虽可成为医生，却难以达到现有的高度；而若非成为党组织的一员，虽能保持良善，但无法成为无产阶级先锋队中的一分子，实现更高的精神追求。医学领域，则为他提供了一个广阔的舞台，让他能够不懈追求并为之奋斗。

1922年，他出生于福建闽清的一户贫寒之家，五岁便跟随母亲来到马来西亚投奔父亲。他的父母因饱尝文化匮乏的艰辛而深知知识的重要性，因此即便家境拮据，也坚持让他识字明理，接受教育。自九岁起，他的生活便是晨光中割胶，午后校园求知，如此往复，直至十七岁。在那段岁月里，橡胶树成了他最初的"手术台"，割胶的每一刀需深浅适度，亦需小心翼翼地避开那如同血脉般的水线，否则树体将出现畸形生长，宛若罹患肿瘤。这份对"度"的精准把握，是他日后在医学道路上"精细操作"理念的早期启蒙。在他人生的暮年，虽时而忘却前日的琐碎，但对那段年少时割胶的日子却情有独钟，时常回味，自视为"最早的操刀训练"。在他家中，至今还珍藏着那把见证往日岁月、虽已斑驳却意义非凡的割胶刀。

1937年，战争的烽火骤起，吴孟超深受救国救民理念的影响，他与同窗共志，积极筹措善款，并借助陈嘉庚先生成立的马来亚新加坡华侨筹赈祖国伤兵难民大会委员会，捐赠给国内英勇抵抗侵略的战士们。令人意想不到的是，他们竟收到了来自毛泽东主席与朱德总司令的致谢电文。这份殊荣深深烙印在他心中，成为一段不可磨灭的红色印记。彼时他内心最为炽热的渴望，便是回国投身延安圣地，加入中国共产党，亲自奔赴战争最前线，为国家的自由与尊严而战！

1940年春，吴孟超踏上了回国的旅程，途经新加坡、越南，最终抵达昆明。由于战时封锁，他未能立即奔赴延安，而是留在昆明深造，立志以学识报效国家。1943年秋，他成功考入由德国人设立的同济医学院，师从被誉为"中国外科之父"的裘法祖教授。1956 年，吴孟超正式成为中国共产党的一员，并投身军旅。从此无论环境如何变迁，挑战与困境如何接踵而至，他对党的忠诚与信念坚定不移，矢志不渝地为党的事业奋斗。

裘法祖教授是吴孟超心中第一人，裘老的教诲他始终铭记于心。“医术有高有低，医德最是要紧。”他谨记恩师教诲，将“把病人背过河”视为己任。

周二门诊日，吴孟超常提前抵达，曾因交通拥堵到的稍晚而步入候诊区躬身致歉。诊疗时，案头常备便签，细致记录复杂病例，即便与患者多年未见，他仍能叫出姓名。术前准备，如发现患者麻醉后裸身躺于手术台，他常会严肃批评，因为这样易使患者低体温。手术台上，他以干净利落著称，而问诊与查房时则尽显耐心细致。查房时，他必先搓热双手，轻触患者，体恤入微。检查完毕，细心整理患者衣物。他常教导学生，医者要治的是病的人，而不仅仅是治人的病。

吴孟超认为，医者之道，在于寻求最为简便、经济且高效的疗法，解除患者痛苦。他致力于将上海东方肝胆外科医院打造成一所为老百姓设立的医院。即便高价医疗器械能减轻医生的负担，但他仍亲力亲为，以手工缝合替代超过千元的吻合器，分文不取。他告诫学生，破解就医难题，必须从医疗界自身做起，医院非药铺，患者非财源。荣获国家最高科学技术奖后，吴孟超慷慨解囊，将六百万元奖金全数捐给挚爱的肝胆外科事业，展现了他俭以养德、心怀高远的崇高品格。

20 世纪 50 年代中国肝胆外科领域尚处于萌芽状态，理论与实践均不足，甚至近乎空白。在此背景下，吴孟超毅然投身肝胆外科，矢志不渝地奉献毕生精力。1956 年，一位日籍外科专家断言：中国需三十年方能与世界接轨。吴孟超对此深感痛心，遂立誓引领中国肝胆外科跻身世界前列。两年后，吴孟超携手方之扬，将二十多万字的英文巨著《肝脏外科入门》译为中文，填补了国内该领域的空白。他不仅创立了“五叶四段”解剖学新理论，为中国肝脏外科奠定了坚实的理论基础，还创新性地发展了常温下间歇性肝门阻断切肝法，极大地提升了肝脏手术的安全性。他成功实施了国内首例肝癌切除术及世界首例中肝叶切除术，并通过自主科研取得了三十多项重大医学突破。

吴孟超的手形修长，但右手示指指尖因长期紧握止血钳而微微向内侧弯，这是外科生涯的磨砺和见证。这双巧手在肝脏的精细领域解锁生命奥秘，开创了中国肝胆外科众多先河，无数次将患者从生死边缘拉回。手术室内，吴孟超有时仅凭双手触感便能精准剥离病灶。昔日，“裘氏刀法”以精准著称，能将叠放的三张纸随心切割，层次分明，毫厘不差。吴孟超深得此法精髓，并在外科领域继续发扬光大，其手术之精准、流畅，令裘法祖院士惊叹其已青出于蓝。

吴孟超以肝癌为敌，以手术室为战场，秉持“一辈子战斗下去”的信念，九旬高龄仍坚持手术，若非因公外出必坚守手术阵地。虽在外界眼中显得非凡，但对他而言却是常态。即使在生命的最后几年，他每周仍进行多次手术，长时间站在手术台前，他的毅力令众多青年医生望尘莫及。尽管晚年饱受病痛折磨，癌症多次复发，但他坚强乐观，经过治疗疾病得以控制，未影响手术之路。他自称“医生、战士”，誓与肝癌斗争到底，认为在手术台上倒下是最大的幸福。他曾在术后疲惫时叮嘱同事：“如果我有一天倒在手术室，不要慌张，记住帮我擦一下。你知道我是爱干净的，别让人看见我一脸汗水的样子。”

数十载春秋，吴孟超凭借睿智与魄力，逐一攻克肝脏的多个“禁区”，创造了多项全球领先的成就，奠定了其作为“中国肝胆外科之父”的崇高地位。1991 年，当选中国科学院院士，2005 年，获国家最高科学技术奖，随后他携手六位院士，共同向国务院呈递了“集成式研究乙型肝炎、肝癌的发病机制与防治”的建议案，被纳入国家科技重大专项。如今，由他领衔构建的国家肝癌科学中心巍然屹立于上海安亭，成为亚洲肝癌研究与防治的领航者。晚年面对外界关于其年事已高、应享清福的规劝，他淡然回应:“我看重的不是创造奇迹，而是救治生命。”他认为医生若过多考虑名利得失，患者或将错失生机。

尽管被誉为“神医”，吴孟超却认为个人之力有限，他热切期望能将医术传授给更多学子，激励他们投身医学事业。吴孟超说:“这技术更多人学，去为更多人服务，不是更好吗？我的所有技术属于人类，我吴孟超没有专利！”从1979年至2012年，他悉心指导了85位硕士、67位博士及23位博士后，致力于培养医学界的未来栋梁。其严谨的治学态度令学生既敬且畏，学生的细微之误或潦草字迹亦难逃其法眼。他强调医德，认为医生若无责任心，则失去医生的基本资格。同时，他鼓励学生海外深造，更与学生约定，将迎接他们学成归国。其众多弟子在医学界崭露头角，但皆认为难以企及恩师之万一。此外，裘老“会说、会做、会写”的六字真言，亦在吴孟超及其学生中传承，成为他们医学道路上的宝贵财富。

荣获国家最高科学技术奖，被中国共产党中央军事委员会授予“模范医学专家”的吴孟超院士，在医学领域追求卓越，秉持科学求真精神，对患者倾注无尽关怀，其医学之旅始于深厚的爱国情怀，这也成为他一生的信仰。

《感动中国》颁奖词提到，“他是不知疲倦的老马，要把病人一个一个驮过河”。如今这位“不息老马”已远行，留下辉煌足迹：一万六千多例手术主刀，惠及两万多的患者。尤为惊人的是，九十七岁高龄的他仍成功完成高难度手术。此等壮举，在医学史上亦为罕见。他离去后，化作天际星辰，永恒闪耀。在浩瀚星空中，第17606号小行星，被命名为“吴孟超星”，象征其不朽贡献。

肝胆相照济苍生。此星光，与日月争辉，照亮吾辈医学前行之路。

思政映射融入点与融入方式

专业知识、专业技能	思政映射融入点	融入方式
吴孟超的成长经历	讲述成长经历，聚焦年少经历及回国历程，引导学生厚植爱国主义情怀，以爱党、爱国为主线，增强思想认同，帮助学生健全人格、锤炼意志	以讲故事的形式引入将“割胶”当作“操刀训练”，募捐收到感谢信，引导学生理解吴老的责任与担当
高尚的医德	通过道德情操的提炼升华，着力培养学生“敬佑生命、救死扶伤、甘于奉献、大爱无疆”的医者精神	从裘老的教导，到吴老对患者的关怀，引入吴老的话语，传达老一辈医学家的社会道德、个人道德和职业道德
精湛的医术	通过吴老的医学成就和传奇手术经历，引导学生培养精湛医术的前提，是将人民群众生命安全和身体健康放在首位	介绍吴老高龄仍坚守手术台的传奇人生，引导学生学习正确的方法论和科学观
宽广的胸怀	通过吴老教学的事迹，培养学生传道情怀、授业底蕴、解惑能力，激励学生的家国情怀和使命担当	从吴老对教学的理念出发，反映吴老对医学的追求，引导学生如何走未来的学医之路
社会影响	评价导向，引导学生勇攀科学高峰的责任感和使命感	引用《感动中国》的颁奖词，总结吴老的一生，传达吴老的精神

（凌小婷）

参考文献

[1] 方鸿辉. 肝胆相照：吴孟超院士的人生选择与事业追求 [J]. 自然杂志，2012，34（1）：59-62.

[2] 张鹏. 吴孟超：无影灯下的卓越人生 [J]. 中国医院院长，2014，（21）：20-21，23.

[3] 吴孟超. 为医重在德重德贵创新 [J]. 中国医学伦理学，2006，19（2）：3-5.

[4] 吴孟超. 谈敬业、创新与报国 [J]. 中国医院，2002，6（8）：32-33.

[5] 方鸿辉. 吴孟超：肝胆医学创始人的创新灵感 [J]. 放射学实践，2022，37（10）：封 2，封 3.

[6] 周伟平，杨甲梅，沈锋，程树群，侯国军. 吴孟超：披肝沥胆报国为民铸忠诚 [J]. 中华普通外科杂志，2025，40（1）：3-5.

医学遗传学之父
——维克多·奥蒙·麦库斯克

案例呈现

俗话说“种瓜得瓜，种豆得豆”，这体现了亲子代之间具有相同的性状，是生物的遗传现象。“一母生九子，九子各不同”，这说明子代个体之间在性状上有差异，是生物的变异现象。生物的基本特征以遗传作为维系纽带。遗传学是自然科学领域中探究生物基因的结构、传递和表达规律及其变异规律的一门学科。医学遗传学是遗传学与医学相结合的一门边缘学科，将遗传学知识应用于医学领域，研究遗传病的发病机制、传递方式、诊断、产前诊断、治疗、预后、预防方法和遗传咨询。回顾遗传学的发展历程，许多具有里程碑意义的人物和事件生动地诠释着探索、创新、发现的科学精神。在此介绍被誉为医学遗传学之父的美国科学家——维克多·奥蒙·麦库斯克（Victor Almon McKusick），他是医学遗传学的开创者和奠基人，因卓越的成就而享誉世界。

20 世纪 50 年代，麦库斯克当时是约翰·霍普金斯医院的一名心内科医生，早期他专注于两方面的研究：一方面是心脏的心音和杂音，他采用贝尔电话实验室开发的声频谱仪技术，改进心音听诊，命名为光谱心音描记法，并编写专著《健康和疾病中的心音》；另一方面是马方综合征，这是一种常染色体显性遗传病，以骨骼、眼及心血管的缺陷为主要特征。在约翰·霍普金斯医院眼科、儿科、心内科和整形外科等专科的强大支撑下，麦库斯克收集了马方综合征患者详细的医疗记录和家系图谱。他推测这些看似不相关的多系统受累可能继发于某种缺陷的多效性表现，而这种缺陷是由结缔组织中一种成分的基因变异导致。此外，他还钻研其他结缔组织遗传性疾病，如埃勒斯 - 当洛综合征（Ehlers-Danlos syndrome）、成骨不全、弹力纤维假黄瘤、黏多糖贮积症 IH 型（mucopolysaccharidosis type IH/Hurler syndrome）等，于 1956 年编写首部遗传性疾病专著《结缔组织遗传性疾病》。麦库斯克认为，如果想在某个研究领域达到最高水平，需要追根溯源，他喜欢通过撰写人物传记来探寻疾病的来龙去脉。

1957 年 7 月，麦库斯克建立隶属于约翰·霍普金斯大学医学院的医学遗传部，命名为摩尔临床中心（Moore Clinic），这是美国首批成立的医学遗传学部门之一。那时麦库斯克在心脏疾病领域已经享有盛誉，却将研究方向转向罕见且看似“微不足道”的遗传病，这样无疑是将自己的学术道路推向绝境，但他认为自己只是调整了心脏疾病和遗传疾病的研究侧重而已。初期摩尔临床中心依然关注心脏疾病的遗传特征，在美国国立卫生研究院支持下开展研究培训，麦库斯克也参与心音实验室工作直至 1962 年。摩尔临床中心长期随访梅毒对神经系统和心血管系统的迟发性损害，探索在青霉素治疗前使用铋、水银和砷等治疗梅毒的效果，曾是当时世界一流的性病临床中心。随后，摩尔临床中心以教育、研究和临床三位一体的模式发展医学遗传学，开展遗传学培训课程，设立人类遗传学博士学位，开展染色体检测等。麦库斯克认为遗传性疾病研究需围绕遗传疾病分类法和遗传图谱两个主要原则，并将医学遗传学分为 5 个分支：生物化学遗传学、细胞遗传学、免疫遗传学、数学和统计遗传学、临床遗传学，每个分支由一位专家领衔，他本人负责临床遗传学。显而易见，完备的医学遗传学体系的建立是一个具有远见卓识的决定，对于定义疾病表型、识别标记物、分析基因连锁数据和建立人类基因图谱至关重要。

20 世纪 60 年代，随着摩尔临床中心对黏多糖贮积症和成骨不全两类疾病存在不同分型的深入认识，麦库斯克产生了对遗传疾病进行分类的想法，强调在表型相似的患者群体中去识别不同疾病的遗传病因和致病机制。以高同型半胱氨酸血症为例，这是一种常染色体隐性遗传病，骨骼受累时表现类似于马方综合征，然而这两种疾病的致病基因完全不同。他提出遗传病因学的三个主要原则：多效性、可变性和遗传异质性，准确的临床遗传学描述将有助于指导治疗、评估预后和遗传咨询。麦库斯克开展一些罕见遗传病的研究，包括 McKusick-Kaufman 综合征、致死性肝内胆汁淤积综合征（又称拜勒综合征）和 Troyer 综合征，详细阐述这些疾病的临床特征和遗传特点，为致病基因的成功鉴定和准确定位提供了丰富且有价值的参考信息。

随着在医学遗传学领域的积累，麦库斯克希望人们更好地理解疾病的遗传背景，于1966年编撰《人类孟德尔遗传》（*Mendelian Inheritance in Man*，MIM），并加以副标题"常染色体显性、常染色体隐性和X连锁表型"。20世纪医学遗传学的发展可谓日新月异，《人类孟德尔遗传》平均2～3年再版一次，及时更新，不断扩充。1987年，在线版《人类孟德尔遗传》（*Online Mendelian Inheritance in Man*，OMIM）应运而生，是最早利用互联网优势的数据库之一。当遗传学进展到分子生物学时代后，第11版在线版《人类孟德尔遗传》于1994年更改副标题为《人类基因和遗传疾病目录》，内容包括所有已知的遗传病、遗传性状及其基因，详尽地描述临床特征、诊断、鉴别诊断、治疗和预防，提供已知有关致病基因的连锁关系、染色体定位、组成结构和功能、动物模型等资料，并附有经严格筛选的相关参考文献。对于某一具体遗传病，按时间顺序编写正文，让人们了解疾病的"前世今生"。此外，还制定了各种遗传病、性状、基因的编号，如今全世界在报道遗传性疾病时都冠以OMIM号，以明确所讨论的是哪一种遗传病。时至今日，其已成为最权威的医学遗传学百科全书，因及时性、权威性、全面性和实用性的突出特点，被广泛应用于遗传咨询、临床、科研和教学工作。

麦库斯克还是少数率先提出人类基因组研究可行性的科学家之一，他很早就意识到基因连锁分析的潜在价值，认为在足够的技术支持下可进行人类基因绘图。1969年8月，在荷兰海牙召开的出生缺陷国际会议上，麦库斯克提议将人类所有基因进行绘图以深刻理解出生缺陷的发生机制，虽然当时他还不知道怎样可以实现这个大胆的想法，但是后来，种间体细胞杂交、DNA标记物和限制性酶切片段长度多态性等技术涌现出来，为人类基因绘图的蓝图搭建了框架。人类基因组计划（Human Genome

Project）于 1990 年 10 月 1 日在美国首先启动，麦库斯克一直强烈支持并积极推动人类基因组计划的实施。中国于 1999 年加入该计划，成为第 6 个参与国。经过全球 6 个国家、16 家机构的鼎力合作，人类基因组于 2003 年成功完成，成为人类自然科学史上国际合作的典范，并且与“ 曼哈顿计划”“阿波罗登月计划”并称为 20 世纪的三大科学计划。

麦库斯克对医学遗传学的发展功不可没，做出了许多开拓性的工作和具有决定意义的重大发现，并因此而获得许多荣誉。1973 年入选美国国家科学院院士，1997 年获拉斯克医学奖，2001 年获美国国家科学奖，2008 年获日本医学遗传学和基因组学奖。据统计，1949—2008 年麦库斯克发表论文 772 篇，内容涵盖多个方面，令人钦佩之至，可以说，这些论文是他对学术生涯最好的自述。2008 年 7 月 22 日，麦库斯克去世，享年 86 岁。多家杂志和报刊刊发讣告，表达对这位伟大的医学遗传学创始人的深切怀念之情。

思政映射融入点与融入方式

专业知识、专业技能	思政映射融入点	融入方式
遗传学和医学遗传学的概念	我国优秀传统文化中蕴藏了古人的智慧	用脍炙人口的俗语讲述生物的遗传现象和变异现象，引发学生的学习兴趣
以马方综合征为代表的结缔组织遗传性疾病导致多系统受累，诊治需要多学科协作	麦库斯克身上体现了科学家的优秀品质，在科学工作中透过现象看本质，透过本质找原因，通过原因找对策	讲述麦库斯克早期在心脏疾病领域的建树，为后来研究方向转变为医学遗传学作铺垫

续表

专业知识、专业技能	思政映射融入点	融入方式
《人类孟德尔遗传》数据库	麦库斯克从研究具体疾病到建立医学遗传学专业数据库，体现了严谨的科学精神、严密的思维方法、执着的工作态度	从医学遗传学体系建立到《人类孟德尔遗传》数据库，按时间顺序介绍麦库斯克对医学遗传学作出的巨大贡献
人类基因组计划	对于医学遗传学发展，麦库斯克具有敏锐的触角和高瞻远瞩的眼光。我国参与人类基因组计划的研究，提交“中国卷”，激励学生为中国的科技腾飞作贡献	人类基因组计划是医学遗传学发展史上的里程碑事件，可以挖掘科学没有国界、国际合作、世界大同等多种思政内涵

（潘萍）

参考文献

[1] 郭晓强．维克多·奥蒙·麦库斯克 [J]．遗传，2008，30（1）：1-2.

[2] 郭晓强．医学遗传学之父：维克多·奥蒙·麦库斯克 [J]．自然杂志，2010，32（2）：120-124.

[3] MCKUSICK V A. A 60-year tale of spots, maps, and genes[J]. Annu Rev Genomics Hum Genet, 2006, 7: 1-27.

[4] FRANCOMANO C A. Victor Almon McKusick: in the footsteps of Mendel and Osler[J]. Am J Med Genet A, 2021, 185(11): 3193-3201.

[5] WEISS K M. Victor McKusick and the history of medical genetics[J]. Investig Genet, 2013, 4(1): 15.

[6] 胡毓安，崔英霞．在线人类孟德尔遗传数据库在医学遗传学中的应用 [J]．中华男科学杂志，2011，17（7）：639-643.

[7] 杨焕明．科学与科普：从人类基因组计划谈起 [J]．科普研究，2017，12（3）：5-7.

细菌学之父
——罗伯特·科赫

案例呈现

据史料记载，世界上曾有三次鼠疫大流行，每次大流行都使无数无辜的人失去生命，到处都是“东死鼠，西死鼠，人见死鼠如见虎，鼠死不几日，人死如圻堵”的悲惨景象。当时，除了鼠疫，还有炭疽、霍乱、天花、肺结核、非洲锥虫病等横行，严重危害人的生命。近现代，又有流行性感冒、严重急性呼吸综合征等传染病，也曾给人们造成严重的灾难。

从古至今，面对这么多可怕的传染病，人们做出了不懈的斗争，出现了许多先驱者，演绎出许多可歌可泣的故事。在这些先驱之中，罗伯特·科赫当属其中的佼佼者。

有着“瘟疫的克星”之称的罗伯特·科赫（Robert Koch），是德国著名医生和细菌学家。他是世界病原细菌学的奠基人和开拓者，在传染病防治和病原细菌分离方面作出了突出的贡献。

1843 年，科赫生于德国哈茨地区的克劳斯特尔城，是一名矿工的儿子，他从小就表现出了开拓者的远大志向。小时候，科赫就跟母亲说：“我想当一名水手，到大海去远航。”7 岁那年，当地一名牧师因病去世，参加追悼会的时候科赫向母亲表达了心中的疑惑：“牧师得了什么病？难道就治不好吗？”母亲不知道怎么回答科赫的问题。这件事给年幼的科赫留下了深刻的印象，种下了征服病魔的种子，正是带着这样的好奇心和决心，长大后的科赫投身于医学事业，征服了无数不治之症。

1862 年，完成大学预科课程后，19 岁的科赫考入哥廷根大学医学院，师从德国病理学家和解剖学家弗里德里希·古斯塔夫·雅各布·亨勒（Friedrich Gustav Jakob Henle）。亨勒教授让入学新生抄写他积累多年的论文手稿，学生们都不愿意做这种“傻事”，唯有科赫一人端坐在教室里认认真真地抄写完成，亨勒教授对此感到非常满意。1866 年，年仅 23 岁的科赫取得医学博士学位，赴柏林进行 6 个月的化疗研究。1867 年，到汉堡做了一段时间住院医师，之后通过了地区医官考试。1870 年，科赫在沃尔施泰因开了一家医馆，行医治病。

就在他寻求如何为村民们寻方治病的时候，当地受到一次来势凶猛的炭疽的侵袭。炭疽是一种急性致命的传染病，因患者通常表现为皮肤溃疡和特异性黑痂而得名。这种病在畜群和人群中流行，令人闻风丧胆，但医生无能为力。为了寻找炭疽的元凶，科赫在他自建的简陋的实验室中用唯一的观测仪器——显微镜进行研究。经过长达数年的专心研究，科赫终于确认，引起炭疽的就是炭疽杆菌，这些细菌在动物和人体内大量繁殖，破坏并蚕食组织和细胞，堵塞血管，导致机体死亡。1876 年，科赫前往弗罗茨瓦夫，用 3 天时间公开表演实验，证明炭疽的病因是炭疽杆菌，同时报告了炭疽杆菌的生活史和特性，纠正“所有细菌都是一个种”的观点，兴起病原学研究之风。

炭疽杆菌研究的成功让科赫享誉德国，1880 年，他转到柏林夏里特医学院工作，那里有更好的技术设备和学术氛围。在那里他研发出了两种重要的细菌学技术：用固体培养基进行的细菌纯培养法，用苯胺对细菌进行染色的细菌染色法。在此之前，人类对微生物的认识非常缓慢。由于培养技术和手段有限，到了19世纪下半叶，微生物学家还无法得到纯培养的细菌，他们只能用各种病原菌的混合物进行观察和试验。因此，微生物的形态和功能变幻莫测的“多态性学说”非常流行。起初，科赫将明胶当作凝固剂添加到液体培养基中，使之变为固体，但明胶在37℃就会液化，导致培养失败。为了克服这一缺点，他后来又发明了琼脂培养基。琼脂培养基的出现使单一菌落的培养成为可能，也使“多态性学说”销声匿迹。这在医学史上是一件划时代的大事，著名的微生物学家路易斯·巴斯德（Louis Pasteur）评价其为“一个很大的进步”。

1881年8月，科赫开始着手结核病的研究，到1882年3月他在德国生理协会会议上报告自己发现结核分枝杆菌的论文，仅仅花费了8个月的时间。科赫何以在这么短的时间内就解决了长期困扰人们的结核病病因的问题？其实，早在科赫发表炭疽相关研究结果时，他就已经形成了“细菌致病说”的理念，也形成了一套完整的细菌学研究模式。正是在这种信念和范式的指导之下，他短时间内便发现了结核病病因。科赫也因此获得了1905年的诺贝尔生理学或医学奖。目前，结核病在临床、病理、流行病学、病原学检查以及防治等方面均已具备完善的理论和工作方法。这一套理论和方法就是著名的科赫法则，也即证病律，用来确定感染性疾病的病原，包括以下四个部分：所有病例都有相同的微生物，而健康者没有；可在培养基中得到从宿主中分离出的这种微生物的纯培养；用提纯的微生物接种健康而敏感的宿主，会发生相同的疾病；能从试验发病的宿主中再次分离培养出同种微生物。科赫法则的发现具有重要的意义，后人在该法则的指导下找到了多种严重危害人类健康的传染病病原体。

科赫与传染病抗争的身影不只活跃在德国，还活跃在世界其他地方。可以说，哪里有传染病流行，哪里就有科赫。1883年，他率队深入埃及和印度灾区，研究鼠疫和霍乱并发现了致病的霍乱弧菌，提出预防霍乱流行的方法。1885年，他旅居非洲研究非洲锥虫病。1887—1906年，他通过一系列工作先后证明鼠疫和非洲锥虫病的传播媒介分别是鼠蚤和采采蝇。由此提出通过控制昆虫媒介而控制传染病的新方法。正是科赫对多个国家瘟疫防治工作的帮助，科赫及其团队被称为“瘟疫的克星”，是名副其实的“救火队”。

科赫为保护人类的生命付出了毕生的心血，即使是因心脏病在疗养院疗养期间，他仍不忘细菌学研究，直至1910年5月27日病逝。为了纪念科赫，1943年，德国发行了纪念科赫诞生100周年邮票；1960年，德国和前苏联发行了纪念科赫逝世50周年邮票；1970年，德国成立罗伯特·科赫学校；1982年，中国、墨西哥、越南、泰国发行纪念科赫发现结核分枝杆菌100周年邮票；同年，中国防痨协会出版了裘祖源教授翻译的科赫的著名论文《结核病病因学》，还编制发行了“科赫生平”幻灯片；1995年，国际防痨和肺病联合会及世界卫生组织将3月24日定为“世界防治结核病日”。科赫开拓进取的精神一直激励着一代又一代的后继者，在防治疾病的新领域中不断探索。

思政映射融入点与融入方式

专业知识、专业技能	思政映射融入点	融入方式
传染病对人类的危害	借用古人对“鼠疫”的悲凉情景的描述，引出传染病对人类的危害，激发学生的职业责任感	授课开始利用古文等展现“鼠疫”的严重危害，引发学生的兴趣，让学生直观感受传染病的危害

续表

专业知识、专业技能	思政映射融入点	融入方式
科赫法则	从科赫的经历，让学生感受到：强大的好奇心和远大的志向是学习的内在动力；刻苦认真、不畏艰难的优良品质是取得成就的前提；冷静沉着的气质和科学的研究方法是取得高水平研究成果的必经之路	自然承接上文，引入罗伯特·科赫，以时间轴讲述科赫的在病原学研究方面的工作，让学生对于科学的研究方法有直观的认识
传染病防治的方法	科赫所展现出的无国界的科学精神与大爱，使其受到了各国人民的爱戴和敬仰，引导学生向科赫学习，成为一个有益于国家、有益于世界的人	通过介绍科赫前往世界各地帮助当地人抗击传染病的历史事件，让学生学习从病原学入手进行传染病防治的方法

（王东雁）

参考文献

[1] 张庆华，姜有声，许丹，等. 教学案例“科赫：细菌学的奠基人”实施及效果 [J]. 教育现代化，2020，7（11）：162-164.

[2] 张泽，胡嘉华，陈佳琳，等. AME 诺贝尔故事 06 ｜病原细菌学奠基人科赫 [J]. 临床与病理杂志，2015，8：1478-1480.

[3] 杨晓霖，王华峰，佟矿. 罗伯特·科赫与其学生创造的病原微生物学巅峰时代 [J]. 叙事医学，2022，5（2）：94-100.

择一事，终一生

——早期宫颈癌涂片检测的发明者乔治·尼古拉斯·帕帕尼科拉乌

案例呈现

时间刚到 8 点，中山大学孙逸仙纪念医院妇科肿瘤专科医生的常驻门诊刚开诊，就接诊了一位患者，要求行常规宫颈癌筛查。在每天接诊的 50 余位患者中，要求行宫颈癌筛查的占了大概一半。作为妇科肿瘤医生，为广大女性朋友具有预防宫颈癌的健康意识而感到欣慰。

在世界范围内，宫颈癌发病率在女性恶性肿瘤中位列第四。世界卫生组织的数据显示，2022 年，全球估计有 66 万新发宫颈癌病例和 35 万死亡病例。我国作为人口众多的发展中国家，宫颈癌的现状不容乐观。根据国家癌症中心 2024 年 3 月发表的数据，2022 年我国宫颈癌发病人数约 15.07 万，在 2022 年恶性肿瘤发病率中位列第八，死亡人数约 5.57 万。从这些数据可以看出，宫颈癌的防治任重而道远，宫颈癌是国家推进健康中国建设征程上需要清除的障碍之一。而宫颈癌筛查有助于早期发现宫颈病变，早发现、早诊断、早治疗，可大大提高宫颈癌的治愈率。美国自推行宫颈癌筛查以来，近 30 年宫颈癌的病死率下降了 57%。在我国，近 20 年下降约 66%。细胞学检查和 HPV 检测是宫颈癌筛查的重要方式。细胞学检查作为宫颈癌筛查的重要方式之一，经历了巴氏涂片到液基细胞学的发展。巴氏涂片在1943年投入临床使用，对于宫颈癌筛查至关重要，造福了全世界无数女性。说到巴氏涂片，就不得不提到它的发明者——乔治·尼古拉斯·帕帕尼科拉乌（George Nicholas Papanicolaou）。

1883年，乔治出生于希腊。年轻的乔治对哲学和小提琴兴趣浓厚，然而身为医生的父亲，希望乔治能继承他的衣钵。“不做则已，做则至全”，虽然不情愿地遵从父亲的意愿选择了医学院，但是21岁的乔治并没有虚度医学院的学习时光，最终以优异的成绩完成了学业。渴望变化的内心驱使他离开希腊前往德国学习生物学，在1910年获得了动物学博士学位。同年，他与妻子玛丽·帕帕尼科拉乌（Mary M. Papanicolaou）喜结连理。从此，玛丽为乔治提供生活和科学研究的全方位支持，是他生活的伴侣，也是他科研的伙伴。在获得博士学位的学习过程中，乔治慢慢地对生命科学产生了兴趣，他的兴趣获得了家人的支持。他先后在法国地中海海洋研究船上担任生物学家、在希腊的巴尔干战争中担任医生。后来，他在美国纽约医院的一个实验室进行研究工作，主要研究对象是豚鼠卵母细胞，通过观察豚鼠卵母细胞形态特点评估其生殖周期的变化。由于豚鼠不能像人类一样体外流出月经血，乔治采集卵母细胞的工作受到了阻碍。对医学触类旁通的乔治灵机一动，尝试在豚鼠的阴道中使用鼻窥器来观察有无出现月经血，以此来明确收集卵母细胞的合适时机。他在进一步使用显微镜观察这些细胞时发现，可以通过研究脱落细胞的变化来揭示豚鼠卵巢的周期性变化。在当时，宫颈癌是一种常见的妇科恶性肿瘤，但由于缺乏有效的筛查方法，很多患者无法得到及时的治疗。为了解决这个问题，乔治开始思考能否通过他掌握的脱落细胞技术来早期发现宫颈癌。他使用观察豚鼠的方法来观察人类阴道脱落细胞。当他第一次在显微镜下观察到来自宫颈的恶性细胞时，仿佛打开了新世界的大门。“路漫漫其修远兮”，经过多年的探索，他发明了一种方法：将宫颈表面的细胞刮下来并涂抹在载玻片上，然后用染色剂染色后进行显微镜观察。1928年，在密歇根州举行的学术会议上，乔治首次提出了他的发现。然而，令他失望的是，这一发现未能获得同行的认可。乔治深感沮丧，产生了放弃的念头，但所幸的是他并没有放弃。他通过对大量宫颈癌患者的病理切片进行观察和分析，发现了一些异常的细胞变化，而这些变化可以作为诊断宫颈癌的依据，确定了刮取的细胞和宫颈癌之间的相关性，并于1941年以《阴道涂片在子宫肿瘤中的诊断价值》为题发表在《美国妇产科杂志》上。在该论文中，乔治呼吁同行重视宫颈癌早期诊断，并详细描述了如何收集阴道脱落细胞以及染色技术，这就是著名的巴氏涂片（Pap smear）。这一次，他的研究终于获得同行的接受和认可。1954年，乔治总结团队研究成果，编写了《脱落细胞学图谱》（*Atlas of Exfoliative Cytology*），开创了脱落细胞学新领域的新纪元，也标记了宫颈癌筛查的新时代。他的《脱落细胞学图谱》一书为这一学科的发展奠定了坚实的基础，而巴氏涂片检查则是脱落细胞学在实际应用中的重要成果。鉴于乔治对于宫颈癌筛查工作的巨大贡献，他的头像被印在了希腊邮票和10 000德拉马克（Drachma）货币上。

在巴氏涂片理论与实践相结合的基础上，随着人们对宫颈癌和癌前病变的细胞病理学基础的认识不断深入，巴氏涂片的缺点也引起了人们的重视。早在1974年，马尔科姆·科普莱森（Malcolm Coppleson）等人发现巴氏涂片诊断宫颈原位癌和浸润癌的假阴性率为20.0%～44.9%。越来越多的学者呼吁需注意巴氏涂片假阴性的问题，因为这意味着可能会漏诊宫颈病变甚至是宫颈癌的病例，从而使患者错过最佳治疗时机，这无疑会对患者的健康和生活质量产生严重影响。1987 年，美国著名记者沃尔特·波格丹尼奇（Walt Bogdanich）深入探讨了巴氏涂片在宫颈癌筛查中存在的缺点和问题。他通过大量的走访发现，即使在设备齐全、配备受过系统培训工作人员的实验室，也存在至少 10% 的假阴性率。波格丹尼奇的报道发表在《华尔街日报》上，引发了医学界和民众的广泛关注和热烈讨论。波格丹尼奇也因此获得 1988 年度普利策新闻奖。

巴氏涂片结果假阴性的可能原因有以下几点：第一，技术操作不规范。巴氏涂片的制备、染色和读片等环节都需要严格按照标准流程进行，任何一个环节的失误都可能影响到结果的准确性。例如，如果在涂片的制备过程中未能充分去除血液和黏液，或者染色过程中未能准确识别细胞核和细胞质的边界，都可能导致细胞样本的质量下降，从而影响结果的准确性。第二，细胞采集不足或不充分。巴氏涂片需要采集到足够数量的宫颈上皮细胞，如果采集到的细胞数量不足，或者细胞质量不好，如细胞破碎、变形等，都可能导致假阴性的结果。此外，采集过程中的操作也非常重要，如采集器具的清洁度、采集时的力度等，都可能影响到细胞样本的质量。第三，细胞变异或退化。在某些情况下，如炎症、感染、激素水平变化等因素的影响下，宫颈上皮细胞可能发生变异或退化，从而导致巴氏涂片无法检测到异常细胞。例如，HPV 感染可能会导致宫颈上皮细胞的形态发生改变，如果阅片医生对这种改变不熟悉，就可能导致假阴性的结果。第四，阅片医生的经验和技术。阅片医生需要对异常细胞的形态有深入的了解，对各种可能影响结果的因素有清晰地认识，才能准确地判断巴氏涂片的结果。如果阅片医生的经验不足，或者对异常细胞的识别能力不够强，就可能导致假阴性的结果出现。

随着计算机技术的发展和应用，宫颈细胞学的技术也在不断发展，在传统巴氏涂片的基础上，液基细胞学应运而生。液基细胞学是一种新型的宫颈癌筛查方法，它将宫颈上皮细胞采集到液体介质中，经过离心等处理后，将细胞均匀地分布在载玻片上，再进行染色和显微镜观察。相比于巴氏涂片，液基细胞学具有更高的灵敏度和准确度，能够更好地发现早期的异常细胞。此外，还可以同时检测 HPV 和细菌感染、霉菌感染等，提高了筛查的全面性。目前临床常用的宫颈细胞学检查包括液基薄层细胞学检查（thin-prep cytology test，TCT）、液基细胞学检查（liquid-based cytology test，LCT）等。

虽然在广泛应用宫颈液基细胞技术作为宫颈癌筛查手段的今天，巴氏涂片已然退出宫颈癌筛查的历史舞台，但在宫颈癌早期筛查的历程中、在实现“消灭宫颈癌”的征途中，其重要性仍然值得被铭记。而乔治·尼古拉斯·帕帕尼科拉乌发明巴氏涂片的历程，即使艰难曲折但仍坚持不懈，诠释了“择一事，终一生”，值得后人敬佩和学习。

思政映射融入点与融入方式

专业知识、专业技能	思政映射融入点	融入方式
宫颈癌筛查的现状	在国家、社会等各方努力下，民众健康意识得到提升，增加学生民族自豪感	以门诊真实病例展开，让学生对疾病有更深刻和直观的认识
宫颈癌的流行病学	宫颈癌防治刻不容缓，激发学生的责任感	列出具体数据，对比目前的防治现状，便于学生理解宫颈癌的情况和防治意义
宫颈癌筛查的意义	目前宫颈癌成熟的筛查手段得益于巴氏涂片发明者，引导学生“饮水思源”，正确看待科学的进步和发展	以具体数据展示宫颈癌筛查对于减少宫颈癌发病率和病死率的重要意义，从而让学生认识到宫颈癌筛查的重要性

续表

专业知识、专业技能	思政映射融入点	融入方式
巴氏涂片的发明过程	体现医学的重大发现都不是一蹴而就，过程都是艰辛而曲折的，鼓励学生在学习和科学研究的道路上，要有敏锐的观察力、勇于探索的精神和持之以恒的毅力	通过展示乔治·尼古拉斯·帕帕尼科拉乌的成长经历以及发明巴氏涂片的过程，让学生了解宫颈癌进行脱落细胞学筛查的原理
巴氏涂片的缺点和改进措施	通过展示这一检测技术的不断改进，让学生认识到无论哪种检查都有其优缺点，要客观分析检测结果，培养科学的思维和严谨的态度	通过讲述和分析巴氏涂片存在自身的缺陷及改进措施，让学生理解假阴性结果产生的原因
宫颈癌细胞学筛查的多种方法	宫颈癌早期筛查手段已然成熟，但是在生命科学领域，仍有许多未解之谜、难治之症，当代医学生应勇挑重担、勇攀医学高峰	通过对比分析多种不同的宫颈癌筛查方法，让学生掌握各种方法的优缺点，并根据情况进行个体化选择

（吴妙芳）

参考文献

[1] 王少明，郑荣寿，韩冰峰，等. 2022年中国人群恶性肿瘤发病与死亡年龄特征分析[J]. 中国肿瘤，2024，33（3）：165-174.

[2] 国家卫生健康委，教育部，民政部，等. 关于印发加速消除宫颈癌行动计划（2023—2030年）的通知[J]. 中华人民共和国国家卫生健康委员会公报，2023，1：1-3.

[3] 狄江丽，张小松，赵更力，等.《子宫颈癌综合防控指南（第2版）》解读[J]. 中国妇幼卫生杂志，2024，15（2）：1-5.

[4] MICHALAS S P. The pap test: George N. Papanicolaou(1883—1962). A screening test for the prevention of cancer of uterine cervix[J]. Eur J Obstet Gynecol Reprod Biol, 2000, 90(2): 135-138.

[5] KULASINGAM S L, HAVRILESKY L, GHEBRE R, et al. Screening

for cervical cancer: a decision analysis for the U.S. preventive services task force[M]. Rockville(MD): Agency for Healthcare Research and Quality(US), 2011.

[6] 唐文佩，郑信祺．宫颈癌筛查的历史与争论研究 [J]．中国科技史杂志，2021，42（3）：335-344.

[7] SCHLICHTE M J, GUIDRY J. Current cervical carcinoma screening guidelines[J]. J Clin Med, 2015, 4(5): 918-932.

[8] Practice bulletin no.168: cervical cancer screening and prevention[J]. Obstet Gynecol, 2016, 128(4): e111-e130.

[9] RIMEL B J, KUNOS C A, MACIOCE N, et al. Current gaps and opportunities in screening, prevention, and treatment of cervical cancer[J]. Cancer, 2022, 128(23): 4063-4073.

[10] KAYA T N, YULEK O. Assessment of cervicovaginal smear and HPV DNA co-test for cervical cancer screening: implications for diagnosis and follow-up strategies[J]. Diagnostics (Basel), 2024, 14(6): 611.

人乳头状瘤病毒疫苗之父
——哈拉尔德·楚尔·豪森

案例呈现

2023 年冬天的某一天，对于多数人来说，只是一个平常的工作日，但是对于在中山大学孙逸仙纪念医院妇科肿瘤专科就诊的小月来说，是个不寻常的日子。25 岁的小月在一周前不幸确诊为宫颈低分化鳞状细胞癌Ⅱ A1 期，根据诊疗规范，需要接受广泛性子宫切除术 + 双侧输卵管切除术。那天是小月手术的日期，无论小月和她的丈夫多么期盼能拥有与他们血脉相连的后代，手术都意味着已婚未育的她再也无法体会“怀胎十月”孕育新生命的旅程。小月是不幸的，年轻的她罹患恶性肿瘤失去当母亲的资格，但是，在某种程度上她也是幸运的，因为她的肿瘤还有手术治疗的机会，仍有治愈的希望。

世界卫生组织报告显示，宫颈癌是全球女性第四大常见的癌症。2022 年，全球估计有 35 万例宫颈癌死亡病例，其中 94% 以上发生在中等收入和低收入国家。2024 年 3 月，国家癌症中心发布了 2022 年中国恶性肿瘤流行情况分析，数据显示约每 9 分钟就有一名女性因宫颈癌而离世。为推动健康中国建设，国家推行各项举措，医疗卫生服务体系日益健全，人民健康水平和身体素质持续提高，但是，宫颈癌仍然是威胁中国女性健康的“炸弹”，是实现健康中国的“拦路虎”。

世界卫生组织呼吁“任何一名妇女都不应死于宫颈癌”。2018 年 5 月，世界卫生组织总干事宣布了“消除宫颈癌全球行动”的号召，强调实现消除宫颈癌的新政治意愿，并呼吁所有利益攸关方团结起来，共同实现这一目标。2020 年，世界卫生组织执行委员会与其他组织合作，制定了《加速消除宫颈癌全球战略》，在世界卫生组织、全球 190 余个国家，以及多个机构政策和资金等方面的投入下，使世界走上了消除宫颈癌的道路，人类将可能首次消除一种癌症。

为什么宫颈癌可能被消除？原因就在于宫颈癌是一个病因明确的恶性肿瘤，99% 的宫颈癌与高危型 HPV 持续感染有关。说到 HPV，就不得不提到一个宫颈癌预防的里程碑式人物，他就是哈拉尔德·楚尔·豪森（Harald zur Hausen），一个与 HPV 疫苗紧密相连的名字，一个为无数女性带来光明和希望的先驱者。他以卓越的智慧和不懈的努力，开创了人类对抗癌症的新篇章。哈拉尔德·楚尔·豪森于 1936 年 3 月 11 日出生于德国。豪森的童年适逢战争，处于战争中的国家根本无法保障教育。但是当他有机会接受学校教育时，他对学业显得非常专注，并立志要成为一名自然科学家。在他 16 岁的时候，9 岁的弟弟问他："你高中毕业后想做什么？"他说："我要学医，搞研究，拿诺贝尔奖。"他是这么说的，也是这么做的。高中毕业后，他先后选择了波恩大学、杜塞尔多夫大学和汉堡大学进行生物学和医学学习，受到了病毒学基础研究的良好系统训练，并于 1960 年获得博士学位。为了更深入地研究病毒学，他选择去技术更为领先的美国工作。1966—1969 年，在宾夕法尼亚州费城儿童医院的研究经历对他的职业生涯至关重要。他去了免疫学家沃纳·亨勒（Werner Henle）教授的实验室任职，亨勒教授的团队专门研究爱泼斯坦 - 巴尔二氏病毒，又称 EB 病毒（Epstein-Barr virus，EBV）。豪森通过电镜发现了 EBV 颗粒存在于伯基氏淋巴瘤细胞中，提示 EBV 可能对于伯基特淋巴瘤的发生起到重要作用。他还发现另一种病毒——腺病毒 12 型对人类胚胎肾细胞的染色体造成损害。基于这些发现，豪森继续探索腺病毒的作用，以及 EBV 和伯基特淋巴瘤的关系。1969 年，豪森博士回到德国，加入维尔茨堡大学新成立的病毒学研究所。在那里，他建立了自己的研究小组。在伯基特淋巴瘤和鼻咽癌细胞中检测到 EBV，而这些细胞并未产生子代病毒。这些研究成果是人类癌细胞中存在潜伏性 EBV 感染的首次证明。

1972 年，豪森博士被任命为埃尔朗根 - 纽伦堡大学新成立的临床病毒学研究所的负责人，有更广阔的空间开展病毒研究。

在18世纪，人们对于宫颈癌的认知局限，有学者发现宫颈癌多发生在已婚女性和性工作者中，而在未婚女性和女性修行人员中极少见，认为宫颈癌是通过性接触传播，但对于病因处于猜测阶段。有学者认为可能是由单纯疱疹病毒2型（herpes simplex virus-2，HSV-2）导致的。本着求真的科学精神，豪森和他的同事检测了宫颈癌标本，与普遍认知不同的是，他们并未检测到HSV-2的DNA。豪森和他的团队在查阅文献后发现有极少数的生殖器疣可能恶变为鳞状细胞癌，宫颈癌的病因或许可以从尖锐湿疣的致病因素中寻找答案。有了研究EBV病毒的基础和经验，1983年豪森和他的同事首次在生殖器疣中分离出HPV 6型，而后又分离出另外一种类型——HPV 11型。接下来，他们在宫颈癌样本中继续开展研究，24份宫颈癌样本中有1份分离出HPV 11型，这是首次发现HPV和宫颈癌相关的直接证据。为了探究是否与其他类型HPV相关，他们在这24份标本中，以HPV 11型为探针，利用Southern杂交实验分离出新的HPV类型——HPV 16型。而后，又在海拉细胞（HeLa cell）中分离出HPV 18型。在接下来的一年时间里，HPV 16型和18型又被证实与肛门、生殖道和宫颈癌前病变有关。这些发现距离他们开始探究宫颈癌病因已达10年之久。在豪森和其他科学家的不懈努力下，人们对于HPV的认识逐渐清晰：HPV是一种DNA病毒，亚型超过200种，根据致病性的强弱，可分为高危型和低危型。高危型HPV与99%的宫颈癌息息相关，其中HPV 16型和18型可导致70%的宫颈癌；低危型HPV 6型和11型，与生殖器疣有关。

明确了宫颈癌的病因，预防就可以有的放矢。在科学家的努力下，2006年，首款HPV疫苗问世，开创了宫颈癌预防的新纪元，宫颈癌也成为唯一一个可以预防的癌症。

2008年，豪森实现了他16岁时的梦想——因“发现HPV

是宫颈癌的致病因素”与另外两位科学家共同获得了诺贝尔生理学或医学奖。

哈拉尔德·楚尔·豪森研究HPV的故事，是一个关于勇气、坚持和创新的故事。他的科研历程传递给我们宝贵的经验：在科学的道路上，勇于挑战，坚持求真，梦想的种子在经过坚持不懈的学术深耕和浇灌后，最终开出了丰硕而沉甸的果实。

思政映射融入点与融入方式

专业知识、专业技能	思政映射融入点	融入方式
宫颈癌流行病学	宫颈癌是我国和世界范围内发病率和病死率不容忽视的肿瘤，要实现健康中国，需要全民重视，更需要医学生努力学习专业知识，助力实现这一目标	从身边的真实病例入手，激发学生学习的兴趣
消除宫颈癌的可行性	各界通力合作响应WHO“消除宫颈癌全球行动”号召，有望消除宫颈癌，增强学生职业自豪感	通过2018年和2020年WHO的号召和行动策略，让学生了解“消除宫颈癌全球行动”的内容和目标
宫颈癌的主要病因：高危型HPV持续性感染	通过豪森和其他科学家发现HPV与宫颈癌之间关系的历程，培养学生敢于突破传统的科学精神、塑造学生严谨的科学态度	通过时间线展示哈拉尔德·楚尔·豪森及其团队发现HPV与宫颈癌关系的历程，帮助学生掌握HPV与宫颈癌之间的关系
宫颈癌一级预防	根据病因学的研究，HPV疫苗的问世，开创了宫颈癌预防的新纪元。引导学生树立正确价值观，培养敬业精神，明白成功源于不懈努力，鼓励学生在学习和未来工作中为实现目标努力拼搏	通过病因学的关联，让学生了解HPV疫苗作为宫颈癌一级预防的重要性

（吴妙芳）

参考文献

[1] 郑荣寿，陈茹，韩冰峰，等. 2022 年中国恶性肿瘤流行情况分析 [J]. 中华肿瘤杂志，2024，46（3）：221-231.

[2] BAUMANN M, VON KNEBEL D M. Harald zur Hausen, virologist who linked viruses to cancer(1936—2023)[J]. Nature, 2023, 619(7971): 693.

[3] ZUR H H. Papillomaviruses in the causation of human cancers-a brief historical account[J]. Virology, 2009, 384(2): 260-265.

[4] ZUR H H, SCHULTE-HOLTHAUSEN H, WOLF H, et al. Attempts to detect virus-specific DNA in human tumors. Ⅱ. Nucleic acid hybridizations with complementary RNA of human herpes group viruses[J]. Int J Cancer, 1974, 13(5): 657-664.

[5] GISSMANN L, DEVILLIERS E M, ZUR H H. Analysis of human genital warts (condylomata acuminata) and other genital tumors for human papillomavirus type 6 DNA[J]. Int J Cancer, 1982, 29(2): 143-146.

[6] GISSMANN L, DIEHL V, SCHULTZ-COULON H J, et al. Molecular cloning and characterization of human papilloma virus DNA derived from a laryngeal papilloma[J]. J Virol, 1982, 44(1): 393-400.

[7] DURST M, GISSMANN L, IKENBERG H, et al. A papillomavirus DNA from a cervical carcinoma and its prevalence in cancer biopsy samples from different geographic regions[J]. Proc Natl Acad Sci USA, 1983, 80(12): 3812-3815.

[8] BOSHART M, GISSMANN L, IKENBERG H, et al. A new type of papillomavirus DNA, its presence in genital cancer biopsies and in cell lines derived from cervical cancer[J]. EMBO J, 1984, 3(5): 1151-1157.

临终患者的最佳倾听者
——西西里·桑德斯

案例呈现

“你是重要的，因为你是你，你一直活到最后一刻，仍然是那么重要，我们会尽一切努力，帮助你安详逝去，但也尽一切努力，令你活到最后一刻。”这句话可能概括了西西里·桑德斯（Cicely Saunders）这位同时拥有护理和医生执业资格的伟大女性一生所做出的努力。

西西里·桑德斯是医学界公认的现代临终关怀运动的开创者。

1918 年，西西里·桑德斯出生于英国。她在罗丁中学接受教育，后于 1938 年前往牛津大学圣安妮学院学习哲学、政治和经济学。一年后，战争爆发，她决定做一些更有实际意义的事情。她暂停了在圣安妮学院的学习，来到圣托马斯医院的南丁格尔护士学校学习护理。

1945 年，她回到圣安妮学院开始接受医疗社会工作者的训练，当时被称为女施赈员。她从 1945 年开始作为施赈员照顾不治之症患者，并在伦敦的圣卢克医院做志愿者服务。在这里，她照顾了一位名叫大卫·塔斯马（David Tasma）的病重的波兰人。几周内，他们之间建立了深厚的友谊，并开始讨论为像他这样的患者建立一个更适合的特殊场所的可能性。他们的交流极大地激励着西西里·桑德斯，并在后来成为她护理理念的象征。当大卫·塔斯马在1948年去世时，他留给西西里·桑德斯一笔遗产，以帮助她实现他们的愿景。

西西里·桑德斯早期工作的一个显著特点是她对身心痛苦之间关系的阐述。她相信不存在无法治疗的疼痛，并且认为如果身体痛苦得到缓解，那么心理痛苦也会得到缓解，特别是在治疗一些晚期癌症患者的时候，然而当时的医生们专注于治愈疾病，疾病伴随的疼痛在一定程度上是被忽略的，患者的疼痛往往得不到充分缓解。西西里·桑德斯不愿意接受这一点，她想帮助这些痛苦的患者。但是她了解到当时的医疗法规规定除非她是一名医生，否则不可能向患者开处方药品和治疗。为了心中的梦想和执着，33岁的西西里·桑德斯立志成为一名医生，经过在圣托马斯医学院学习后她取得了行医资格，并在1957年毕业。

第二年，她获得了哈雷·斯图尔特（Halley Stewart）信托的奖学金，在帕丁顿的圣玛丽医院研究晚期患者的疼痛控制。与此同时，她也在圣约瑟夫临终关怀医院工作，利用她的研究和医疗技术帮助女性修行人员改善对附近贫困临终患者的护理。她创造了一种新的纪录和缓解疼痛的方法，使疼痛患者得到持续的缓解，让这些患者再也不用像以前那样被迫等到严重疼痛再次出现的时候才用止痛药缓解。西西里·桑德斯使用新的方法区分不同的疼痛级别，并且根据不同的级别使用不同的药物来缓解疼痛。她将疼痛和不适感大致区分为呼吸急促、褥疮、恶心、抑郁和便秘等症状，这些区分在现在看来是一个比较粗略的方法，但是在当时医疗并不先进、并不精准的时代，这样的方法已经使临终的疼痛患者得到了比较准确的治疗，并且使这些治疗有据可依。

在圣约瑟夫临终关怀医院工作期间，西西里·桑德斯致力于建立一种新型的临终关怀机构。她理想中的机构是将富有同情心的护理与医疗相结合。1967年，她在伦敦开设圣克里斯托弗临终关怀院，使她的愿景成为现实。圣克里斯托弗临终关怀院被广泛认为是第一个现代临终关怀机构，因为它是第一个将教学和临床研究、疼痛和症状控制与富有同情心的护理相结合的机构。

2002 年，西西里 · 桑德斯在她八十多岁时成立了西西里 · 桑德斯基金会。该慈善机构的一个主要目标是建立一个将最佳的研究、教育、信息和护理整合在一起的研究中心。西西里 · 桑德斯说："我们需要继续学习，以便在 10 年后，我们能做得比现在更好。"毕生致力于癌症患者疼痛缓解的西西里 · 桑德斯晚年患上了乳腺癌，于 2005 年 7 月 14 日在圣克里斯托弗临终关怀院去世。

为什么要讲述西西里 · 桑德斯医生的故事呢？因为这既能让人感受到人类的人性与温柔，又能让人感受到有志者事竟成的振奋人心。人性的温柔、怜悯、博爱是人之所以为人的一个重要特性。西西里 · 桑德斯医生在学校的专业并不是医学，战争爆发后，她决定做一些对人类更有用的事情，毅然来到圣托马斯医院的南丁格尔护士学校学习护理，由于看到了太多的疾病晚期患者，她决定要去帮助他们，缓解他们的痛苦。其中一位患者对她的影响非常大，他们深厚的友谊和离别的伤痛，成为西西里 · 桑德斯安宁疗护事业的一个触发点。从那以后西西里 · 桑德斯开始全身心投入并致力于临终关怀的发展。正是因为体会到了真实但又无法缓解的痛苦，才让西西里 · 桑德斯把临终关怀从临终怜悯、收容所等简单和不成系统的关怀和救助逐渐发展成为一门系统的学科，并且是一个人类真正需要的学科，并最终发扬光大。

世界上曾经存在过很多学科、学问甚至是当时被奉为金科玉律的定律，最后可能也会消失在历史滚滚的车轮中。但是一门对人类真正有益的医学学科，是会得到发展并被世人所接受的。在发展的过程中会经历很多困难，但是西西里 · 桑德斯医生百折不回、坚韧不拔、永不放弃，最终建立了一个能给人类带来真正益处的学科。发展一门学科或成为学科的奠基者并非遥不可及的梦想，一名普通医生也完全有可能成就光辉的事业，关键在于拥有信心、决心和韧劲。

临终患者是非常痛苦的，他们的痛苦包括生理上和心理上的。生理上的痛苦通过医学或许可以缓解，包括呼吸急促、褥疮、恶心、抑郁、便秘、腹胀等。比如妇科肿瘤的临终患者，调查显示约70%的妇科肿瘤患者难以避免疼痛症状，超过25%的妇科肿瘤患者在疼痛的持续折磨下离世，主要表现为腰痛、骨痛或胀痛。临终患者的身体器官功能会逐渐衰退，可能会出现呼吸困难、心率减弱、肾衰竭等，这些都会给患者带来极大的痛苦。妇科肿瘤导致的营养不良和消瘦都会使患者身体变得极度虚弱而产生无法解决的不适。而心理上的痛苦更是医学无法解决的问题：第一是恐惧和焦虑，临终患者可能会对未来感到恐惧，担心自己的病情和家人的未来，这种不确定性会导致焦虑和恐慌；第二是抑郁情绪，面对生命的终结，患者可能会感到绝望和无助，长期的病痛和对未来的担忧可能引发抑郁；第三是对死亡的担忧，患者可能对死亡本身感到害怕，担心死亡过程中的痛苦以及死后的未知；第四是对家人的牵挂，临终患者可能会担心自己的家人在他们离世后的生活，尤其是经济负担和情感上的缺失。

为了缓解临终患者的痛苦，医护人员和家属应提供全面的临终关怀，同时专业的缓和医疗医务人员也要为家属与患者提供全面的支持，包括医学姑息治疗、疼痛管理、心理支持、家庭支持等，以帮助患者能够在尊严和安宁中渡过生命的最后阶段。临终关怀的目的不是治愈疾病，而是提高患者的生活质量，减轻痛苦，维护患者的尊严，并为家属提供支持，帮助他们面对和处理失去亲人的痛苦。因此临终关怀涉及多个学科或从业人员的协作，包括疼痛科、心理科、社工、经济学家甚至是保险从业人员、理财人员、教育人员等，他们都应该是缓和医疗的成员。

西西里·桑德斯医生除了创立对临终患者提供的临终关怀，她还创立并发展了安宁疗护。安宁疗护是一种更为广泛的关怀模式，适用于所有严重疾病患者，是一个专门的医学学科，是全生命周期关怀的重要部分，其目的是缓解患者疾病晚期的躯体病痛，并减轻患者及家属的心理焦虑与精神压力。由经过专门培训的多学科医生、护士及其他专业人员共同协作进行。安宁疗护希望在最小伤害和最大尊重的前提下，帮助终末期患者延长寿命、提升生活质量，同时帮助患者的家庭和亲属能够平静面对亲人的离世。

人民群众的健康福祉是医疗工作者的出发点和落脚点。在临终关怀与安宁疗护的工作中，要始终坚持以人为本，以患者为中心，为患者提供温馨、专业、人性化的服务。同时，规范的专业培训是不可或缺的，这是医务人员解决患者疾苦的根本。与此同时提升医务人员的专业素养和人文关怀能力，使他们能够更好地理解患者需求，提供更精准、更贴心的服务。

安宁疗护，耐心倾听，温柔治疗。作为医务人员，我们不能被医疗技术和忙碌的工作所困，而是要像西西里·桑德斯一样，心里始终记挂着患者的需求，给予他们最大的安慰和帮助。

思政映射融入点与融入方式

专业知识、专业技能	思政映射融入点	融入方式
临终关怀和安宁疗护的定义、发展及相关患者的临床表现	在培养和拥有精湛医术的同时，医生需要始终把人民群众的生命安全和身体健康放在首位，尊重患者，善于沟通	课程开始以西西里·桑德斯的故事引入，引起学生的兴趣，使学生了解临床医学除了治疗，还有尊重与关怀

续表

专业知识、专业技能	思政映射融入点	融入方式
临终关怀和安宁疗护的适用人群、应用及效果	医学教育除了教授医术，还需要培养学生“敬佑生命、救死扶伤、甘于奉献、大爱无疆”的医者精神，加强医者仁心教育	通过展示疾病晚期患者的心理、家庭、社会等问题，让学生更加容易理解临终关怀和安宁疗护的适用人群、应用及效果

（刘畅浩）

参考文献

[1] 杨婷婷，宋琳. 安宁护理对晚期宫颈癌患者临终期疼痛、主观幸福感及生活质量的影响 [J]. 实用妇科内分泌电子杂志，2023，10（22）：127-129.

[2] 崔红，朱萍. 终末期妇科肿瘤患者的临终关怀 [J]. 实用医药杂志，2015，3：247-249.

[3] 王琳，陈文娟，王立洁，等. 安宁疗护对妇科肿瘤晚期患者临终期生活质量的影响 [J]. 甘肃医药，2019，38（6）：571-572.

[4] 洪碧佳. 安宁护理在妇科肿瘤癌症晚期患者护理中的应用研究 [J]. 实用妇科内分泌电子杂志，2022，9（32）：104-107.

[5] 赵苇苇，郭辰阳，杨俊侠，等. 安宁疗护实践研究新进展 [J]. 医学与哲学，2024，45（5）：32-37.

[6] 常洁. 临终关怀：让孤寡老人有尊严地走完生命最后一程 [J]. 中国社会工作，2024，6：32-33.

[7] 张偲，李晓梅，刘英，等. 安宁疗护对晚期妇科恶性肿瘤患者家庭压力缓解效果的影响因素分析 [J]. 中国临床护理，2020，12（4）：297-300.

[8] 刘勇 .“四位一体”加快构建安宁疗护体系：访苏州大学苏州医学院护理学院院长李惠玲教授 [J]. 中国医药科学，2024，14（2）：1-3.

[9] 任英，余群飞，马姚静，等. 医护人员的临终关怀态度和安宁疗护行为调查 [J]. 护理学杂志，2024，39（5）：66-69.

第三章

技术发展

医学奇迹改变历史进程

——青霉素的发现与量产

案例呈现

明代天宁寺的僧侣们，将芥菜置于大缸中，先日晒夜露使芥菜霉变，滋生出长达三四寸的绿色霉毛，即“青霉”，其后将缸密封并深埋于地下，历经三至五年的自然发酵与转化，待至开缸之日，缸中芥菜已全然转化为液体，这便是被誉为“陈芥菜卤”的珍贵药液。此药液拥有清肺、利咽、祛痰、排脓等多重功效，特别在治疗肺部疾病如肺痨（肺结核）、脓胸及化脓性呼吸系统病症方面展现出了卓越的效果。这是古代中国人民利用自然界“霉变”现象进行疾病防治的珍贵而智慧的历史记载。

在抗生素时代曙光初现前，面对肺炎、破伤风及败血症等肆虐的传染病，人类显得尤为无力，仅能坐以待毙。在战争中，因感染而逝去的生命远超直接战斗伤亡，即便是微小创伤，亦足以致命，生命脆弱，不堪一击。无数研究者不辞辛劳，昼夜不息地追寻救治之道。然而，细菌肆虐的阴霾下，曙光迟迟未现，人们甚至悲观地认为“抗菌药物是幻影”。

在 20 世纪初，伦敦圣玛丽医院的细菌学教授亚历山大·弗莱明（Alexander Fleming）明随军作战从事救治工作，目睹战场惨状，深受触动，遂立志研发抗感染药物，以挽救生命于水火。1928 年，他在整理被污染的培养皿时，意外发现一簇霉菌四周无葡萄球菌滋生，推测霉菌释放了某种物质构建了抑菌圈，有效遏制了细菌的蔓延。历经多次试验验证，他确认此霉菌分泌物能在数小时内使特定细菌凋亡并溶解。弗莱明以霉菌名“青霉菌”（penicillium）为灵感，将该物质命名为“青霉素”（penicillin），开启了抗菌新纪元。1929 年，他发表了论文《青霉素——它的实际应用》，刊登在《新英格兰医学杂志》上。然而同时代类似的发现数不胜数，青霉素并未获得广泛关注。弗莱明受限于提取与纯化技术的瓶颈，未能实现满足临床应用的工业化生产，因此该发现沉寂长达十年之久。

1939 年，牛津学者霍华德·沃尔特·弗洛里（Howard Walter Florey）和恩斯特·鲍里斯·钱恩（Ernst Boris Chain）决定根据弗莱明十年前所取得的突破性发现，探索青霉素这一神奇物质的抗菌特性及其规模化生产工艺。纷飞的战火让研究工作举步维艰，研究环境之恶劣可想而知。面对重重挑战，该团队坚持每周处理高达 500L 的霉菌滤液，几乎将牛津大学的实验室转变成了一个巨大的霉菌提炼工厂。1940 年，通过一系列严谨实验，该团队证实了青霉素对细菌感染的治疗潜力，并成功研发出从青霉菌培养液中提取高纯度青霉素的技术，最终获得 100mg 黄色粉末状成品，其纯度足以安全用于人体肌内注射。1941 年 2 月 12 日，一名因战争罹患严重眼部、面部及肺部脓肿的警察，作为首位试验者接受了牛津大学研制的青霉素治疗，其感染状况随后展现出显著的好转。研究成果被刊登在权威期刊《柳叶刀》上，此举标志着青霉素研究的又一里程碑，这在科学史上被誉为青霉素的第二次发现。

在战争爆发的严峻背景下，伤员救治任务艰巨，青霉素作为救治伤员的关键药物，其大规模生产显得尤为迫切。鉴于当时英国的化学工业已全力投入战争相关研究，弗洛里及其同事诺曼·乔治·希特利（Norman George Heatley）决定远渡重洋，前往美国，以进一步推进青霉素的研究和生产工作。

牛津大学的研究团队最初在培养基中采用蔗糖，但不久之后，安德鲁·J. 莫耶（Andrew J. Moyer）突破性地发现以乳糖替代蔗糖能显著提高青霉素的产量。团队后续深入探索，发现向发酵体系中引入玉米蒸馏液这一创新举措可将青霉素的产量激增十倍。随后的研究中，科学家们还将青霉素生物合成的前体物质，诸如苯乙酸，巧妙地融入发酵体系之中，从而实现了青霉素产量的再度飞跃。

最初青霉素生产采用固体表面培养法，但因其成本高、效率低、污染风险大，逐渐被液体深层培养法取代。新方法在密封发酵罐中，用液体培养基结合无菌空气培养，全程灭菌、密封搅拌、精准温控。配套设备的创新显著降低了生产成本与资源消耗，如空气处理系统、发酵罐温控及搅拌机制等，促进了青霉素大规模生产，为临床应用提供了坚实基础。

然而在深层培养的运用初期，青霉素的产量不尽如人意，这促使研究人员转向探索更为高效的青霉素生产菌株。他们广泛搜集了全球各地的土壤标本，旨在筛选出能在深层培养中显著增产的青霉素菌株。出乎意料的是，最高效的菌株并非源自全球大搜查，而是由实验室助理玛丽·肯尼思·亨特（Mary Kenneth Hunt）在皮奥里亚水果市场的一枚发霉的哈密瓜上偶然发现的。该菌种效力超乎想象，较之前所有测试样本高出200倍以上。其后卡内基研究所的研究人员运用X线诱变培育出该哈密瓜菌株的高产变种。威斯康星大学的研究团队进一步利用紫外线辐射处理该菌株，再度实现了生产力的显著提升。

在上述研究成果的强劲驱动之下，美国制药企业在政府的鼎力扶持下开始大规模生产青霉素。然而研究人员在扩大规模过程中遭遇了前所未有的复杂难题和不确定性的挑战。“霉菌变幻莫测，它产量低、分离难、提取难、纯化难，检测方法也不尽如人意”。面对挑战，研究人员不断优化和革新生产工艺。他们继续采用玉米蒸馏液为核心的培养基配方，但针对引入无菌空气产生过量泡沫的问题，创新性地加入单蓖麻油酸甘油酯作为高效消泡剂，有效解决了这一难题。为了充分发掘霉菌合成新型青霉素的潜力，他们尝试了不同结构的前体，以探索其结构差异对产物类型的影响。鉴于青霉素固有的不稳定性和热敏性，纯化过程中产量损失多达2/3，回收提取过程也非常艰难。但最终研究人员巧妙地在真空环境下采用冷冻干燥技术，成功克服了这一困难，得到纯度高、稳定性强的青霉素。

1944年，经过研究人员的不懈努力，青霉素的生产规模已被显著提高，足以满足当时战时的需求，3 000亿单位、10万剂青霉素，这一战略物资产生了巨大影响。随着后期产量飞跃式增长，美国政府逐步调整政策导向，最终促使青霉素从军事专用品转变为民间使用的重要抗生素药物，广泛应用于民众健康保障之中。

1944年，被誉为“中国青霉素之父”的微生物学家及农业教育家樊庆笙教授，在昆明极其简陋的科研环境中，成功研制出中国首批青霉素。这一突破令正处于动荡局势中的中国跻身全球最早的七个能够自主制备青霉素的国家行列。1953 年 5 月，国产青霉素正式迈入规模化生产阶段，标志着我国青霉素产业踏上了工业化生产的崭新征途。时至今日，中国在青霉素生产领域持续保持领先地位，产量稳居世界榜首。

自 20 世纪 50 年代以来，青霉素成为众多感染性疾病的首选药物，人类利用青霉素向肺炎、猩红热、淋病等感染性疾病发起攻击，势如破竹，战无不利。然而在《纽约时报》的一次采访中，青霉素的发现者弗莱明发出警示："青霉素的滥用，或将催生细菌对抗生素的耐药性。"这一预言不幸成真，随着青霉素长期且广泛地应用，多种致病菌已产生耐药性，更有甚者能够降解青霉素，削弱药效。因此青霉素的临床使用剂量被迫逐步上调，从最初的 20 万单位变为 80 万~ 100 万单位，增幅近五倍。

耐药性的产生促使研究人员深入探索药物的革新与改造。目前，青霉素已发展为三代：第一代青霉素，即天然青霉素，如青霉素 G（苄青霉素）；第二代青霉素，为半合成青霉素，如甲氧西林、羧苄西林、氨苄西林等；最新一代青霉素，涵盖了硫霉素、奴卡霉素等新型药物。经过数十载的不断优化与精进，青霉素已广泛应用于敏感细菌引发的多种感染之中，如脓肿、菌血症、肺炎和心内膜炎等，展现出强大的治疗潜力与广泛的临床应用价值。

青霉素的发现不仅拉开了抗生素纪元即化学治疗黄金时代的序幕，更被公认为医学领域里程碑式的巨大飞跃。弗莱明、弗洛里和钱恩因"发现青霉素及其临床效用"的杰出贡献，1945 年，共同被授予诺贝尔生理学或医学奖。青霉素的问世促使科学家对新型抗生素进行深入探索，人类在抗击细菌侵袭的战役中取得了前所未有的辉煌胜利。随着抗生素的广泛应用，耐药问题逐渐浮现，抗生素杀灭病原体的同时可能也引发了菌群失调等副作用，“超级细菌”的出现更是严重威胁着人类健康。因此，如何审慎而合理地应用抗生素、研发新型药物将是未来的新挑战。青霉素的故事告诉我们，科学的道路曲折向上，医学的探索永无止境。

思政映射融入点与融入方式

专业知识、专业技能	思政映射融入点	融入方式
“霉变”现象及“霉”的作用	中国古人用“霉”对抗感染的方式，展示了古人的智慧，坚定文化自信	授课一开始，用古人关于青霉素的传说和记载，引起学生的学习兴趣
青霉素的发现及作用	时代背景影响个人命运，由于战争经历促使弗莱明研究抗菌药物，引导学生将家国梦想与人生道路相结合，潜移默化中坚定学生理想信念、厚植爱国主义情怀	通过细菌的危害和战争的残酷，突显青霉素的重要性。讲述科学家意外发现青霉素的经历，引导严谨的科学实验态度
青霉素的提取和临床应用	艰苦的试验工作、大胆的临床用药，展现科学家的工作精神；无药年代重症感染案例，增强学生勇于探索的创新精神	将实验室比喻成霉菌工厂，讲述首次青霉素引用的临床病例，加深学生记忆点
青霉素的特性及量产	通过不断修改试验方案达到青霉素量产，展现科学研究的严谨和细致；青霉素大规模生产，影响战争结局，引导学生增强解决问题的实践能力	科学家突破重重难关，在全球范围寻找霉菌样本、改进试验仪器等，最终达到量产目的，让历史变为故事，方便学生理解
我国青霉素的生产	我国在艰苦的战争年代生产青霉素，最终成为青霉素大国，用历史讲述国家现今的繁荣昌盛来之不易，提高学生的爱国精神，自觉把小我融入大我，不断追求国家富强	我国的青霉素故事，引发学生思考，融入爱国情怀
青霉素的耐药性、分类和临床应用	青霉素的耐药推动不同抗生素的研究，揭示科技就是一个不断发展的过程，引导以改革创新为核心的时代精神，并提出需采用辩证思维看待问题	通过弗莱明对青霉素耐药性的警示，引出抗生素研究问题，增加学生兴趣

续表

专业知识、专业技能	思政映射融入点	融入方式
青霉素的巨大应用价值和社会影响	总结青霉素的重要性，教育引导学生深刻理解并自觉实践科学精神、增强职业责任感，培养开拓创新的职业品格	青霉素的发现者获得诺贝尔奖，推动医学进步，在学生心中埋下科研的种子

（凌小婷）

参考文献

[1] 施庆武，曾妮，吴承艳. 陈芥菜卤文献考证[J]. 中华医史杂志，2023，53（3）：151-158.

[2] 李振环，朱英，胡小键，等. 抗生素的人体健康风险、内暴露特征及检测技术研究进展[J]. 环境化学，2023，42（12）：4051-4066.

[3] SHENOY E S, MACY E, ROWE T, et al. Evaluation and management of penicillin allergy: a review[J]. JAMA, 2019, 321(2): 188-199.

更生霉素

——科学家自力更生、自主创新的时代产物

案例呈现

在中华人民共和国成立 70 周年庆祝活动中，“人民论坛 · 70 华诞 · 倾听历史的回声”中提到了“更生霉素”这个药物。更生霉素，通用名为放线菌素 D，是一种细胞周期非特异性药物。它

为什么会有这个极具时代特色的名字？它又为什么具有如此魅力，可以在历史上留下浓墨重彩的一笔？

放线菌是一类菌落呈放线状的革兰氏阳性菌，在自然界广泛分布，主要以孢子或菌丝状态存在于土壤、空气和水中。乌克兰裔美国生物化学家和微生物学家塞尔曼·亚伯拉罕·瓦克斯曼（Selman Abraham Waksman）教授团队从1939年开始系统地研究微生物，1939年研究了500多种，1940年研究了2 000多种，他的博士生H. 博伊德·伍德拉夫（H. Boyd Woodruff）发现了课题组的第一个抗生素——放线菌素（actinomycin）。之后陆续不断地用他们实验室所建立的系统实验方法发现多种新的抗生素。1942年，团队成员从放线菌门的链霉菌中发现了链霉素，从此打开了放线菌广泛研究和应用的大门。现在临床上所使用的抗生素，大约有2/3来源于放线菌。因此，瓦克斯曼教授被认为是真正的“抗生素之父”，他本人也于1952年获诺贝尔生理学或医学奖。

为了保障人民健康、提高人民福利和增强国防安全，1952年冬天，由中国科学院召集的抗生素座谈会在上海召开。经过讨论，会议定下了集全国之力、科学研究与工业生产创新性合作的发展策略，快速提升抗生素工业生产能力。1955年年底，中国科学院在北京召开了抗生素学术会议，有十多个国家的专家和许多国内著名学者与会，在会上讨论了抗肿瘤抗生素的问题，要求中国科学院上海药物研究所带头研究。这一决定非常及时，一方面在20世纪50年代后半期，我国癌症的发病率和病死率急剧上升，抗肿瘤药的研究刻不容缓；另一方面，此时研究抗肿瘤抗生素，与先进国家相比只相差了几年。但也正因为如此，我国的科学家们可获取的国外相关研究文献资料很少，面临的困难很多。当时中国科学院上海药物研究所抗生素组的研究人员从不同菌种分离出了发酵液，需要测试抗肿瘤活性，药物研究所的胥彬不畏艰难，欣然接受了研究抗肿瘤抗生素的任务。

1949年胥彬毕业于山东医学院，1951—1955年为苏联列宁格勒第一医学院药理系研究生，获科学副博士学位。1955年回国后一直在中国科学院上海药物研究所工作。当时，创建肿瘤药理实验室并不容易，既缺乏有关文献，也没有实验方法和动物模型。通过调查研究，胥彬首先从筛选方法着手。他博览群书，决定把建立动物移植瘤模型作为工作的突破口，在实验室中引进和建立小鼠、大鼠及兔子等多种实验模型，为抗肿瘤药的研究奠定了基础。历经多次失败，他筛选了数千种物质，功夫不负有心人，胥彬与药物研究所的蔡润生等合作，利用动物模型实验，于1956年发现从广西桂林土壤中分离得到的新种 *streptomyces melanochromogenes* No. 1779菌种发酵成分有抗肿瘤作用，被命名为“放线菌素K”。之后从放线菌素K分离出K1和K2两个组分，通过研究发现K1是一种含甘氨酸的新的成分，而K2与美国同时期发现的放线菌素D是同一物质。虽然放线菌素D国外已经报道过，但当时在国外技术封锁的情况下，我国药物科研人员自力更生利用国内的微生物资源，自己筛选菌种研究获得的药物极为难得，于是为这种抗生素取了一个极有时代特色的名字，即更生霉素，还相应翻译了独特的英文名gengshengmycin，寓意为“自力更生”。这是我国第一个抗肿瘤抗生素，列入了《中华人民共和国药典》。由于国内投产的更生霉素和美国同时期研究的放线菌素D疗效一样，因而使国家减少了药物进口，为肿瘤患者提供了方便，为国家节约了外汇。该成果于1964年5月获得国家工业新产品三等奖。

更生霉素对多种动物肿瘤效果显著，在临床试验阶段也非常有效。胥彬曾说:“我当时在北京协和医院待了两三个月，边整理资料，边观察患者。后来临床研究证明该药可治愈绒毛膜癌患者。”目前更生霉素已广泛应用于恶性肿瘤的临床治疗，结合手术治疗和放射治疗，更生霉素对肾母细胞瘤、横纹肌肉瘤、神经母细胞瘤、霍奇金病及绒毛膜癌的治疗有效，对睾丸肿瘤也有一定疗效，尤其是对儿童肾母细胞瘤有很好的治疗效果。更生霉素也常与其他药物联合用于肿瘤的治疗和研究，与氨甲蝶呤联合用药治疗绒毛膜癌，治愈率为 70% ~ 90%；与 5- 氟尿嘧啶联合用药治疗妊娠滋养细胞肿瘤，5 年及 10 年累计生存率均为 80% ~ 95%，且此种联合化疗方案为北京协和医院首创，疗效肯定、不良反应小，适于临床应用；与氨甲蝶呤、长春新碱和苯丁酸氮芥联合用药可有效治疗睾丸肿瘤；与博来霉素等药物联合治疗卵巢生殖细胞肿瘤可使 5 年生存率达到 87.5%。

20 世纪 50 年代抗肿瘤抗生素研究的喜讯，大大鼓舞了科研工作者的士气，也对国内抗肿瘤药物的研究起了推动作用。短短几年时间里，中国科学院上海药物研究所从寻找抗肿瘤抗生素发展到合成抗肿瘤药，以及从中草药和植物中提取抗肿瘤活性成分。自 1958 年起，抗肿瘤药研究一直为中国科学院上海药物研究所的重点研究项目。胥彬是多个研究的主要主持人之一，在他的带领下，肿瘤药理组曾筛选过 4 000 多种活性成分，发现了 30 多种有效物质，通过药理和毒性研究有十多种进入临床试验，其中更生霉素、长春新碱、甲氧基溶肉瘤、6- 巯基嘌呤磺酸钠、氨三乙酸锑、消瘤芥、喜树碱、羟基喜树碱、三尖杉酯碱、高三尖杉酯碱等在各方面合作下投入了生产和推广应用。这些药为恶性肿瘤提供了新的治疗武器，有几种已列入《中华人民共和国药典》，有的还向国外出口。胥彬在抗肿瘤药筛选模型瘤细胞株的培养、裸鼠肿瘤的建立等方面也做了大量工作，还承担不少协作项目（如蒿甲醚等），为本领域作出了突出的贡献。

这些自主创新的抗肿瘤药研究不但在国内具有开拓性质，在国际上也产生了良好的反响。胥彬作为该领域的权威人士，在国际上享有盛誉。1962 年 7 月，他受邀参加第八届国际癌症大会，报告锑胺羧螯合物等的抗肿瘤疗效；1978 年 10 月，出席第十二届国际癌症大会，报告抗肿瘤药羟基喜树碱。1979 年，当胥彬出席中美药理学术讨论会，在美国华盛顿科学院会场上宣读抗肿瘤药的药理研究结果时，博得了观众们的热烈掌声，得到美国科学家约瑟夫 · R. 贝尔蒂诺（Joseph R. Bertino）、约瑟夫 · J. 伯恩斯（Joseph J. Burns）等教授的赞扬，纷纷要求协作和继续交流。因此，他应聘到宾夕法尼亚大学、哥伦比亚大学、纽约纪念斯隆 - 凯特琳癌症中心及纽约州立大学担任客座教授或客座研究员，进行抗肿瘤新药的合作研究。

胥彬教授常常激励自己的座右铭是："努力开拓，深入钻研，坚持不懈地向科学高峰攀登"。胥彬教授在他的科研生涯中也时刻谨记他的座右铭，始终脚踏实地，勤奋努力，富有开创精神，为发掘祖国医药宝库、推动抗肿瘤药深入研究、提高人民健康水平作出了重要贡献。胥彬教授和他的同事们对更生霉素的研究历程，充分展现了中国人民顽强和拼搏的精神。通过自力更生、艰苦奋斗，中国人民在一穷二白的白纸上绘就了最新最美的画图。自力更生，自主创新，实现新型工业化，永远是强国建设和民族复兴的必由之路。

思政映射融入点与融入方式

专业知识、专业技能	思政映射融入点	融入方式
妊娠滋养细胞肿瘤的主要治疗手段是化疗	"人民论坛 · 70 华诞 · 倾听历史的回声"中提到了"更生霉素"，引出爱国、创新的民族精神和时代精神	在讲授妊娠滋养细胞肿瘤的治疗时，通过这则新闻稿以及这个具有历史特色的名字，引起学生的学习兴趣

续表

专业知识、专业技能	思政映射融入点	融入方式
以更生霉素为例介绍药物发现的过程	科学的发展一方面需要科学家们孜孜不倦地探索，另一方面需要国家层面的支持与统筹。通过讲述更生霉素在国内外不同的实验室发现的过程，增强学生的政治自信、民族自信，学习科学家的探索精神、创新思维、坚强意志和奉献精神	以讲故事的方式呈现出更生霉素的探索过程，可以结合学生既往做实验的经历，让学生感受到在那个特殊的年代，科学家们开展工作的不易，从而珍惜现在的学习机会
更生霉素的临床应用	通过展示更生霉素研发生产后对国家的贡献、对患者的益处，让学生直观地感受到科学家的价值，提升其将社会主义核心价值观内化为精神追求、外化为自觉行动的动力	在讲解妊娠滋养细胞肿瘤化疗方案组成时，强调如果不能自主生产这些化疗药物，就只能受制于人，而只有国家富强民主，才有人民的健康快乐，才能追求更高层面的自由、平等、和谐
引用胥彬教授的座右铭	简要介绍胥彬教授及其成就，并以其座右铭在授课即将结束之时勉励学生，激励其将小我融入大我，不断在追求高远志向的过程中成就自己、奉献社会	一个人只有将个人的理想与国家的命运联系在一起，才能飞得更高更远
梳理妊娠滋养细胞肿瘤的发展历程	通过展示对放线菌研究不断深入的过程，展示中国人民和中国科学家自力更生、自主创新的信心、决心和能力，弘扬以爱国主义为核心的民族精神，增强政治自信和民族自信	以更生霉素的研究过程类比妊娠滋养细胞肿瘤的发展历程，将“爱国主义”的思想贯穿在整个授课过程中

（王丽娟）

参考文献

[1] 孔璐琦，王敬敬，胡琳珍，等. 放线菌代谢产物的研究进展：基于 Web of Science（WOS）和中国知网（CNKI）[J]. 微生物学通报，2023，50（9）：4275-4302.

[2] 蔡润生，徐子渊，包琴珠，等. 放线菌素K——一种抑制癌的物质[J]. 科学通报，1957，23：717-718.

[3] 张青，王于方，付炎，等. 天然药物化学史话：链霉素[J]. 中草药，2018，49（4）：761-766.

[4] 胥彬. 我国抗肿瘤药物研究历史的回顾及体会[J]. 世界科技研究与发展，2002，24（3）：19-23.

[5] 白林泉. 中国的放线菌研究发展——“放线菌生物学与生物技术”专刊序言[J]. 微生物学通报，2013，40（10）：1751-1753.

无菌术

——外科手术的里程碑

案例呈现

在纪录片《手术两百年》中，导演给大家带来了这段故事：在吸入式麻醉技术被普遍应用之前，许多外科医生都奉行屠夫式的闪电快手原则，19 世纪初英国著名的外科医生罗伯特·李斯顿（Robert Liston）最快能用 28 秒完成一例截肢手术，被称作“李斯顿飞刀”。但是李斯顿医生职业生涯的一场截肢手术给他带来了终生难忘的惨痛回忆。在这场手术中，他依然保持着快刀斩乱麻的气势，但不幸的是，这一次他将患者坏死的腿截断后，不小心将助手的手指也切掉了。而后这两位不幸的人因为切口感染，身患败血症而死。更不幸的是，由于现场过于血腥，一名围观者心脏病发作，当场不治身亡。所以这成为历史上著名的，也是唯一一台死亡率300%的手术。当时为了防止伤口感染，在处理上也是采用现在看来非常不可思议的一种方法：用烧红的烙铁封堵伤口，但同时也把人体的组织全部烧死。19世纪中叶，麻醉逐渐普及，外科手术得以飞速发展，但由于没有预防感染的意识，术后致命性感染和休克导致的病死率上升。

在这一时期，维也纳的产科医生——匈牙利人伊格纳兹·菲利普·塞麦尔维斯（Ignaz Philipp Semmelweis）注意到由医师接生的产妇因产褥热死亡的比例为13%~18%，而经助产士接生的产妇产褥热的病死率只有2%。在他思考这个问题答案的时候，他的一个朋友在解剖尸体时划伤了手指，表现出类似于产褥热的症状，没过多久就去世了。这一事件让塞麦尔维斯意识到，产褥热的高病死率可能与医师们在解剖完尸体后，不进行手部清洁便奔赴产房接生有关。因此他设计了一个对照试验，比较负责接生的医师是否洗手对产褥热病死率的影响。结果发现，如果医师在接生前采用漂白粉溶液洗手，产褥热的病死率可以下降到2%。之后，他进一步推广采用漂白粉清洗手术器械，使产褥热病死率进一步降低至1%。这表明了灭菌在产科中的重要性，也是无菌术的开端。但是他的理念和当时的科学及医学观点相冲突，因此遭到同时代医学界人士的谴责和拒绝。他在遗书中写道："蓦然回首，我只期待能有一天消灭这种产褥热，用这样的欢乐来驱散我的悲哀。但是事与愿违，我虽然不能亲眼目睹这幸福的时刻，那就坚信这一天迟早会到来！"

医学的发展和前进是多种学科、多位科学家推动的结果，无菌术的发展同样如此。安东尼·范·列文虎克（Antonie van Leeuwenhoek）和路易·巴斯德（Louis Pasteur）两位科学家为人类打开了微观世界之门，为无菌术的进一步发展提供了重要的基础条件。有“显微镜之父”称号的列文虎克，最为著名的成就之一，是改进了显微镜并建立了微生物学。他利用手工自制的显微镜，首先观察并描述了单细胞生物。此外，他也是最早记录观察肌纤维、细菌、精子、微血管中血流的科学家。在他的一生中磨制了超过500个镜片，并制造了400种以上的显微镜，其中有9种至今仍有人使用，为微生物学的研究奠定了重要的物质基础。在列文虎克发现微生物100多年后，近代微生物学的奠基人巴斯德在微生物领域进行了一系列开创性的工作，创立了一整套独特的微生物学基本研究方法，开始用“实践 - 理论 - 实践”的方法进行研究。他用一生的精力证明了3个科学问题：第一，每一种发酵作用都是由一种微生物催化，而通过加热的方法可以杀灭微生物，“巴氏消毒法”应运而生；第二，每一种传染病都是由一种微生物介导，并找到了狂犬病、鸡霍乱、炭疽病及蚕病的病因和治疗方法；第三，致病性微生物在特殊培养方式下可减轻毒力，从致病菌变成防病疫苗。巴斯德大胆地提出关于病菌的理论，然后通过大量实验，提供了翔实有力的证据，证明了他的理论的正确性，使医学迈入了细菌学时代，并得到空前的发展。

无菌术的真正提出要归功于英国外科医生约瑟夫·李斯特（Joseph Lister）。他观察到闭合性骨折的伤势不管有多重，一般都不会化脓；相反，开放性骨折即使仅有微小皮肤破损都极易化脓。结合巴斯德的研究，他推断空气中的微生物是引起伤口化脓和感染的原因。1867年，李斯特在其《论防腐绷带及创伤的外科新疗法》的最初报道里写道：“仅是现在我觉得有可能用绷带保护伤部免于分解，这个绷带的组成部分最好能毁灭这些微生物的生命”。此时，李斯特开始广泛地应用苯酚。取一块亚麻布，用苯酚将其浸润，在创面上覆盖浸润过苯酚的亚麻布，当需要切开组织时，再将此布掀起。由于担心创伤在空气中感染，在手术及包裹绷带时使用喷雾器喷洒苯酚液。苯酚液也用于手指的洗涤及结扎材料的处理。李斯特最初用经过苯酚浸泡的结扎丝对马的颈动脉进行结扎，然后开始系统地将此法用于患者。之后，李斯特用 5% 的苯酚液代替了浓苯酚液，并将绷带形状进行改变。这套新的消毒方法，不仅要求操作者在每项手术前认真洗手，而且要确保使用的器皿和敷料都进行彻底消毒处理。在这一方法使用的最初三年里，手术患者病死率明显降低，截肢手术死亡率从 46% 降至 15%。

李斯特于 1867 年在《柳叶刀》杂志上正式发表的有关无菌操作的外科消毒法，其中大部分原则仍沿用至今，并在临床实践中不断完善。遗憾的是，他的观点在当时并未立刻被人们所接受。1869 年，他被任命为爱丁堡大学临床外科学教授。在任职的七年时间里，他对无菌术及灭菌原理进行广泛推广。1875 年，他在法国宣讲无菌术的思想方法，接下来的一年他在美国也进行宣讲，但当时大多数的听众并未接受这一思想和做法。1877 年，李斯特被任命为伦敦皇家学院临床外科教授，任职达十五年之久。从此，他开始不断在伦敦做灭菌外科演示实验，引起了医学界的浓厚兴趣，接受他的思想的人也在不断增多。

虽然在李斯特做出成就之前的二十五年，塞麦尔维斯就清楚地表明了灭菌法在产科和外科中的优越性，但李斯特通过论文、演讲和演示实验使整个医学界认识到了在医疗中使用灭菌法的重要性，并被广泛接受。李斯特由于其开拓性的贡献得到了许多荣誉，在被邀请对医学院毕业生讲话时，他满含深情地对年轻人说：“我们的职业令人骄傲，我们的道路应当端正，所要引导我们的是自由的真理和无伪的爱心。”

1877 年，德国的恩斯特·冯·伯格曼（Ernst von Bergmann）

对 15 例膝关节穿透性损伤伤员进行伤口周围的清洁和消毒后即加以包扎，有 12 例痊愈并保全了下肢，由此认为不能将所有伤口都视为感染伤口，不让伤口再次污染更为重要。在此基础上伯格曼采用蒸汽灭菌法，同时对布单、敷料、手术器械等进行灭菌，建立了现代外科学的无菌术。1889 年，德国人保罗·福伯林格（Paul Fürbringer）提出了手臂消毒法。1890 年，美国的“外科之父”威廉·斯图尔特·霍尔斯特德（William Stewart Halsted）倡议戴橡皮手套，从而消除了外科手术中最重要的感染源，使无菌术臻于完善。无菌术对外科学的发展，特别对创伤外科学的发展有着决定性的影响。

19 世纪中后期无菌术在外科领域取得了巨大进展，但是却不能从根本上解决外科感染的问题，化学消毒剂不能用于消灭人体内的病原菌。抗生素的发展被认为是微生物学乃至生物学研究领域所取得的最伟大成就之一，直到今天，抗生素仍然是人们抵抗各种病菌的有力武器。1928 年，英国人亚历山大·弗莱明（Alexander Fleming）发现了青霉素，此后各国研制出一系列抗菌药物，使得外科学发展到了一个新的时代。1946 年，英国医生伦纳德·科尔布鲁克（Leonard Colebrook）在《柳叶刀》杂志上发文称，他们开发出了一种新的空气净化系统，当把它用在烧伤病房的更衣室时，可以大大减少烧伤患者的感染。1966 年，世界上第一间层流洁净手术室在美国的巴顿纪念医院设立。我国的洁净手术室在 80 年代也开始出现。现在，洁净手术室已经是再平常不过的存在了，并且按照洁净度和空气质量要求分为不同的等级，可以根据需要满足不同要求的手术。

今天，无菌术已贯彻到围手术期的方方面面，无菌观念也成为外科医生根深蒂固的观念。但是我们从无菌术的发展历史中可以清楚地看到，任何一项医学技术的发展和理念的完善，都经过了漫长的时间和无数先辈们的努力思考、创新和不懈研究。无菌术的发展促进了外科学规范的建立与飞速发展，亦转变了外科医生的理念，外科医生理念的转变，反过来又推动了外科学的发展及技术的进步。

思政映射融入点与融入方式

专业知识、专业技能	思政映射融入点	融入方式
手术并发症：疼痛、失血、感染	科学的进步不是一帆风顺的，在解决一个问题的时候，可能会有伴随的问题出现，比如手术可以去除患病的器官，但是术后感染的问题不解决，患者可能会面临更加严重的后果，激励学生以更积极的态度去学习无菌术	播放纪录片《手术两百年》《手术基石》中关于罗伯特·李斯顿给患者进行手术的视频，给学生以视觉上的冲击，引导学生总结手术失败的相关原因
产褥热的发生率、发生原因及危害	塞麦尔维斯第一次向世人展示了洗手的价值，为消毒、抗菌以及病菌学说的广泛接受奠定了基础。引导学生学习塞麦尔维斯求真务实的创新思维、创新实践精神，让学生认识到医学之路是艰辛曲折的，要做到不忘初心，并从历史事件中不断学习、不断反省，实现社会的进步与文明	采取历史事件介绍、讨论及理论讲解的方法：通过介绍塞麦尔维斯观察到的现象，与学生讨论产褥热发生的原因及危害，使学生了解并掌握相关知识
微生物学的发现过程与相关研究	从微生物的发现和研究过程，学习科学家们面对困难不退缩，不断尝试从多个不同角度解决问题的精神；培养独立思考的能力，敢于质疑和分析，形成自己的见解；对未知保持好奇，不断主动学习新知识	课堂中通过提问和回答的方式引导学生发现无菌术能够实施的关键环节，其中就包括微生物的发现、微生物与传染病的关系以及微生物可以通过特定的方式被杀灭。让学生主动推断出在这些知识的基础之上如何进行无菌操作

续表

专业知识、专业技能	思政映射融入点	融入方式
无菌术及无菌观念	李斯特是外科手术消毒技术的发明者和推广者，也是预防医学的先驱。之后在多位科学家的不断努力和变革之下，无菌术逐渐完善。我们应该心怀感激，永远记住那些努力探索、为人类生命健康作出伟大贡献的医学先驱，他们是走在时代前列的伟大先行者。正是因为先辈们的创新实践和不懈的追求，才换来了今天医学科学的巨大进步	通过时间轴和关键事件的方式，展现无菌术不断发展的历程。让学生意识到作为医护人员必须具有无菌观念，正确熟练地掌握无菌术，严格遵守无菌术操作原则与操作规程，确保患者的安全

（王丽娟）

参考文献

[1] KADAR N. Rediscovering Ignaz Philipp Semmelweis(1818—1865)[J]. Am J Obstet Gynecol, 2019, 220(1): 26-39.

[2] 冯琦，唐金陵. 欧洲产褥热流行调查与控制：被忽略的流行病学先驱塞麦尔维斯 [J]. 中华流行病学杂志，2017，38（8）：1136-1139.

[3] JAMES J. Van Leeuwenhoek's discoveries of 1677—1678: a look too far[J]. Micron, 1994, 25(1): 1-4.

[4] BERCHE P. Louis Pasteur, from crystals of life to vaccination[J]. Clin Microbiol Infect, 2012, 18(5): 1-6.

[5] LISTER J. On the antiseptic principle in the practice of surgery[J]. Br Med J, 1867, 2(351): 246-248.

[6] KYLE R A, SHAMPO M A. Ernst von Bergmann: pioneer of aseptic methods[J]. Mayo Clin Proc, 1987, 62(3): 222.

[7] NOBLE W C. Pioneers in infection control—Leonard Colebrook[J]. J Hosp Infect, 1995, 29(3): 233.

[8] 巴奈特．手术剧场：十九世纪外科学图志 [M]．黎湛平，译．北京：世界图书出版公司，2019：90-121.

剖宫产术的起源与发展史

案例呈现

剖宫产术是指通过手术切开腹壁及子宫取出胎儿。在现代医学技术条件下，剖宫产术可以说是产科医生最为熟练的一项手术技术，其在解决难产、产科合并症和并发症等问题，以及降低母儿发病率和死亡率中起着重要的作用。然而，今天看起来简单成熟的剖宫产手术，却有着古老而神秘的起源与历史，它见证了几千年来女性为生育繁衍所付出的血泪代价，也见证了现代医学日新月异的发展，及其给人类健康及生活带来的巨大变化。

追溯历史，剖宫产术是医学发展史上最古老的外科手术之一。16 世纪之前，剖宫产术一直是对死亡的孕妇施行的。早在公元前 700 多年，罗马帝国就颁布了一项关于剖宫产的法律：规定凡孕产妇在妊娠后死亡或者濒临死亡时，医师必须将胎儿从母亲腹中取出，违反者则侵犯了胎儿生存权利。1610 年，德国医生耶雷米亚斯 · 特劳特曼（Jeremias Trautmann）完成了世界上第一台有完整记录的剖宫产手术，当时无菌观念、缝合止血等技术仍未发展，医生在取出胎儿后，不缝合切口，产妇在术后第 25 天死于出血和感染，但孩子活了下来。

19 世纪中期，由于缺乏麻醉、无菌操作、抗生素、缝合术、止血、输血等技术，剖宫产术的死亡率为 50% ~ 85%。随着社会的发展，许多临床医生和学者为外科手术及剖宫产术的发展和改良作出了杰出的贡献。

麻醉的发展：1846 年，牙科医生威廉・托马斯・格林・莫顿（William Thomas Green Morton）使用气态乙醚，完成了第一例成功的医疗麻醉公开演示，标志着现代麻醉医学时代降临。1847 年，法国生理学家玛丽 - 让 - 皮埃尔・弗卢朗（Marie-Jean-Pierre Flourens）通过动物实验发现吸入氯仿可使动物暂时性处于无感镇痛状态。随后，苏格兰医生詹姆斯・杨・辛普森（James Young Simpson）将氯仿应用到了人类身上。1853 年，辛普森用氯仿为英国维多利亚女王进行分娩镇痛，自此氯仿也被陆续应用于剖宫产术。由于乙醚、氯仿等全身麻醉下的剖宫产术仍有较高风险，新的局部麻醉药随后逐渐涌现。1860 年，阿尔伯特・尼曼（Albert Nieman）发现了可卡因；1905 年，阿尔弗雷德・艾因霍恩（Alfred Einhorn）合成普鲁卡因；1909 年，瓦尔特・施特克尔（Walter Stoeckel）将普鲁卡因阻滞用于分娩手术，由于局麻药使用方法不断改进，椎管内麻醉也逐渐成为剖宫产术最常用的麻醉方式。

无菌操作及抗生素的发展：外科手术伤口感染也是引起患者术后死亡的重要原因。1867 年，英国的罗伯特・李斯顿（Robert Liston）提出了外科无菌术。1886 年，德国的恩斯特・冯・伯格曼（Ernst von Bergmann）首先采用了热蒸汽消毒手术器械和敷料。1890 年，美国的威廉・斯图尔特・霍尔斯特德（William Stewart Halsted）发明了橡皮外科手套。随后，抗生素也陆续用于术后感染的预防。无菌操作及抗生素的发展使得产妇的死亡率大幅下降。

缝合术的发展：由于无缝合条件，最初医生在取出胎儿后不缝合子宫及切口，产妇在实施手术后因出血或感染而死。1796年，皮埃尔-约瑟夫·德·朗巴尔（Pierre-Joseph de Lamballe）首次报道了子宫缝合减少子宫出血，但由于缺乏无菌观念，产妇死亡率仍较高。随后各种材料缝线的改良发展及对手术缝线的灭菌消毒大大降低了伤口感染发生率。

止血和输血的发展：产后出血也是孕产妇死亡的重要原因。1935年，化学家约翰·查萨尔·莫伊尔（John Chassar Moir）和哈罗德·沃德·达德利（Harold Ward Dudley）从麦角提取物中分离出麦角新碱，可预防和治疗产后出血。1953年，缩宫素首次合成后，至今仍广泛应用于产后出血的治疗。虽然19世纪末偶有输注他人血液抢救产妇的记录，但是大多数都以失败告终。直到1900年，奥地利医生卡尔·兰德斯坦纳（Karl Landsteiner）发现了ABO血型系统，并规范了输血原则，这才使得输血成为可能。随着输血技术不断发展，孕产妇死亡率大大降低。

1892年，中国内地第一例剖宫产手术由美国医生约翰·格拉斯哥·嘉约翰（John Glasgow Kerr）在广州博济医院（现中山大学孙逸仙纪念医院）成功实施。据《点石斋画报》记载，一位产妇因盆腔内有软骨瘤，梗阻了产道，因而难产。她在氯仿吸入麻醉的情况下被剖开子宫，顺利地从中取出新生儿，“呱呱而啼，居然生也”。

随着外科关键技术的不断发展，剖宫产技术日趋成熟，已经成为产科工作中最常用的手术，是处理难产、造福人类的一项重要技术。然而剖宫产是一把双刃剑，阴道分娩仍然是人类生育繁衍最自然的方式。但近年来，无指征剖宫产率逐渐升高，世界卫生组织报告显示，目前中国的剖宫产率为46.2%。其原因有：剖宫产技术的安全性提高、孕妇不能忍受分娩疼痛、担心胎儿并发症、封建迷信思想要求择吉日分娩、孕妇及家属对剖宫产近远期并发症认识不足、医患关系紧张，医护人员自我保护等。因此，产科医生要严格把握剖宫产手术指征，做好健康科普工作，让育龄期女性了解剖宫产的利弊，通过充分的医患沟通，选择合适的分娩方式。

思政映射融入点与融入方式

专业知识、专业技能	思政映射融入点	融入方式
剖宫产术的定义及作用	从剖宫产的操作和介绍中，让学生看到此项手术为因各种原因无法自然分娩的产妇服务，让更多的家庭有可能迎接新生命的喜悦，这教育学生树立以人民为中心的发展思想，尊重和敬畏生命；手术中多人合作完成，体现了各成员的团队意识，共同为产妇和胎儿健康保驾护航	通过手术视频让学生直观地认识剖宫产，从而掌握其定义，了解剖宫产的作用，并激发其进一步学习剖宫产的历史的兴趣
剖宫产术的不断发展和完善	从对死亡孕妇施行剖宫产到真正以拯救胎儿及产妇生命为目的的剖宫产，从母儿死亡率极高到死亡率大大降低，这得益于无数临床医生和学者通过严谨的研究和实践追求真理，体现了他们的创新开拓精神、责任担当和奉献精神	通过剖宫产的发展历史的展现，包括麻醉、无菌操作、抗生素、缝合术、止血、输血等技术的发展，让学生掌握一台成功的剖宫产术所涉及的专业与技术
无指征剖宫产率逐渐升高的原因	通过当今社会现象的分析，引导学生辩证看待问题，既要尊重生命和自然规律，又要进行理性和科学决策，坚守职业道德和底线	通过对比分析，让学生掌握剖宫产的指征，并引导学生思考和讨论剖宫产术相关的并发症

（祝丽琼）

参考文献

[1] 李晓兰，张苗苗，刘慧姝. 剖宫产的历史和发展 [J]. 中国计划生育和妇产科，2017，9（6）: 23-26.

[2] 阮小明. 剖腹产历史溯源 [J]. 医学与哲学，1993，8: 49-50.

[3] 刘紫馨，周钰琼，李健. 剖宫产流行趋势及管理现状[J]. 中国计划生育学杂志，2024，32（1）：248-252.

[4] 陈世钰. 无菌技术的发展与现代手术室的建立[J]. 中国微生态学杂志，2003，15（3）：188.

[5] 王斌全，赵晓云. 无菌技术的产生与发展[J]. 护理研究，2008，22（18）：1691.

[6] 张胜婷，刘瑞，彭蜀晋，等. 麻醉药物发展史略[J]. 化学教育，2015，36（18）：77-81.

[7] 董天胜. 输血发展史[J]. 西安交通大学学报（医学版），1981，S4：67-70.

[8] 王苹，邓绍根.《点石斋画报》记载的中国近代剖腹产手术[J]. 中华医史杂志，2004，34（2）：122-124.

妇科手术的微创之路
——在曲折中摸索与前行

案例呈现

妇科内镜最早的记载可追溯到公元前200年，描述了医生将一根配有木制排水管的铅管，置入阴道中，可用于明确出血来自子宫或者阴道。真正载入史册的第一个照明内镜出现在1806年，德国医生菲利普·博齐尼（Philipp Bozzini）发明了Lichtleiter，意为“光线传导装置”，其利用铝制装置内的交错镜子将烛光反射成一束光，可用于观察耳朵、尿道、直肠、女性膀胱及宫颈、口腔或伤口，但当时医学界低估了这项伟大的发明和巨大的飞跃，经过维也纳大学医学院的评估和审查后，博齐尼遭到严重警告并受到惩罚。然而他的贡献却为他人奠定了基础，照明内镜其后被改进并用于妇产科之外的领域，彻底改变了泌尿外科手术和消化道检查的历史。博齐尼采用人工光源、反射镜和透镜制作的原始内镜，开拓了医学内镜之路，被认为是未来医学内镜大家族的鼻祖。

1933 年，妇科医生理查德·弗瑞斯（Richard F. Fritsch）首次描述如何使用腹腔镜治疗粘连；1936 年，瑞士妇科医生汉斯·伯希（Hans Bosch）记录下第一次输卵管电灼绝育手术；1944 年，妇科医生拉乌尔·帕尔默（Raoul Palmer）在巴黎首次利用腹腔镜检查女性生殖器官，还在不孕症、避孕和输卵管结扎的治疗中使用腹腔镜和电外科手术。在手术过程中，帕尔默将患者采用特伦德伦伯卧位（即头低脚高位），方便暴露盆腔器官，并在术中监测腹内压变化。这两项措施，迄今仍是腹腔镜手术的重要组成部分。

在微创手术的发展史中，德国妇产科医生库尔特·塞姆（Kurt Semm）是微创手术的先驱者，是当代多种腹腔镜器械的发明者，是真正的现代腹腔镜之父，他用智慧的眼光、坚韧和执着的毅力推动了治疗性腹腔镜的发展。20 世纪 60 年代初，他开始在德国、奥地利和瑞士的妇科会议上发表演讲，宣传他的发明。作为一名才华横溢的医生和创造者，他融合工程学、女性生殖道病理学和外科方面的知识，开发了与特定手术步骤相对应的腹腔镜工具，发明了自动气腹机（1963 年）、新颖的热传递系统（1973 年）、Roeder 打结法（1978 年）、冲洗装置、子宫操纵器和输卵管通畅测试装置等，设计了腹腔镜手术模拟器供手术医生学习微创手术技术。运用全新的手术器械及理念，塞姆设计了一系列的腹腔镜手术来替代传统的开腹手术，包括可用于处理异位妊娠的缝合术、内凝固输卵管绝育术、输卵管切开术、卵巢囊肿切除术、输卵管松解术、子宫肌瘤切除术、网膜粘连松解术、肠缝合术、异位内膜凝固术、肿瘤活检及分期术、子宫穿孔修补术及腹腔镜辅助经阴道子宫切除术等。

然而他却遭到了同行们的嘲笑和批评。1970 年，塞姆成为基尔大学妇产科主任，仍然有人质疑他的研究，但他坚持认为腹腔镜手术有巨大的潜力。1975—1980 年，他多次敦促基尔大学的外科医生实施腹腔镜下胆囊切除术，遗憾的是他的设想被当时的外科医生拒绝。1980 年，塞姆实施了第一次腹腔镜阑尾切除术，在腹腔镜阑尾切除术的讲座结束后，德国外科学会主席写信给德国妇科学会董事会，要求暂停他的医疗实践。随后，塞姆向《美国妇产科杂志》提交了关于腹腔镜阑尾切除术的论文，也被拒绝发表。在当时的一次欧洲学术会议上，美国妇科腹腔镜协会主任乔丹·M. 菲利普斯（Jordan M. Phillips）指责塞姆荒谬地应用腹腔镜技术，然而后来菲利普斯却折服于这项技术，并成为塞姆的密友，且担当起全球妇科内镜检查的传播者。从 1986 年起，菲利普斯为塞姆及他的团队在美国各地组织了 76 次腹腔镜手术培训课程。为了宣传和教学，塞姆在各种期刊上发表了 1 000 多篇论文，他还制作了 30 多部内镜视频和 20 000 多张彩色照片。最终在 2002 年，塞姆获得了美国胃肠内镜外科医生协会理事会颁发的“内镜检查先驱”奖。

微创手术的另一项重大突破，是来自纽约州布法罗的妇科医生坎姆兰·内扎特（Camran Nezhat），他将视频显示器与腹腔镜结合起来，再次彻底改变了这一领域。与许多微创手术先驱一样，内扎特也遭到了批评和法律调查。尽管饱受争议，但视频腹腔镜从根本上改变了大多数外科手术，可以说是外科手术史上最重要的贡献之一。1982 年，一种实时、高分辨率的摄像机被开发出来，可以连接到内镜上，整个手术区域可作为清晰放大的图像呈现在显示器上，使外科医生舒适地完成手术。这一创新也可以同时使助手通过显示器观看及参与手术，自此，微创手术不再是主刀医生一人完成。除了改变手术实施方式外，视频腹腔镜还使手术能够被记录和分享，也彻底改变了外科教育方式。

1988 年，哈里 · 莱克（Harry Reich）在宾夕法尼亚州实施了第一例腹腔镜子宫全切术，在同年的全球妇科微创大会上，莱克用他的腹腔镜子宫全切术震惊了世界，从此越来越多的外科医生报道他们的腹腔镜手术，该技术迅速在全球范围内传播。其后，外科手术技术的突飞猛进，推动了外科手术设备进一步飞跃，吻合器、hem-o-lok 夹、超声刀、Ligasure、超声内镜探头等许多创新设备为推进微创手术的发展提供了沃土。

随着腹腔镜技术的发展和完善，外科医生开始意识到传统腹腔镜手术的局限性，机器人手术应运而生。机器人手术可改善器械的灵巧性、抑制自然手部震颤、保持镜头稳定性、提供三维视野和改进人体工程学，为外科医生提供了模仿人手自然和直观活动的手术器械。1996 年，托马索 · 法尔科内（Tommaso Falcone）博士实施了美国第一例机器人妇科手术——腹腔镜输卵管吻合术。2005 年，美国 FDA 批准在妇科手术中使用达 · 芬奇机器人操作系统，如今已广泛应用于妇科手术中，并且在复杂病例中具有优越性。

临床科学家们对微创的追求，亦推动了单孔腹腔镜手术（laparoendoscopic single-site surgery，LESS）和经阴道自然腔道内镜手术（transvaginal natural orifice transluminal endoscopic surgery，V-NOTES）等技术的出现。单孔腹腔镜在妇科中的应用，最早

出现于20世纪70年代，当时在门诊用于输卵管结扎术；20年后，马尔科·安东尼奥·佩洛西（Marco Antonio Pelosi）实施了第一例单孔腹腔镜下子宫切除术。单孔腹腔镜手术通常被认为难于传统的腹腔镜手术，原因在于可同时运用的手术器械数量有限、“筷子效应”等。经自然腔道内镜手术具有多种通路，但经阴道可能是最安全和最可行的通路。经阴道自然腔道内镜手术的潜在优点包括无腹部瘢痕、手术疼痛较轻、住院时间更短、手术能见度更高，主要适用于无严重盆腔粘连、疾病部位相对单一的患者。单孔腹腔镜手术和经阴道自然腔道内镜手术可能是妇科手术的下一个前沿领域，有望成为未来妇科常见的术式。

我国腹腔镜技术虽起步稍晚，却展现出迅猛的发展态势。20世纪70年代该技术被引入中国。1980年，郎景和教授率先发表了《腹腔镜在妇科临床诊断上的应用》，引领了多数妇科腹腔镜手术的实践。山东大学齐鲁医院的张爱容教授成功实施了国内首例妇科电视腹腔镜手术，并发表了纳入40例手术案例的报告。初期手术聚焦于腹腔镜检查及基础操作，如盆腔轻度粘连的分离、输卵管通液术及输卵管注药等。20世纪80年代末至90年代初，我国部分区域开始尝试执行更为复杂的腹腔镜手术。1997年，《中华妇产科杂志》发表了《妇科内镜操作规范（草案）》，由此可见直至90年代末期，腹腔镜技术虽已在我国妇科领域崭露头角，但主要扮演辅助角色，作为治疗妇科良性病变的补充操作手段，在特定范围内被审慎选用。此阶段，腹腔镜技术主要集中于区域医疗中心，而基层医院普及率较低。迈入21世纪，随着腔镜器械的革新与技术的精进，尤其是超声刀的引入，使得镜下作业更为精细高效，扩大了腹腔镜手术领域，我国妇科腔镜技术步入高速发展的快车道。2012年，《中华妇产科杂志》发表了《妇科腹腔镜诊治规范》，相较于1997年的草案，新版规范显著缩减了手术禁忌证的范围，其手术范畴及类型已广泛覆盖几乎所有传统妇科开腹术式。这标志着历经数十年迅猛发展的腹腔镜技术已成为我国妇科手术领域的基础性技术手段。随着腹腔镜技术的迅猛发展，2013 年，国家卫生和计划生育委员会制定了《内镜诊疗技术临床应用管理暂行规定》，其中《妇科内镜诊疗技术管理规范》着重强调了标准化操作与培训的重要性。国家设立了四级妇科内镜培训基地，省级则设立三级培训基地，明确界定手术范畴，评估并培训从业人员及机构，推动了我国妇科腔镜技术稳步前行。处于发展新阶段的腔镜技术向更精准、更便利推进，多家医疗机构已引入并实施机器人辅助手术，同时，单孔腹腔镜技术也在国内逐渐普及。

在腔镜技术的妇科领域，我国学者取得了显著的成就，不仅推动了技术的革新，还通过术式改良和器械创新为世界医学贡献了中国智慧。中山大学附属第一医院的姚书忠教授发明的“姚氏举宫杯”于 2007 年获得了国家“实用新型设计专利”，并广泛应用于腹腔镜子宫切除等妇科手术中，其应用大大提高了手术的安全性和灵活性，降低了手术风险。传统的腹腔镜下宫颈癌根治术使用举宫杯，违背了无瘤原则，增加了肿瘤播散的风险，针对这一弊端，中山大学孙逸仙纪念医院林仲秋、卢淮武教授在 2018 年通过改良传统术式，创造性进行“腹腔镜下无举宫杯宫颈癌根治术”，降低了术中肿瘤暴露的风险。这一术式的成功应用，不仅在国内得到了广泛认可，还吸引了国际同行的关注和学习，为我国医学在国际上赢得了声誉。

微创技术的发展经历了一个漫长而曲折的过程，从诊断腔镜到手术腔镜，直至现代腔镜技术的成熟，每一次进步都少不了科学家对技术的追求、对生命的尊重，最终实现了对医学格局的重塑。外科领域已阔步迈入微创时代，但我们既要牢记前辈传承下来的外科原则，又要挑战常规、不断创新、追求卓越，真正地造福广大患者。

思政映射融入点与融入方式

专业知识、专业技能	思政映射融入点	融入方式
照明内镜的组成及应用	内镜的发明、医学伦理的审判，通过科学思维方法的训练和科学伦理的教育，培养学生探索未知、追求真理、勇攀科学高峰的责任感和使命感	讲述内镜的结构，引导学生初步认识内镜的构成及临床应用
腹腔镜的临床应用	先辈成长道路，增强学生勇于探索的创新精神、善于解决问题的实践能力，引导学生增强创新精神、创造意识和创业能力	讲述塞姆的经历和遭遇的偏见，引导发掘价值观、方法论和创造思维
中国的腹腔镜发展	讲述我国如何跟上国际脚步，大力弘扬以爱国主义为核心的民族精神和以改革创新为核心的时代精神，激发学生科技报国的家国情怀和使命担当	以时间线讲述中国腹腔镜的发展历程
腹腔镜技术在妇科领域的应用及技术改良	中国学者的器械改良和术式改良，展现出奋发创新精神、勇于探索未知领域的勇气，以及为患者谋福祉的责任感	通过展示并讲解妇科腹腔镜手术的操作，让学生直观地感受到腹腔镜的作用以及在临床实践中进行技术改良的必要性

（凌小婷）

参考文献

[1] BHATTACHARYA K. KURT SEMM: a laparoscopic crusader[J]. J Minim Access Surg, 2007, 3(1): 35-36.

[2] METTLER L, CLEVIN L, TERNAMIAN A, et al. The past, present and future of minimally invasive endoscopy in gynecology: a review

and speculative outlook[J]. Minim Invasive Ther Allied Technol, 2013, 22(4): 210-226.

[3] HARELL A G, HENIFORD B T. Minimally invasive abdominal surgery: lux et veritas past, present, and future[J]. Am J Surg, 2005, 190(2): 239-243.

[4] MOLL F H, MARX F J. A pioneer in laparoscopy and pelviscopy: Kurt Semm(1927—2003)[J]. J Endourol, 2005, 19(3): 269-271.

[5] 李艺，姚远洋，崔恒. 腹腔镜在妇科恶性肿瘤诊断与治疗中的应用进展 [J]. 中华妇产科杂志，2007，42（6）: 423-425.

[6] LILIANA M, ALESSANDRO P, GIADA C, et al. Single-port access laparoscopic hysterectomy: a new dimension of minimally invasive surgery[J]. J Gynecol Endosc Surg，2011，2(1): 11-17.

子宫移植

——解锁生育新希望，重燃生命之光

案例呈现

早在宋元时期，周密及鲜于枢分别于《志雅堂杂钞》及《困学斋杂录》中记载了女性先天发育异常的“五不女”，即“螺、纹、鼓、角、脉”。后经由明代医家万全《广嗣纪要 · 择配篇》及李时珍《本草纲目》(1593 年) 将“五不女”引入医学概念，作为女性不孕症的病因。具有这五种先天生理缺陷之人不能孕育。其中的“纹”指女性“阴户小如箸头大，只可通，难交合，名曰石女”。

1562 年，意大利解剖学家雷阿尔多·科伦坡（Realdo Colombo）在抱怨性交疼痛的妇女中，首次记录了子宫和阴道的缺失。德国解剖学家卡尔·弗朗茨·约瑟夫·伊格纳茨·迈尔（Carl Franz Joseph Ignatz Mayer）和奥地利解剖学家卡尔·冯·罗基坦斯基（Carl Freiherr von Rokitansky）于 1829 年、1838 年分别在两例女性尸检中报道了子宫畸形，描述为实性的未融合子宫和实性阴道。1910 年，德国妇科医生赫尔曼·屈斯特（Hermann Küster）首次在患者中报告了这一发现，并切除了导致患者疼痛的子宫残基。1961 年，格奥尔格·K. 豪泽（Georg K. Hauser）和瓦尔特·E. 施赖纳（Walter E. Schreiner）总结报告了 21 例第二性征和核型均正常的女性患者存在子宫阴道发育不全的情况，从而定义了先天性子宫阴道缺如综合征（Mayer-Rokitansky-Küster-Hauser syndrome）。

先天性子宫阴道缺如综合征也称为米勒管发育不全，是一种先天性疾病，发病率约为 1/5 000 至 1/4 000，是原发性闭经的第二大常见原因。其特征为女性子宫和阴道上 2/3 发育不全，伴有正常的第二性征和 46，XX 核型，可能同时存在肾脏、骨骼、耳部及心脏畸形等。患者通常在青春期出现闭经，部分患者表现为不孕、性交困难或周期性疼痛等。

子宫作为胚胎着床、胎儿发育的重要器官，在生育过程中发挥了重要的作用。先天性子宫阴道缺如综合征女性的不孕完全由子宫因素引起。除此之外，因恶性肿瘤（如宫颈癌、子宫内膜癌等）、良性疾病（如平滑肌瘤、子宫腺肌病等），或因产后大出血需紧急切除子宫以挽救生命，以及严重的宫腔粘连或其他特定子宫畸形导致不孕的女性，均属于“子宫因素”不孕群体。据估计全球约 100 万女性因子宫缺失（先天性或手术性）或无功能子宫而无法怀孕。

人类在不断认知自我、改造自我的过程中永远没有停息。子宫移植作为先天性子宫阴道缺如综合征等子宫因素不孕女性的治疗方法，近几十年来不断发展。

2000 年，沙特阿拉伯的瓦法·法吉赫（Wafa Fageeh）医生将一位 46 岁妇女的子宫移植至一名 26 岁女性体内，完成了首例有记录的子宫移植手术。然而术后 3 个月因血栓问题不得不摘除移植的子宫。2011 年 9 月，土耳其阿卡德尼兹大学附属医院利用遗体捐献的子宫进行了移植手术，患者术后经历了 5 次流产及 2 次血供矫正手术，最终在子宫移植 9 年后成功生育。2012 年，瑞典哥德堡启动了全球首项子宫移植临床观察性研究，2012—2013 年，共为 8 名先天性子宫阴道缺如综合征患者和 1 名宫颈癌患者进行子宫移植。2014 年 9 月，该研究中第 5 号接受移植的女性在术后 1 年借助辅助生殖技术成功妊娠，于孕 31^{+5} 周因先兆子痫行剖宫产术，顺利分娩 1 名健康男婴，标志着全球首例子宫移植成功孕育新生命。该项研究中涉及 9 名受试者，其中 2 例因术后并发症而摘除子宫，其余 7 例子宫成功保留，并通过辅助生殖技术陆续诞下健康子代。

2015 年 11 月 20 日，由我国空军军医大学西京医院陈必良教授领衔，联合 11 个学科及 38 位专家，利用先进的达·芬奇机器人操作系统将一位 43 岁母亲的子宫移植到其先天性无子宫的 22 岁女儿体内。手术历时 14 小时取得成功。这是中国首例子宫移植手术，也是世界首例由机器人辅助的子宫移植手术。随后患者接受了辅助生殖技术助孕，经历了 5 次胚胎移植手术后，成功妊娠。妊娠早期，患者出现妊娠剧吐、先兆流产的症状，妊娠中晚期出现胎儿生长受限，先后 4 次住院进行对症治疗。孕 33^{+6}

周为避免胎儿对移植子宫造成压力，增加妊娠风险，陈必良教授团队于2019年1月20日为患者进行剖宫产术，平安诞下一名体重2kg，身长48cm，身体各项指标检查正常的男婴，这是国内首例、全球第14例在移植子宫内孕育出生的“添宫宝宝”。剖宫产术结束后，专家团队依据患者夫妇强烈的二胎生育意愿，保留了移植的子宫，并进行后续随访观察。

随着子宫移植技术的广泛开展，目前欧洲、北美洲、拉丁美洲和亚洲近20个中心已完成80多例子宫移植手术，至2022年实现40多例活产。子宫移植从最初的实验性技术逐渐成为临床治疗手段，为子宫因素不孕患者带来了新希望。2017年，国际子宫移植学会成立，旨在推动子宫移植的多学科创新与发展，建立并维护全球子宫移植注册数据库，收集和分析手术流程和随访数据，制定该领域的最佳实践指南。2023年，首份全球子宫移植报告发布，涵盖2012年9月15日到2021年1月1日期间上报的手术数据，记录了供体和受体特征、供体手术和移植手术细节、免疫抑制方案、排斥反应情况、活产结果和移植物子宫切除术等信息，标志着全球协作推动子宫移植技术发展的新篇章正式开启。

临床新技术的有序开展依赖于前期广泛的动物研究基础。子宫移植的动物研究遵循自然顺序，从啮齿动物（标志性研究时间：小鼠2022年，大鼠2008年）到大型家养物种（绵羊2008年，猪2009年），再到非人灵长类动物（狒狒2010年）。研究内容包含了手术技术优化、子宫移植物的免疫抑制、排斥反应的诊断，以及确保同种异体子宫移植后代的正常发育等。使用同基因模型的小鼠进行子宫移植的首次尝试，避免了免疫抑制和移植排斥的挑战，在囊胚移植后成功妊娠实现了概念性验证。同种异体移植的研究证实了免疫抑制剂的剂量对于妊娠的影响，为后续临床运用提供依据。选择血管大小和妊娠期与人类更类似的大型动物如绵羊等的研究，进一步评估了在大型物种中子宫移植的可行性。从家养物种的研究中训练手术技能，进而在狒狒和食蟹猴等非人灵长类动物中开展临床前最后的研究。非人灵长类动物不仅具有与人类相似的生殖生理学和解剖学，同时符合 2009 年国际妇产科联盟提出的子宫移植伦理原则，即子宫移植只有在大型动物模型（包括灵长类动物）进行重要和充分的研究后才能进行人体临床试验。

作为程序复杂的新技术，子宫移植中心应设置于三级医疗机构，以及具有先进的妇科和移植手术经验的大学附属医院。手术团队应包括具有丰富腹膜外手术经验的妇科医生和器官移植科医生。其他团队成员应包含生殖医学、产科学、新生儿科学、麻醉学、肾脏病学、病理学、放射学、传染病学和临床心理学方面的专家。开展子宫移植的机构应为活体子宫捐献者、受体、受体的伴侣和妊娠子代等提供长期的支持和帮助。

子宫移植从设想到逐步成为现实，其间开展了大量的临床前和临床研究，是科学发展有条不紊推进的一个例子。重大外科创新应经历“创新、开发、探索、评估和长期研究（idea，development，exploration，assessment，long-term follow up，IDEAL）”五阶段。“创新阶段”需要描述针对临床问题的新解决方案，所有新操作无论成功与否均应主动报告。不良事件和失败个案可能比成功案例更为重要。“开发阶段”涉及在一小群患者中使用新操作，以积累初步经验并进一步优化技术，该阶段建议在患者招募开始之前注册前瞻性研究方案。“探索阶段”则要求多个单位的外科医生采用新技术，此阶段特别重视指导和学习曲线的评估，应系统地采集每位接受手术的患者数据，包括不良结局，同时建立前瞻性研究型数据库。“评估阶段”旨在根据当前标准评估新技术的有效性，应开展随机对照试验，当随机试验不可行时，则应采用其他前瞻性研究作为替代。“长期研究阶段”旨在评估已成熟操作的罕见和长期结果，以及影响结果的变量等。“IDEAL”框架体现了手术创新与评估的有序发展路径，从概念提出到技术探索，再到随机试验验证。随着临床实施经验的增加，新技术的安全性和有效性将逐步提高，成本可能逐渐降低，最终成为临床常规操作。

另一方面任何新技术的实施必然带来一系列的新问题，无法避免伦理道德争议。2000 年，全球首例子宫移植术因为主刀医生前期缺乏相应的研究基础、未开展大量动物研究试验、知情同意过程存在瑕疵等因素，受到广泛批评。同时子宫移植带来的伦理挑战也引起了广泛关注：虽然大多数器官移植旨在防止受体死亡，但子宫移植旨在“赋予生命”，其对于活体捐献者、受体，以及子代的长期风险，引发了其应用价值的争论；子宫移植需要器官移植和辅助生殖技术两种治疗手段的联合，其伦理规范跨越单一学科范畴；子宫移植不仅强调了遗传父母身份的潜在道德或社会意义，更强调了妊娠父母身份的潜在道德或社会意义。而“妊娠”本身的价值，可能加剧关于“母亲”内涵的社会压力，可能对那些不能或选择不生育的人造成新压力，近亲被迫成为子宫捐献者的社会压力和情感负担等都是需要进一步梳理的新问题。

未来子宫移植的探索除了在现有技术上的改良外，生物工程子宫将成为下一个潜在的新方向。由患者自身的干细胞定植产生患者特异性的子宫材料，可绕过器官短缺和对免疫抑制的需求。生物工程子宫的研究已经在大鼠、兔子、猪和绵羊中进行。2017 年，*Nature Communications* 发表了宾夕法尼亚州费城儿童医院研究人员进行的一项人工子宫实验，使得极早产的羔羊可以在体外装置中支持生长长达4周。2023年，费城儿童医院研究人员申请开展新生儿子宫外环境发育的临床试验。同期西班牙、日本、澳大利亚、新加坡和荷兰的相关团体也在开发人工子宫技术。

“认知子宫的作用，移植同种异体子宫，创造生物工程子宫，研究体外子宫系统”，在探索的道路上人类一直没有停下前进的脚步。也许正是这种对自身、对自然的不断开拓认知，才构建起浩瀚宇宙中具有蓬勃生命活力的星球体。

思政映射融入点与融入方式

专业知识、专业技能	思政映射融入点	融入方式
子宫发育异常的认知历程，包含对疾病的临床症状及临床影响的介绍。掌握疾病认知过程从观察、描述到归类、总结的方法论	对比中外医者对疾病的发现、研究历史，凸显文化自信。介绍子宫发育异常对患者生育的不利影响，引入人文性，培养学生“敬佑生命、救死扶伤”的医者精神	授课一开始，用古今中外对子宫作用的认识历程，介绍疾病的早期发现、认知及其对生育和女性长期健康生活质量的影响。采用案例引起学生的学习兴趣
子宫移植发展历程，了解疾病诊疗方案摸索历程（循序渐进，创新、优化到注重细节及并发症），了解子宫移植面临的医学技术关卡	挖掘提炼专业知识体系所蕴含的思想价值和精神内涵。疾病诊治摸索过程体现解决问题的方法论。凸显辩证思维，体现理论到实践、实践到理论的不断循环过程。介绍我国医学工作者紧跟前沿，锐意进取所取得成果。展现当代医者的爱岗敬业、无私奉献、开拓创新的职业品格。激发学生对我国医疗能力的认同感及自豪感	以时间轴的方式罗列国际上子宫移植的里程碑式事件，展现国内外在面对新治疗方法上的协作与竞争。通过具体案例使学生感受到医学诊疗发展的过程。通过展示子宫移植面临的关卡，介绍我国医学专家开展机器人辅助相关手术的历程，展示引领性、时代性

续表

专业知识、专业技能	思政映射融入点	融入方式
了解手术创新所应具备的全流程要素及实践要点	重大的创新来源于坚实的基础研究，遵循临床研究规范对于创新的安全性、有效性具有重要保障。引发学生思考如何取得创新，如何增强学术诚信。树立良好的学术道德。专业问题的提升离不开职业精神和职业规范。同时始终将患者利益置于首要地位	罗列临床前研究的基础研究历程，介绍临床研究的规范与子宫移植历程标志性事件对照，解释IDEAL原则的重要性。由案例归纳一般方法学过程，引导学生思考创新与安全，患者利益与技术突破之间的辩证关系。可对照违背相关规律的“科学狂热”事迹
了解子宫移植引起的伦理争议，增强职业责任感	医疗技术本身的影响不仅是对疾病单一的作用，还需要综合考虑对社会、伦理、道德等多方面的影响。医学永远不只是一门理工科，还具有综合性及通识性	列举不同角度看子宫移植的伦理争议点，引导学生反思技术之外需要重视的因素。提升认知，跨专业角度看待问题。塑造新时期德才兼备且具国际视角的医学人才
介绍子宫移植未来的方向	在授课接近尾声时，简要介绍新近研究，突出人类在创新道路上的不断探索，激发职业的使命感	启发式展望未来进展，激发学生对该类疾病诊疗的大胆猜想

（黄佳）

参考文献

[1] BRANNSTROM M, RACOWSKY C, CARBONNEL M, et al. Uterus transplantation: from research, through human trials and into the future[J]. Hum Reprod Update, 2023, 29(5): 521-544.

[2] HERLIN M K, PETERSEN M B, BRANNSTROM M. Mayer-Rokitansky-Kuster-Hauser(MRKH) syndrome: a comprehensive update[J]. Orphanet J Rare Dis, 2020, 15(1): 214.

[3] BRANNSTROM M, JOHANNESSON L, BOKSTROM H, et al. Livebirth after uterus transplantation[J]. Lancet, 2015, 385(9968): 607-616.

[4] FARRELL R M, FALCONE T. Uterine transplant: new medical and ethical considerations[J]. Lancet, 2015, 385(9968): 581-582.

[5] MILLIEZ J. Uterine transplantation FIGO committee for the ethical aspects of human reproduction and women's health[J]. Int J Gynaecol Obstet, 2009, 106(3): 270.

[6] MCCULLOCH P, ALTMAN D G, CAMPBELL W B, et al. No surgical innovation without evaluation: the IDEAL recommendations[J]. Lancet, 2009, 374(9695): 1105-1112.

[7] O'DONOVAN L, WILLIAMS N J, WILKINSON S. Ethical and policy issues raised by uterus transplants[J]. Br Med Bull, 2019, 131(1): 19-28.

[8] PARTRIDGE E A, DAVEY M G, HORNICK M A, et al. An extra-uterine system to physiologically support the extreme premature lamb[J]. Nat Commun, 2017, 8: 15112.

[9] AGUILERA-CASTREJON A, OLDAK B, SHANI T, et al. Ex utero mouse embryogenesis from pre-gastrulation to late organogenesis[J]. Nature, 2021, 593(7857): 119-124.

葡萄胎诊断的发展历程

案例呈现

“鬼胎”一词出自《诸病源候论》，指葡萄胎，腹大如孕。后来的古籍中也有类似记载，如《胎产心法》中“鬼胎者，伪胎也……此子宫真气不全，精血虽凝，而阳虚阴不能化，终不成形，每致产时而下血块、血胞”;《竹林寺女科秘传》中“月经不来，二三月或七八月，腹大如孕，一日血崩下血泡，内有物如虾蟆子，昏迷不省人事”等。

古籍中的这些描述，用现代医学解释，最大的可能便是葡萄胎。葡萄胎是最早被人类描述并认知的疾病之一，因其看似一串串葡萄而得名，实质是一堆大小不等的水泡借蒂相连。

希波克拉底（Hippocrates of Kos）于公元前400年将葡萄胎称为uterine hydrops。直到公元6世纪，埃提乌斯·阿米达（Aëtius Amida）在他的著作*Greek and Christian traditions of medicine*中首先使用了“mola hydatidosa”这一名词，源自拉丁语mola（充满水的囊泡）和希腊语hydatisia（一滴水）。1752年，威廉·斯梅利（William Smellie）首次将hydatid和mole两个词与“一串大小不等的葡萄”联系起来。1827年，阿尔弗雷德·韦尔波（Alfred-Armand-Louis-Marie Velpeau）和玛丽-安娜·布瓦万（Marie-Anne Victoire Gillain Boivin）提出所谓的“葡萄”就是因肿胀而膨大的绒毛膜绒毛。1895年，费利克斯·马尔尚（Felix Marchand）准确地识别了绒毛膜癌，并同时指出葡萄胎的形成主要是绒毛滋养细胞（合体滋养细胞和细胞滋养细胞）增生所致。1910年，詹姆斯·尤文（James Ewing）将所有的滋养细胞疾病统一命名为绒毛膜瘤，包括葡萄胎（hydatidiform mole），侵蚀性葡萄胎（invasive mole）和绒毛膜癌（choriocarcinoma）。1977年，美国国立卫生研究院（National Institutes of Health，NIH）的梶井正志（Takao Kajii）和大滨紘一（Kohei Ohama）带来了滋养细胞疾病遗传学研究的重大突破，他们发现了完全性葡萄胎的染色体为父源性。1978年，阿尔伯特·祖尔曼（Albert

E. Szulman）和乌尔米拉·苏尔蒂（Urmila Surti）报道了部分性葡萄胎的形态学及遗传学特征。1984 年，詹姆斯·麦格拉思（James McGrath）和阿齐姆·苏拉尼（Azim Surani）进行的小鼠原核转移实验结果表明，母源性和父源性基因组在胎盘的发育过程中具有不同的作用。

查尔斯·罗伯特·达尔文（Charles Robert Darwin）的《物种起源》告诉我们："物竞天择，适者生存"，包括人类在内的万物是在自然选择的作用下不断进化而来的，基因的不断变异起了很重要的作用。英国著名演化生物学家、动物行为学家和科普作家理查德·道金斯（Richard Dawkins）的经典作品《自私的基因》指出了基因所做的一切都是为了最大化自己的生存机会，这种基因的"自私性"从受精卵就开始展现。正常的受精卵来自父母双方的基因各占 50%，而葡萄胎的核型则打破了这种平衡状态，父系来源的基因占据了优势。遗传学的研究表明，在妊娠过程中，母源性基因对于胚胎的发育是很重要的，而父源性基因对于胚胎外组织，即胎盘的发育是必需的。因此，若父源性基因过于"强势"或母源性基因过于"弱势"，就可能导致异常的滋养细胞增生和侵袭，进而导致葡萄胎等妊娠滋养细胞疾病的发生。因此，从遗传学角度来看，存在过剩的父源性基因是葡萄胎发病机制的关键因素。

90% ~ 95% 的完全性葡萄胎为女性二倍体核型（46, XX）；4% ~ 5% 为 46, XY。46 条染色体均来自父系，杂合型为空卵和两个精子受精，纯合型为空卵和一个精子受精后精子染色体倍增。父方染色体倍增的原因为：两个精子同时进入卵子；具有双倍体的异常精子进入卵子；卵子染色体退化，而精子染色体发生内在的自我复制。由于携带 Y 染色体的精子自我复制为 46, YY 无法继续生长，而只有携带 X 染色体的精子自我复制为 46, XX

才能生长下去。因此，完全性葡萄胎染色体主要为46, XX。

但也有罕见的多倍体完全性葡萄胎。一种为三倍体父源性葡萄胎，核型为69, XXY；一种为四倍体葡萄胎，核型为92, XXXX。三倍体核型的机制可能是一个空卵和三个精子受精，或空卵和两个精子其中之一是二倍体的精子受精。四倍体完全性葡萄胎的染色体核型可能是46, XX基础上的复制。还有一种是亚二倍体或超二倍体葡萄胎，即二倍体父源性完全性葡萄胎少了或多了一条染色体。

部分性葡萄胎三倍体的核型多为69, XXX、69, XXY或69, XYY，其来源为双精子受精，是父系二倍体，母系单倍体，表现为滋养细胞增生；其与双卵受精三倍体不同，后者为母系双倍体，父系单倍体，多表现为胚胎发育不良而与胎盘水泡样变无关。

遗传学诊断较为客观，对葡萄胎的发病机制、分类和临床转归相关因素的研究具有重要意义。用于葡萄胎精准诊断的遗传学方法主要为染色体多态性、酶的研究和DNA多态性分析。其中利用短串联重复序列（short tandem repeat，STR）分型技术的DNA多态性分析是葡萄胎的一种非常有效的精准诊断手段，与传统的诊断方法相比更加准确、高效。可以说STR分型技术是用于葡萄胎精准诊断的“最后一关”，目前在临床工作中发挥着越来越重要的作用。

还有一种葡萄胎为家族复发性葡萄胎。*NLRP7*基因与其密切相关，且家族中有近亲结婚现象，属于常染色体隐性遗传病。其遗传易感基因的候选区域定位于染色体19q13.3 ~ 19q13.4。在家族复发性葡萄胎中常有*NLRP7*基因双位点突变和纯合子突变，而男性*NLRP7*基因双位点突变及单位点突变均可有正常生育结局。除了*NLRP7*基因之外，目前报道的与家族复发性葡萄胎有

关的基因还有 *KHDC3L* 基因。发生相关基因纯合突变的女性，通过体外受精 - 胚胎移植、卵胞质内单精子注射技术和胚胎植入前遗传学诊断等辅助生殖技术均无法成功受孕，卵母细胞捐献是目前可获得正常妊娠的重要途径。

对于此类患者，目前可以通过全外显子组测序和全基因组测序的技术发现基因变异。与全基因组测序相比，全外显子组测序不仅费用较低，数据阐述也更为简单。因此，目前全外显子组测序技术广泛应用于疾病防治领域，如遗传病、罕见综合征及复杂疾病等。但是，由于全球家族复发性葡萄胎家系少，且现代家庭多为独生子女，导致非经典家族复发性葡萄胎不易被发现，也缺乏大样本的研究。对于复发性葡萄胎的患者，可建议进行全外显子组测序，一方面仅筛查高风险人群可节约医疗资源，另一方面如检测结果为相关基因突变，可对其后续妊娠及亲属进行遗传咨询。

除了上面这些遗传学检测技术外，免疫组织化学技术因具有快捷、方便，费用低的优点，更常应用于葡萄胎常规的病理报告。*P57* 是一个父源印记、母源基因表达的基因，如果 P57 免疫组织化学有表达，表明妊娠物中有母源基因的作用。缺乏 P57 表达支持完全性葡萄胎的诊断。有研究发现，极少数完全性葡萄胎患者残留的母系 11 号染色体上存在 *P57* 表达。然而，P57 免疫组织化学检测也有其局限性，无法区分部分性葡萄胎和水肿性流产，因为两者都有母源 *P57* 基因表达。此时联合应用其他技术尤为有用，如在 P57 阳性表达的水肿病例中检测出二倍体支持水肿性流产，而三倍体则不能完全排除部分性葡萄胎，需进一步通过 STR 分析来鉴别部分性葡萄胎和母源性三倍体。

人们对葡萄胎这一疾病认识的不断深入，伴随着科学技术的不断进步。但是，当面对众多的检测方法时，科学的临床思维以及如何根据个体情况选择合适的技术、让技术为人类服务，是新时代医务工作者终身的必修课，也是我们不断对未知领域进行探索的动力。

思政映射融入点与融入方式

专业知识、专业技能	思政映射融入点	融入方式
葡萄胎的临床表现	古代人类对疾病的朴素认知和描述，展示了古人的智慧，提高了学生的学习兴趣	采用启发式和互动式教学方法，将古籍中对葡萄胎的描述与现代对葡萄胎临床表现的阐述相对应
葡萄胎命名	随着生命科学的深入研究，人类对疾病的认识逐渐清晰，进入了较深的层面。鼓励学生发现与质疑，激发探索精神和创新思维	以时间轴和图片的方式呈现，让学生直观感受到科学发展的过程
葡萄胎的遗传学来源	通过引用《物种起源》《自私的基因》，增加教学的趣味性，激发学生对优秀文学作品阅读与传播的积极性	以课堂讲授、小组讨论等方法加深学生对葡萄胎遗传学起源的理解和认识
诊断葡萄胎的各项技术	通过对各项技术的发展和适用情况进行讲解，让学生认识到不管哪种技术，都是为了更好地服务患者。在达到诊断和研究目的的前提下，选择合适的检测方法，一方面可以达到个体化诊治的目的，另一方面可以节约有限的医疗资源	授课过程中采取前呼后应的方式，将各项诊断技术与葡萄胎的遗传学来源关联，有助于学生加深理解和知识网络的形成

（王丽娟）

参考文献

[1] 丁光迪. 诸病源候论校注 [M]. 北京：人民卫生出版社，2013：811.

[2] 惠培. 妊娠滋养细胞疾病：诊断与分子病理学 [M]. 连瑞虹，郑兴征，译. 北京：北京科学技术出版社，2016：2-4.

[3] 向阳. 宋鸿钊妊娠滋养细胞肿瘤学 [M]. 4 版. 北京：人民卫生出版社，2020：8-11.

[4] SURANI M A, BARTON S C, NORRIS M L. Development of reconstituted mouse eggs suggests imprinting of the genome during gametogenesis[J]. Nature, 1984, 308(5959): 548-550.

[5] FISHER R A, HODGES M D, NEWLANDS E S. Familial recurrent hydatidiform mole: a review[J]. J Reprod Med, 2004, 49(8): 595-601.

[6] THAKER H M, BERLIN A, TYCKO B, et al. Immunohistochemistry for the imprinted gene product IPL/PHLDA2 for facilitating the differential diagnosis of complete hydatidiform mole[J]. J Reprod Med, 2004, 49(8): 630-636.

[7] FISHER R A, NUCCI M R, THAKER H M, et al. Complete hydatidiform mole retaining a chromosome 11 of maternal origin: molecular genetic analysis of a case[J]. Mod Pathol, 2004, 17(9): 1155-1160.

免疫检查点疗法
——突破传统的抗肿瘤之路

案例呈现

邓女士，41 岁，2018 年因子宫内膜癌行“经腹子宫全切术 + 双侧附件切除 + 双侧盆腔淋巴结切除 + 腹主动脉旁淋巴结切除术”，术后临床病理分期为子宫内膜低分化腺癌Ⅲ C1 期，行紫杉醇联合卡铂静脉化疗。化疗期间出现血小板降低、粒细胞缺乏性发热、感染性休克，无法完成六个疗程化疗，共行四个疗程，并辅助放疗。末次治疗时间为 2018 年 7 月。2021 年 10 月复发，同年 11 月行手术治疗，术后病理证实为子宫内膜癌复发。基因检测提示为微卫星高度不稳定性（high microsatellite instability，MSI-H）。术后使用紫杉醇、卡铂联合替雷利珠单抗治疗一疗程，因化疗导致血小板减少症，改用免疫治疗联合靶向治疗五个疗程（具体方案为替雷利珠单抗联合贝伐珠单抗）。治疗过程中出现轻度反应性皮肤毛细血管增生症，按期治疗。末次随访时间 2024 年 2 月，未见肿瘤复发。

恶性肿瘤严重威胁着人类生命健康。世界卫生组织的最新数据显示恶性肿瘤是全球第二大死因，2018 年估计导致 960 万人死亡，占死亡人数的 1/6。2022 年我国恶性肿瘤流行情况分析显示，恶性肿瘤新发病例估计为 482.47 万。2021 年我国死因监测数据显示，恶性肿瘤死亡约占全部居民死因的 1/4。传统的抗肿瘤治疗包括手术、化疗和放疗。化疗药物的研发历史可以追溯到 20 世纪 40 年代。1943 年，研究人员发现氮芥对淋巴瘤有一定的疗效，这是第一个用于临床的化疗药物。随后，以环磷酰胺为代表的烷化剂、氨甲蝶呤等抗代谢药、多柔比星等抗肿瘤抗生素、紫杉醇等植物生物碱相继被广泛应用于临床。传统化疗药物通过抑制核苷酸合成代谢、干扰 DNA 复制和转录、作用于微管蛋白等方式发挥抗肿瘤作用，但在杀伤肿瘤细胞的同时，处于分裂周期的人体正常细胞也会受到化疗药物的“无差别打击”。除此之外，还存在耐药等棘手的问题。免疫治疗作为第四种抗肿瘤治疗方法，特别是免疫检查点治疗，在多个疾病中取得突破性进展，2013 年被《纽约时报》和《科学》杂志评为年度十大科学突破之首。

免疫检查点治疗为什么能荣膺十大科学突破之首的殊荣？免疫检查点是在免疫细胞上表达的一系列分子，通过抑制或激活免疫细胞的活性来调节免疫系统，维持机体免疫平衡，防止免疫系统过度激活导致自身免疫疾病，同时也防止免疫系统对自身组织的攻击。当人体内出现肿瘤细胞时，机体通过以下步骤启动正常免疫系统。首先，肿瘤抗原暴露：肿瘤细胞表达的肿瘤抗原被免疫细胞（如树突状细胞）识别和处理，并将抗原片段呈递给 T 细胞。其次，T 细胞激活：T 细胞通过识别主要组织相容性复合体（major histocompatibility complex，MHC）多肽复合物来激活。激活的 T 细胞分化为效应 T 细胞，如细胞毒性 T 淋巴细胞（cytotoxic T lymphocyte，CTL）。随后，效应 T 细胞杀伤：效应 T 细胞通过释放细胞毒素（如穿孔素和颗粒酶）或通过调节免疫细胞分泌的细胞因子来杀伤肿瘤细胞。整个细胞免疫过程由各种受体及其各自的配体组成，这些受体及配体即为免疫检查点。常见的免疫检查点有程序性细胞死亡蛋白 -1（programmed cell death protein-1，PD-1）、细胞毒性 T 淋巴细胞相关抗原 4（cytotoxic T lymphocyte-associated antigen-4，CTLA-4）、淋巴细胞活化基因 3（lymphocyte activation gene-3，LAG-3）等。“狡猾”的肿瘤细胞正是利用了这些免疫检查点伪装“异己”的身份，逃过机体免疫系统的攻击。PD-1 是一种表达在 T 细胞表面的受体，它有两个配体，PD-L1（又称 CD274 或 B7-H1）和 PD-L2（又称 CD273 或 B7-DC），肿瘤细胞能够高表达 PD-L1 和 PD-L2，与 T 细胞表面的 PD-1 结合，从而抑制 T 细胞活化和下调免疫应答。CTLA-4 也是一种表达在 T 细胞表面的受体，当它与配体 B7-1 和 B7-2 结合时，可以抑制共刺激信号，进而抑制 T 细胞的活化。

既然“狡猾”的肿瘤细胞利用免疫检查点逃脱免疫系统的识别和攻击，那么，是否能利用免疫检查点来治疗肿瘤？答案是肯定的，免疫检查点抑制剂（immune checkpoint inhibitor，ICI）应运而生。免疫检查点抑制剂的发展始于 20 世纪 60 年代，经历了多个阶段，最终在肿瘤治疗领域取得了突破性进展，可以概括为以下几个重要阶段。早期探索：最早的免疫治疗尝试可以追溯到 19 世纪末，威廉·科利（William Coley）使用科利毒素（Coley’s toxins）治疗肿瘤。而免疫检查点概念的起源则是在 1968 年，英格德·何德伦（Ingegerd Hellström）等人发现了淋巴细胞和肿瘤细胞之间的反应，推测体内可能存在阻断免疫细胞杀伤作用的机制。概念形成：到了 20 世纪 90 年代，随着对免疫机制理解的深入，“免疫检查点”这一术语被提出，同时“检查点阻断”的概念也逐渐形成。药物研发：伊匹木单抗是一种 CTLA-4 抑制剂，因临床研究显示可显著改善恶性黑色素瘤患者的预后，2011 年上市后用于晚期黑色素瘤的治疗，是第一个获得 FDA 批准的免疫检查点抑制剂。紧随其后的是 PD-1 抑制剂，如帕博利珠单抗和纳武利尤单抗，分别于 2015 年和 2014 年获批上市用于治疗晚期或复发的非小细胞肺癌。随后，又被批准用于治疗其他类型的肿瘤，如黑色素瘤、食管癌、头颈鳞癌等。阿替利珠单抗、德瓦鲁单抗等 PD-L1 抑制剂也相继被 FDA 批准用于临床。而最早阐明 CTLA-4 免疫功能的科学家詹姆斯·P. 艾利森（James P. Allison）和发现 PD-1 的科学家本庶佑（Tasuku Honjo）因为在肿瘤免疫学的突出贡献，共同获得了 2018 年诺贝尔生理学或医学奖。

FDA 批准上市的多个免疫检查点抑制剂经国家药品监督管理局批准在国内上市。虽然近年来国民经济飞速发展，医保政策利好，但其昂贵的价格对于患者来说还是个沉重的负担。国家制定系列政策支持药企原创性的新药和仿制药开发。截至目前，共有 7 种国产 PD-1 抑制剂上市，其中，在国家医疗保障局、人力资源和社会保障部的推动下，有 4 种进入医保目录，显著降低了患者用药负担，让更多有需要的患者用得起药。而随着中国的经济、医疗实力和国际地位的不断攀升，国际药企日益重视中国市场，也开展各式赠药活动，以实际行动配合我国的健康中国建设。

诸葛亮告诫后人“欲思其利，必虑其害”，泰戈尔写道：“最好的东西都不是独来的，它伴了所有的东西同来”。在我们为国内外多个免疫检查点抑制剂改善多个恶性肿瘤预后而欢欣鼓舞之时，免疫检查点抑制剂的不良反应不容忽视。想要用好这一利器为患者的生存谋福利，更需要医务工作者熟识免疫治疗相关不良反应（immune-related adverse event，irAE）。PD-1 和 CTLA-4 抑制剂在促进人体对肿瘤细胞免疫反应的同时，势必对其他器官产生影响，而不同系统 irAE 的发生率和严重程度差异较大。最常见的 irAE 是皮疹、皮肤瘙痒、疲劳和腹泻。皮疹和皮肤瘙痒的发生率约为10%，疲劳发生率为16%～20%。大多数irAE为轻中度，无须特殊处理，停药后多数可自行缓解。但需警惕重度irAE，严重时可能危及患者生命，例如免疫相关性肺炎、心肌炎和结肠炎等。因此，在患者使用ICI之前，有必要对其基础情况进行评估，排除相关禁忌，最大限度保障患者用药安全。对于不同的ICI可能出现的不良反应了然于胸，用药过程严密观察，出现irAE时，按照常见不良事件评价标准（common terminology criteria for adverse events，CTCAE）进行分级管理。只有充分认识到ICI是一把“双刃剑”，才能利用好这把“利刃”。

在医学飞速发展的今天，人类对肿瘤认识深入、开发应用新药、推进健康中国建设愈发清晰，并逐步开拓出一系列开创性的理念与治疗手段。

思政映射融入点与融入方式

专业知识、专业技能	思政映射融入点	融入方式
肿瘤治疗的方法	近年来，肿瘤的治疗日新月异，强调科学在不断进步，永远不要停止创新的步伐	以一个临床病例为开头，引入包括免疫治疗在内的肿瘤治疗的多种方法，同时让学生学习目前免疫治疗在妇科肿瘤治疗中的地位
免疫检查点治疗的科学基础	在了解免疫检查点治疗疗效的同时，也应知道其机制，培养学生的探究精神和严谨的科学精神	用流程图的形式带领学生重温医学免疫学，讲述PD-1/PD-L1/CTLA-4抑制剂的作用机制
临床可及的免疫检查点抑制剂	通过介绍国内外多种免疫检查点抑制剂，以及国家药物集中采购和将药物纳入医保等多种举措，让更多有需要的患者用得起药，激发学生民族自信和制度自信	简要列举目前临床可及的国内外免疫检查点抑制剂，以及国产免疫检查点抑制剂的研发现状，让学生了解免疫检查点抑制剂及适应证

续表

专业知识、专业技能	思政映射融入点	融入方式
免疫治疗的不良反应	在为免疫治疗的效果感到欢欣鼓舞的同时，也要注意相关不良反应的管理，强调要全面、客观看待事物，在医学的道路上切忌“管中窥豹”，需要不断学习、提高自身专业素养	介绍irAE国内外指南和共识，学习免疫治疗相关不良反应，并了解在临床应用中如何对患者的基础情况和用药过程中可能出现的不良反应进行评估，及早发现，及早处理，减少对患者的伤害

（吴妙芳）

参考文献

[1] GRAVITZ L. Cancer immunotherapy[J]. Nature, 2013, 504(7480): S1.

[2] HODI F S, O'DAY S J, MCDERMOTT D F, et al. Improved survival with ipilimumab in patients with metastatic melanoma[J]. N Engl J Med, 2010, 363(8): 711-723.

[3] KHAN S, GERBER D E. Autoimmunity, checkpoint inhibitor therapy and immune-related adverse events: a review[J]. Semin Cancer Biol, 2020, 64: 93-101.

[4] TAWBI H A, SCHADENDORF D, LIPSON E J, et al. Relatlimab and nivolumab versus nivolumab in untreated advanced melanoma[J]. N Engl J Med, 2022, 386(1): 24-34.

[5] LENTZ R W, COLTON M D, MITRA S S, et al. Innate immune checkpoint inhibitors: the next breakthrough in medical oncology?[J]. Mol Cancer Ther, 2021, 20(6): 961-974.

[6] THOMPSON J A, SCHNEIDER B J, BRAHMER J, et al. Management of immunotherapy-related toxicities, version 1.2022, NCCN Clinical Practice Guidelines in Oncology[J]. J Natl Compr Canc Netw, 2022, 20(4): 387-405.

[7] 牛志成，王雷，汪治宇. 免疫检查点抑制剂相关不良反应的管理专家共识 [J]. 河北医科大学学报，2021，42（3）：249-255.

[8] 赵静，苏春霞.《CSCO 免疫检查点抑制剂相关的毒性管理指南》解读：对比 NCCN 免疫治疗相关毒性管理指南 [J]. 实用肿瘤杂志，2020，35（1）：11-15.

第四章

身边人身边事

医者仁心，淡泊名利的潘国权教授

案例呈现

在医学界享有盛誉的中山大学孙逸仙纪念医院，其妇科肿瘤专科被业界称为“逸仙妇瘤”，这一名号在国内妇科医疗领域可谓家喻户晓。“逸仙妇瘤”的故事可追溯至20世纪80年代初，中山大学孙逸仙纪念医院作为广东省综合性医疗机构的佼佼者，率先在妇产科中设立妇科肿瘤专科。

“逸仙妇瘤”的首任主任是潘国权教授。他以其卓越的学术造诣与领导才能，为“逸仙妇瘤”书写了浓墨重彩的一笔，为后续的学术研究与临床实践奠定了坚实的基础；他作为导师，悉心培育了众多妇科领域的杰出人才，这些栋梁之材如今在多家医院的重要岗位上贡献着卓越的力量；他在医学领域的成就获得了广泛认可与赞誉，曾任中华医学会广东省妇产科学会理事，并荣获国务院政府特殊津贴，这不仅是个人荣誉的象征，更是对其在推动医学进步方面所作出的杰出贡献的肯定。

1921 年，潘国权出生在广东顺德。中国共产党的诞生彻底改变了中国革命、中华民族和中国社会的面貌，使之焕发出前所未有的生机与活力。这一时间上的微妙重合，预示着潘国权与党的深刻联结，也深刻体现了个人命运与国家民族命运的紧密相连。在动荡的战争年代，国家历经沧桑，风雨如晦，民众流离失所，饱受磨难。正是在这样的时代背景下，潘国权自稚嫩的十岁孩童成长为二十四岁的热血青年，他以一腔报国热情，投身军医行列，将青春与热血无私地奉献给了中华民族抵抗外侮、争取自由与独立的伟大斗争。这段经历为他日后在医学领域的卓越成就奠定了坚实的基础，使得他的职业生涯充满了传奇色彩与深远意义。

战争结束后，潘国权继续学医道路，并于 1949 年毕业于中山医学院。这一年中华人民共和国成立了，中国人民从此站起来了。然而，彼时的国家正处于百废待兴、百业待举的关键时期，当时女性的平均预期寿命只有 36.7 岁，孕产妇死亡率高达 1 500/10 万。这些数字触目惊心，凸显了医疗条件的艰苦、反映出母婴健康保障体系的薄弱。更为严峻的是，妇女及儿童的死亡率居高不下，这不仅揭示了当时医疗卫生状况的严峻性，也迫切呼唤着医学界与全社会共同努力，推动医疗卫生事业的进步与发展。潘国权教授及其夫人杨善存，作为当时的医学高材生，面对妇儿医疗的诸多挑战和迫切需求，他们毅然决然投身于这一领域的研究与开拓之中。他们不仅将个人的青春与智慧毫无保留地奉献给了提升中国医学水平的事业，更是将毕生心血倾注于改善妇女、儿童及孕产妇的健康状况上，致力于推动医学进步，为国家的医疗卫生事业作出了重要的贡献。从 1949 年起，潘国权开始在私立岭南大学孙逸仙博士纪念医学院附属博济医院（现中山大学孙逸仙纪念医院）从事医、教、研工作，这条漫长的医学道路他一走就是 40 多年。在潘国权教授长达数十年的医学之旅中，始终有一位坚定的伴侣——他的夫人杨善存教授，并肩同行。作为一位坚定的共产党员，杨教授曾在广州市儿童医院神经内科担任教授职务，是该医院初创时期的重要奠基人之一。她的卓越贡献同样得到了国家的高度认可，荣获了全国三八红旗手的崇高荣誉，并享受国务院政府特殊津贴。

纵观潘国权的医学道路，他总是紧紧跟随共产党的领导，贴合人民群众最迫切的需求，带着时代的印记和色彩。潘国权对女性生殖道损伤疾病（如子宫脱垂、生殖道瘘）的手术治疗及非脱垂子宫经阴道切除术有着精湛的技术与丰富的心得体会，这是因为在当时的环境背景下，妇产科学界的主要任务之一是“两病防治”。“两病”即子宫脱垂及生殖道瘘，是妇科损伤性疾病，大多是由于传统接生方式及产后过早的体力劳作造成的。中华人民共和国成立前，此类疾病在女性群体中广泛存在，成千上万的女性深受其害，她们所承受的心理与生理双重折磨难以言表，因此导致的家庭破裂、精神崩溃乃至轻生的悲剧频频发生。中华人民共和国成立后，国家高度重视这两大严重危害女性身心健康及劳动能力的常见病，在 1958—1965 年、1977 年先后发起两次全国范围内的普查普治行动。

从 20 世纪五六十年代起，潘国权开始响应国家号召下乡去农村给患者做手术。他深入基层，直面医疗需求，通过在农村地区的广泛实践与不断探索积累了丰富的临床经验，逐渐成长为一名在妇科手术，尤其是经阴道切除子宫及阴道瘘修补术方面有着深厚造诣的专家。在全国将“两病”作为治疗重点之际，潘国权被委以重任，担任了由广东省卫生厅组建的医疗队队长一职。在此岗位上，他凭借卓越的专业能力和不懈的努力，为国家在妇科“两病防治”工作中做出了杰出的贡献。这段独特的医疗实践历程对潘国权产生了深远的影响，不仅显著提升了他在阴式手术领域的精湛技艺，还进一步坚定了他致力于为人民服务的崇高信念。在这一时期，潘国权凭借其深厚的学术功底与丰富的临床经验，相继发表了多篇在妇科领域内具有重要地位的研究论文，如《在农村开展子宫脱垂手术治疗及其远期疗效（附 134 例术后 15 ~ 20 年的随访分析）》《74 例女性尿瘘手术治疗分析》等。

自 1982 年 11 月至次年 11 月，潘国权踏上了赴德国深造的征途，在西柏林魏尔科纪念医院进行了系统的学习与专业进修，这一经历为他的医学生涯增添了国际化的视野与深度的专业知识。之后潘国权担任了中山大学孙逸仙纪念医院妇科肿瘤专科主任。在其漫长的医学生涯中，潘国权教授倾注了大量心血于妇科肿瘤领域的临床诊疗与科学研究，在妇科肿瘤手术及综合诊治策略上展现出了卓越的才华与极高的专业素养。在他的学生林仲秋的忆述中，往昔岁月里的医者生涯显得尤为纯粹，其核心聚焦于临床诊疗的精益求精。彼时，医生们的唯一追求便是一心一意做好手术。而潘国权作为这一群体中的佼佼者，以卓越的手术技艺著称。他曾说：“好医生的标准是什么？是花最少的钱，用最短的时间，取得最好的医疗效果。这就是好医生。”他终其一生，身体力行地诠释了医德与医术的完美结合，“桃李不言，下自成蹊”，在那个时代，医患关系和谐而紧密，许多患者在康复出院之际，与医生结下了深厚的友谊，共绘一幅幅温馨动人的画面。

“随风潜入夜，润物细无声”，潘国权的人格魅力，远超乎其作为杰出医生的范畴。他待人以诚，在担任科室主任之前，便已细心记录下每位同事的生日，届时总不忘送上温馨的生日祝福，这份细心常让连自己都遗忘生日的同事备感惊喜与温暖。他风度翩翩，不仅在专业领域游刃有余，更在科室内部开设了交谊舞课程，以增进团队凝聚力。他精力充沛，热衷于组织户外活动，引领科室成员在忙碌之余享受自然，共登广州白云山之巅，留下了那一代妇产科人青春洋溢的珍贵合影，这些记忆被精心收藏于科室的老相册中。鉴于其深厚的英语功底及在德国留学的宝贵经历，潘国权深刻认识到英语对于中国医生追赶国际医学前沿的重要性。他利用个人专长，在医院内无偿开设英语辅导班，每周固定时段，通过口语练习、文章朗读及翻译指导等多种形式，亲自纠正发音、点拨翻译技巧，极大地激发了同事们学习英语的热情。每年教师节，妇产科的同仁们皆汇聚一堂，与潘国权教授共度。在中山大学孙逸仙纪念医院的妇产科，潘教授的角色远超越了一般的科室主任范畴，他更是科室文化建设中不可或缺的精神灯塔与引领者，其影响力深远而持久。

“青出于蓝而胜于蓝”，潘国权的很多学生如今都已是中国医学界的佼佼者、各专业的领军人物，其中最杰出的学生，就是“逸仙妇瘤”现今的学科带头人——林仲秋教授。林教授是享誉全国的妇科肿瘤和手术专家，其手术方法和手术技巧成为全国各地同行争相学习的典范。他精通于处理宫颈癌、子宫内膜癌、卵巢癌、外阴癌、阴道癌等一系列复杂且高难度的妇科手术，同时也在生殖道畸形、生殖道瘘修补及各类妇科疑难杂症手术上展现出非凡造诣。

对他的学生来说，潘国权甘当人梯、处事豁达、淡泊名利。据林仲秋教授回忆，在所写文章署名上潘教授展现出了其谦逊与大度，他坚持采用联合署名的方式，把林仲秋放在前面。“我当时只是一个学生，但是他说我年纪大了，不需要名利，把你们年轻人放在前面。”潘国权的处世哲学在“逸仙妇瘤”的学术传承中得以延续并发扬光大，林仲秋教授作为潘国权教授学术衣钵的重要传承者，在每一个精心准备的课件结语中，都不忘写下

"宁静致远"四个字，以此作为对学生们的殷切期望与谆谆教诲。

"新竹高于旧竹枝，全凭老干为扶持"，晚年的潘国权教授依然坚守在医学教育、科研与临床实践的前沿阵地，无私地传授着宝贵经验。其外孙女黄文燕回忆，她年少时经常目睹已逾退休之年的外公外婆以不懈的热情和坚定的信念，活跃在教学与医疗的第一线，与学生们（医生们）讨论分析病情，确定治疗方向，制定治疗策略。在繁重的工作间隙，他们常以其特有的幽默方式与学生们打趣："我们就像武林高手，现年事已高，必须抓紧把毕生所学都传授给学生们，让你们都成为衣钵传人，我们才敢安心离开。""令公桃李满天下，何用堂前更种花"，在潘国权的言传身教下，他的学生已成为各个领域的领军人物。

潘国权教授一生致力于妇女儿童健康事业，跨越多个历史阶段。战争时，他是英勇军医；中华人民共和国成立后，他守护妇女儿童健康，推动"两病防治"。在学科发展新阶段，他引领专科化建设，提升医疗水平。作为医学教育家，他培养了大批人才；作为管理者，他引入现代管理理念，提升医疗服务质量。潘教授的一生，是医者仁心、奉献担当的典范，为我国医疗卫生事业作出了卓越贡献，其事迹与精神将永载史册，激励后人。

对于林仲秋教授的学生而言，师祖潘国权先生的一句话，如同灯塔般照亮了他们前行的道路："我是你们老师的老师，你是你们老师的学生，但现在我是你们的学生"。这份永恒的谦逊，不仅体现在潘先生个人的品格之中，更通过他待人以诚、学无止境的理念，深刻影响了林仲秋教授。林仲秋教授坦言，到他退休时希望能实现三个愿望——培养一支队伍、占据一个高地、留下一套规范，有了这三样东西，"逸仙妇瘤"就会一直健康持续发展。潘国权夫妇对提升中国医学水平的执着追求，如同接力赛中的火炬，由他们的学生林仲秋教授接过，并继续传递给林教授的学生们，乃至更远的未来。这一场跨越时空的知识与信念的传承，不仅是对医学事业的无限忠诚，更是对人类健康福祉的深切关怀。在这样的传承中，每一代人都肩负着使命，以不懈的努力和卓越的成就，共同书写着中国医学发展的辉煌篇章。

思政映射融入点与融入方式

专业知识、专业技能	思政映射融入点	融入方式
中华人民共和国成立初期妇幼保健事业的发展，“两病”即子宫脱垂及生殖道瘘的防治	时代孕育的家国情怀，弘扬民族精神和时代精神	从时代背景出发，通过展示潘国权教授的从医方向及工作重点，让学生了解我国妇幼保健事业的发展及两病的防治策略
医生的医德、医术及传承	通过展示潘国权教授的世界观、价值观和人生观，向学生传达老一辈医学家的社会道德、个人道德和职业道德	通过讲述潘国权教授的临床工作、与科室人员相处的细节及学生的回忆，让学生对于高尚的医德、医术及传承的理解具象化
对医学事业的热爱及奉献	通过潘国权教授夫妇持续在教学和医疗一线工作的事迹，展示医者的情怀和无私奉献的精神	由外孙女的回忆，引出潘国权教授晚年坚守教学岗位的事迹，引导学生珍惜学习机会

（凌小婷　林仲秋）

参考文献

[1] 潘国权，张秀俊. 在农村开展子宫脱垂手术治疗及其远期疗效（附134例术后15～20年的随访分析）[J]. 新医学，1980，8：410-412.

[2] 广东省女性尿瘘手术攻坚组. 74例女性尿瘘手术治疗分析[J]. 广东医学，1981，8：10-13.

一心育人邝健全，大医精诚显担当

案例呈现

邝健全教授是中山大学孙逸仙纪念医院妇产科的学科奠基人之一。1955 年他从华南医学院（现中山大学中山医学院）毕业后即在中山大学孙逸仙纪念医院妇产科工作，曾担任副院长、妇产科主任兼教研室主任。长达 60 余年的医疗、教学生涯，他把自己的大部分时间都献给了科室、医院和我国的医学事业，为无数患者谋福音，也用自己的人格魅力、渊博学识和严谨教学影响了一批又一批的学子投身医学事业，接过教书育人、救死扶伤的“接力棒”。邝健全教授用实际行动诠释了不计个人得失、服从组织安排、干一行爱一行的优秀品质。正如毕业后选择妇产科，就是邝健全教授无条件服从组织安排的最好明证。当年从医学院毕业，邝健全教授在选择自己的就业方向时，第一个想法就是“绝对服从组织分配”。其实他最喜欢的是外科，因为他喜欢动手，但是他说：“组织需要自己做什么，自己就做什么。”作为医生，自己有救死扶伤的责任，无论做什么，都是为人民服务，也有探索研究的广阔天地。当时报妇产科方向的人很少，学生辅导员黄华就跟担任班干部的邝健全沟通：“你去妇产科，好不好？”邝健全一口答应下来：“可以”。这一诺，就是六十多年。对此，邝健全教授说：“我写了服从组织安排，就要做到。只要是自己答应的事情，就要想方设法做到、做好。”他做到了。邝健全在从事其他非医疗工作时也毫无怨言，让他擦玻璃、当工人，他也从不马虎。他说：“有患者就当医生，没患者就当民工。组织需要我到哪里，我就到哪里。只要能对社会做些贡献，不浪费生命，做什么都可以。”这就是胸怀大局、一诺千金的邝健全教授。他从来都是将组织利益和需要放在个人兴趣前面，党组织需要他去哪里，他就去哪里。不但如此，他还尽心尽力做好每一件事，干一行爱一行，干一行便投入一行。只要能为社会作贡献，干什么都愿意。“身教胜过言传”，邝健全教授的这种思想境界深深影响了身边的人和他的无数学子。

邝健全教授视科室为家，视患者为亲人，全心全意为患者服务。在几十年的从医生涯中，始终坚持将患者放在第一位。他认为，做医生最重要的就是及时挽救患者生命。他在产科时，最担心的是产妇产后大出血，后来转到妇科，他最担心的是宫外孕。因为这些病都拖不得、等不得，必须正确而及时地处理。在两个科室工作的第一年，当时还是年轻医生的邝健全教授就根据自己的临床工作写了“关于如何及时诊治产后大出血和宫外孕的综述及临床病例分析”一文。邝健全教授说：“写综述是为了自己心中有数，上阵不慌。时间就是生命，做医生不能面对需要急救或紧急处理的患者再去翻教材和病历。”

中山大学孙逸仙纪念医院于1970年初开展了非开刀女性绝育术的研究，在动物实验取得成功的基础上，创造了苯酚胶浆剂闭塞输卵管的科学绝育新方法。此种绝育方法具有不开刀、基本无痛、简便、效果好、安全、副作用小等优点，在我国的计划生育工作中取得了非常大的社会效益和经济效益，在当时的国内外学术界产生了很大的影响。但是，也有专家质疑，认为这个方法可能是不可逆的，后续无法行输卵管复通。邝健全教授也想到了这一点，如果未来有家庭接受这种手术，那么其不可逆性将会给家庭带来许多麻烦，影响后续的生育计划。“如果能够为这一绝育术留下逆转的空间，也能为那些家庭留下希望。”从患者角度出发，邝健全教授立刻成立专家小组，主持并指导开展了输卵管粘堵术后的可逆性研究，详细研究了这种绝育术的药物阻塞部位，以及对卵巢的影响。经研究发现，药物主要阻塞输卵管间质部，可以尝试通过经设计改良的输卵管宫角植入术来恢复输卵管的通畅。共有30位苯酚胶浆剂闭塞输卵管绝育术后、孩子因故夭折的妇女接受了这个手术，复查后发现她们均可恢复生育能力。邝健全教授用实际行动和真实结果告诉了世人答案，消除了人们心头的顾虑，为新技术新成果的推广应用奠定了坚实基础。从医几十年，邝健全教授潜心研究医术、进行科学研究，如卵巢细胞团移植的临床试验、女童阴道细菌学的研究、绝经后骨质疏松的临床和基础研究等，获得了多项卫生部和省科委及省卫生厅科研成果奖。所有这些研究都是从患者的实际需要和切实利益出发，以更好地为患者服务为目标，也为无数的家庭带来了福祉。

邝健全教授甘做人梯、倾囊相授，既是严师又是益友。中山大学中山医学院的名医名师多如满天繁星，邝教授就是其中之一。他指引着学生像他那样严谨行医从教，终生关爱患者。邝健全的学生、著名生殖内分泌专家杨冬梓教授回忆，“邝式查房”是每个学生很难过的一道“关卡”——教授不仅详细追问患者临床表现出的症状细节和数据，还要求学生有自己的思考，要对症状表现有明确的判断和详细的分析。“他每次都会提出尖锐的问题，也因此激发和引导我爱上生殖内分泌专业。邝教授的指点时常让我醍醐灌顶，思路大开。”实习生除了向教授汇报患者的情况、病史，还要谈自己对患者的处理意见，应对教授对细节的连番“质问”。邝教授不仅学识渊博，而且气质儒雅，思维缜密，逻辑推理严谨，这样的学者风范让人心生向往。每当他要查房时，大家最期待，也最忐忑。为了应对“邝式查房”，大家常常挑灯夜战，把所有负责的患者资料背得滚瓜烂熟。因为向教授汇报患者病情是很好的学习机会，使自己独立地了解患者情况，形成对病情的独到见解和临床思维，对于学生而言这是挑战；认识不足时，教授会批评指正，并引导学生完善自己的想法。邝教授的另一位学生——张晓薇教授的回忆同样令人感慨良多。如今的张晓薇主任是广东省乃至全国妇科泌尿领域的领军人物之一。在妇产科的道路上走到今天，张晓薇主任说要感谢很多人，其中特别值得感谢的是她的博士生导师邝健全教授。1997 年，张晓薇主任已从医 20 年，虽然临床工作上取得了一些成绩，但她意识到自己的科研能力薄弱，因此她毅然选择去攻读博士学位，师从中山大学的邝健全教授。经过 4 年的学习，张晓薇主任从实验室零基础到研究多囊卵巢综合征的动物模型并顺利毕业，邝健全教授对其科研能力的培养让其终身受益，并成为她在日后工作中的坚实基础和源源不断的动力。

邝健全教授一生的医学生涯中，共培养毕业硕士研究生 7 人，博士研究生 12 人，博士后 1 人。他培养出的诸多优秀医学人才如今已经成为各自领域的学科带头人和中坚力量。杨冬梓教授是中山大学孙逸仙纪念医院生殖内分泌专科一级主任医师、二级教授，曾获“中大名医”“岭南名医”及第六届“妇产科好医生·林巧稚杯”等荣誉，担任中国医师协会生殖医学专业委员会副主任委员、粤港澳大湾区妇产科医生联盟主任委员等社会任职，是全国知名的生殖领域专家；张晓薇教授是全国著名的妇科泌尿专家，广东省妇科泌尿领域带头人，曾任广州医学院第一附属医院妇产科主任和学科带头人；谢梅青教授也是妇科内分泌和普通妇科领域的著名专家，任中山大学孙逸仙纪念医院妇产科副主任、普通妇科专科主任，担任中华医学会妇产科学分会绝经学组委员、中国预防医学会妇女保健分会更年期保健学组委员等社会职务。她们都在各自的岗位上发光发热，默默为社会贡献着自己的力量，培养着更多的医学人才。而这一切，都离不开恩师邝健全教授的培养和影响。

除了自己的学生，邝健全教授对所有的下级医生和学生都一视同仁、悉心指导。陈亚肖医生是杨冬梓教授的学生，2005 年进入中山大学孙逸仙纪念医院攻读硕士学位的时候，邝健全教授已经退休很久了，所以没有机会得到更多的言传身教，但是说起与邝教授交往的一件小事，至今仍令她感动不已。当年陈亚肖医生的硕士毕业论文答辩，邝教授是答辩主席。在陈亚肖把硕士毕业论文交给邝教授的第二天，突然接到了邝教授的电话，详细询问课题实施的细节，考查学生对课题进展的了解和结果的分析。邝教授甚至细致到将每篇参考文献的发表年份都进行了分析，以指导她更好地理解课题的意义和研究进展情况。“太意外了，太惊喜了！邝教授对学术的严谨认真、对学生的循循善诱，深深感动和震撼到了我！”每次谈及此事，陈亚肖医生都由衷赞叹和感动。诸如此类的例子不胜枚举。邝健全教授身体力行，以身作则，在日常工作的每一个环节对学生谆谆教诲、严格要求。即使是退休多年，他仍坚持每周三上午回科室教学查房，直到后来因身体原因不得不终止；作为中山大学的教学督导，他怀揣着使命与责任感，对青年教师队伍的建设倾注了心血，凭借自己丰富的教学经验和深厚的学术底蕴，通过言传身教、悉心指导，成为青年教师成长的引路人。

2021 年 3 月 31 日邝健全教授逝世。大师陨落，风范长存。邝教授虽然已经离开了我们，但是他的精神永存，永远激励着后人不断奋进。

思政映射融入点与融入方式

专业知识、专业技能	思政映射融入点	融入方式
介绍邝健全教授如何投入妇产科工作	以榜样的力量感召学生，胸怀全局、不计得失、认真工作的职业态度	讲述故事，邝健全教授不计个人得失，服从组织安排，全力发展妇产科的故事
计划生育技术	培养学生为了我国医学事业发展努力钻研、不断进取的精神，树立学生的职业目标和进取心	讲解邝健全教授带领研究团队研究药物绝育事迹
邝教授教学查房	激发学生的求知欲	讲述邝健全教授对学生严格要求、倾囊相授的作风

（陈亚肖）

参考文献

[1] 陈学煌，姚士义. 药物闭塞输卵管绝育法[J]. 广东医学，1981，8：6-9.

[2] 张帝开，李艳秋，李秀云，等. 药物黏堵绝育术后近端输卵管闭塞的手术复通效果分析[J]. 中华妇产科杂志，2007，42（2）：120-123.

[3] 陈学煌，郑惠国，王定家，等. 显影苯酚胶浆剂闭塞输卵管绝育1 115例临床分析[J]. 中山医学院学报，1983，Z1：102-105.

临床是根本，教学是良心，分享是气度
——一位医者的坚持

案例呈现

周四下午两点半，中山大学孙逸仙纪念医院南院区妇科门诊5号诊室外挤满了来自全国各地的妇科肿瘤患者和家属，两个学生模样的年轻医生在现场维持秩序，依次有序地安排患者进入诊室问病史、写病历。一位外着白大衣、内着刷手服，两鬓花白、身形瘦小、面容和蔼的医生从楼梯口走过来，患者们马上围上打招呼，请求加号。医生微笑着点点头，示意大家不要着急，然后走进诊室，开始紧张繁忙的门诊工作。这就是第一主编王丽娟教授的导师——有着妇瘤“圣手”之称的林仲秋教授，他刚刚完成了一台高难度的卵巢癌手术，匆匆忙忙赶来出诊。

林仲秋教授于1983年毕业留院，至2025年从医从教已经42年。他是享誉全国的妇科肿瘤专家和妇科手术专家，至今已完成约1万例妇科肿瘤手术。他擅长宫颈癌、子宫内膜癌、卵巢癌、外阴癌等高难度手术和生殖道瘘、生殖道畸形等复杂手术，其手术技巧和方法为全国同道普遍借鉴采用。

“临床是医生的根本”，这是林仲秋教授常说的一句话。正是基于这样的理念，让林仲秋教授42年来始终坚守在临床一线工作。门诊和手术花费了他大半的时间，并且几乎每周都会去外地会诊，给重症患者实施手术。门诊加号的场景几乎每周都在上演，挂号费也很便宜，坚持了多年的“十元”挂号费，直到三年前为了分流普通患者到普通门诊，才把挂号费上提。多年前王丽娟教授刚考上林仲秋教授的研究生，跟诊时发现挂号费只有“十元”，心里不禁感叹，像这样一位全国知名的专家教授，挂号费竟如此便宜。林仲秋教授的门诊加号也非常容易，几乎有求必加。在他看来，患者来一次不容易，“空手”而归令人于心不忍。每一位患者，林仲秋教授都要亲自诊查、沟通、制订方案，门诊病历上一丝不苟地记录查体结果，画上简图，写下诊断和处理意见。

在许多医疗界同仁看来，林仲秋是有些“傻气”的妇瘤“圣手”，专收别人不愿收治的疑难杂症。复发性外阴癌患者是一类“令人生畏”的患者，因为手术复杂，术后恢复时间长，住院时间长。林仲秋教授在外阴癌方面有较高的造诣，经常有复发性外阴癌患者从外地前来就诊。印象特别深刻的是有一次收治了来自新疆的患者，这位患者已经在新疆接受了初始的手术和放疗，现在又面临复发，阴阜、腹股沟区皮肤溃烂，形成一个巨大的溃疡病灶，并且合并感染，累及尿道、膀胱、骨头，散发着恶臭。患者终日瘫在病床上靠止痛药度日，一般营养状况也欠佳，身体极度虚弱，经过多方打听，来到林仲秋教授这里。在认真了解病情后，林仲秋教授问患者和家属要不要“搏一搏”，希望能减轻患者的痛苦。其实他的心里清楚，需要搏的不仅是患者及家属，更是他自己。这是一个极其复杂且风险极大的手术，涉及肿瘤切除、膀胱造瘘、重植皮肤等多个手术，需要多学科会诊，很有可能出现大出血、休克、感染、心力衰竭、肾衰竭等危急情况。万幸的是，患者接受了多学科合作手术，手术顺利，术后也慢慢地恢复，状态良好。这只是林仲秋教授诊治过的复杂病例的“冰山一角”。很多患者抱着最后的希望找到他，他都愿意为之尽力一搏。因为他知道，要是他不接受，可能就断绝了患者的求生之路。

教学也是林仲秋教授非常看重的事情。从业至今，临床与教学基本是“一半一半”的。林仲秋教授出生在一个传统的知识分子家庭，家中许多长辈都是教师，受家庭氛围的熏陶，他从小就对教师职业非常感兴趣。在考上中山医学院之前，他曾做过两年民办中学老师。这些经历对他后面成为一名良师无疑起到了非常重要的作用。在大学里，林仲秋教授遇到了很多良师，组织胚胎学教授许天禄能够左右手同时作画，几笔就画成一个形象而清晰的图例；病理生理学教授简志翰讲课逻辑清晰，板书工整条理；林仲秋的研究生导师潘国权教授精通盆底手术，为女性盆底健康事业作出重要贡献；林仲秋在中山大学肿瘤防治中心进修学习时遇到的李孟达教授，手术细腻，解剖清晰；还有其他诸多良师，不一一列举。正是这些老师的辛苦付出和用心培养，才使林仲秋教授成为岭南医学界中流砥柱中的一员。当成为人师时，他也将这些精神默默地传承下去。

在教学工作中，林仲秋教授讲究亲力亲为。在妇产科教研室为中山大学医学院本科生开设的妇产科学课程中，林仲秋教授坚持自己上第一课——女性生殖道解剖。为了这短短的两个小时，林仲秋教授却花费了近半年的时间准备。幻灯片中的插图都来源于他自己诊治过的临床案例，幻灯片中的所有文字都是他自己写出来的。林仲秋教授还会在幻灯片中插入一些手术视频，让学生更清晰地看到解剖结构，感受更真实鲜活的解剖画面。林仲秋教授讲课还会运用一些技巧，提高学生学习的兴趣，抓住他们的注意力。例如有一次课前，林教授设置了一个有奖问答环节，奖品是他自己编写的书籍，气氛活跃，学生也带着饱满的精神进入课程的正式学习。林仲秋教授还会把他的讲课技巧分享给后辈，在为年轻医生们讲授“如何提高讲课技巧”讲座的最后一张幻灯片上，有一张“一桶水”与“一滴水”的图片，林仲秋教授解释说，要教学生“一滴水”，老师自己必须有“一桶水”。没有充足的学识和准备，是不可能教好学生的。

正是林仲秋教授在妇产科教学中的突出表现，使他连续担任三届中山大学孙逸仙纪念医院主管教学的副院长，还获得了中山大学师德十佳标兵、宝钢优秀教师，以及南粤教书育人优秀个人等多项教学荣誉称号。

“分享是医者的气度”，这是林仲秋教授常挂在嘴边的一句话。正如这句话所讲的，林仲秋教授乐于分享他从医42年的宝贵临床经验，并且知无不言、倾囊相授，倾其全力提高全国妇科肿瘤医生的临床诊疗能力。

美国国立综合癌症网络（National Comprehensive Cancer Network，NCCN）发布的《恶性肿瘤临床实践指南》，以及国际妇产科联盟（International Federation of Gynecology and Obstetrics，FIGO）发布的《FIGO妇癌指南》（后更名为《FIGO妇癌报告》）是目前国际上妇科肿瘤领域的两大权威指南。从2000年开始，林仲秋教授带领团队翻译FIGO和NCCN妇科肿瘤的报告和指南，为其在中国的推广付出了极大心血。为了克服直接翻译指南的“水土不服”，他坚持每年为指南撰写解读，将指南的观点清晰地总结出来，指出其更新之处和问题所在。同时根据自己多年的临床经验，指出目前我国该项诊疗存在的困难和需要注意的误区。林仲秋教授对翻译的准确度非常苛刻，有时候一个词，他要经过查文献、请教英语专业教授，甚至还会咨询留美学者，最终才确定如何翻译。在他看来，妇科肿瘤指南是通行的临床实践规范，和手术一样，容不得一丝一毫的差错。他也将这两大指南翻译发表于《中国实用妇科与产科杂志》，给全国各地医生学习。目前，这两大指南解读已经成为国内许多医生的参考资料，在中国妇科肿瘤临床实践中应用最为广泛。

林仲秋教授还是个“赶时髦”的人。2016年，在他的指导下，科室创办了“逸仙妇瘤”微信公众号，2018年升级为“逸仙妇瘤专业版”，使用更加方便。这是一个专门分享妇科肿瘤专业知识的公众号，目前关注量已超13万，关注者包括国内外的妇科医生，甚至还有患者及家属。林仲秋教授对公众号的经营和维护同样倾注心血，公众号的内容包括临床真实病例分享、会议通知、业务学习通知、会议讲课课件及录音（或视频）、指南解读、ASCO/ESMO/SGO（美国临床肿瘤学会/欧洲肿瘤内科学会/美国妇科肿瘤学会）等各大妇科肿瘤相关学术会议进展分享、妇科肿瘤相关科研文献分享等，所有内容均免费提供给关注者学习。有人向林仲秋教授提议公众号内容付费阅读，他笑一笑没有答应；有人提醒林仲秋教授不要把课件全部放到公众号上，会被很多人复制后进行授课，他笑一笑说：“没有关系，别人用得到说明内容有价值，并且讲课内容我会时刻根据专业进展进行更新，不怕被抄袭。只要保持时刻学习的心，就永远能走在前面。也不用怕‘教会徒弟，饿死师傅’，全国那么多妇科肿瘤患者，即使我不吃、不喝、不睡觉，24小时无休，都不可能全部看完。”正是这样的分享气度，使得“逸仙妇瘤”的招牌在全国越来越响亮，林仲秋教授也深受全国同道爱戴，被选为中国抗癌协会第一届宫颈癌专业委员会主任委员。

行医数十载，林仲秋教授无论在临床、教学还是学术上，都是我们学习的榜样，他将引领着全国同道，在治疗妇科肿瘤的道路上继续前行。

思政映射点与融入方式

专业知识、专业技能	思政映射融入点	融入方式
妇科肿瘤医生的临床实践	简要介绍林仲秋教授从医从教 42 年的成就，让学生感受大医精诚，激发他们学习的热情，引导他们树立远大的理想	通过看诊加号和手术后无缝隙衔接门诊的场景引出林仲秋教授，并简要介绍林仲秋教授的成就，让学生对妇科肿瘤医生的临床实践和日常工作有更加直观的认识
复发性外阴癌的临床表现、处理原则，以及并发症的处理	通过介绍林仲秋教授的临床工作，让学生感受林教授的仁心仁术，提高专业素养，树立职业责任感	通过展示林仲秋教授对一例疑难复杂外阴癌患者的诊治过程，让学生对于复发性外阴癌的临床表现、处理原则及并发症的处理有深刻的印象，利于知识的掌握
林仲秋教授的教学方式和态度	教学是需要传承和积累的，要做好教学，需要充足的学识和准备。让学生学习爱岗敬业、严谨治学的态度，并理解这背后的责任意识和使命担当	通过讲述林仲秋教授在教学中的准备，让学生认识到医学的传承，并树立努力学习的决心
林仲秋教授通过多种方式向全国妇科肿瘤同道分享妇科肿瘤诊疗规范和学术前沿	林仲秋教授分享学术知识的“气度”，让学生学习林教授的奉献精神、职业情怀、开放包容的态度	讲授林仲秋教授解读 FIGO 指南、NCCN 指南，以及通过微信公众号向全国同道分享知识，让学生体会到作为医者一方面需要终身学习，另一方面需要通过多种方式进行拓展

（王东雁）

参考文献

张华. 林仲秋：广东医生创新的宫颈癌手术方式已成为全国标杆 [N]. 羊城晚报，2022-10-11.

小宫腔，大世界
——子宫守护者

案例呈现

子宫是女性生殖器官的重要组成部分，其中一个很重要的功能就是繁衍生育。我们可以把子宫想象为房子，宫腔是房间，受精卵“住进”宫腔之后慢慢长成胎儿。当宫腔不健康或者亚健康的时候，女性就很难顺利地孕育下一代。应对宫腔疾病，最直接的手段就是宫腔镜。作为一名见证了中国宫腔镜从稀有到遍地开花的资深教授，陈勍教授面对宫腔疾病患者的时候，总是既严谨又轻松，既严肃又富有同情心。他每年坚持主持全国和广东的宫腔镜继续教育项目，十几年没有间断过，推动并见证了宫腔镜技术在中国发芽、生根、遍地开花。

宫腔镜属于微创性妇科诊疗技术，是用于宫腔内检查和治疗的一种内镜，包括宫腔镜手件、能源系统、光源系统、灌流系统和成像系统。宫腔镜利用镜体的前部进入宫腔，对所观察的部位具有放大效应，因其具有直观、准确的特性而成为妇科出血性疾病和宫内病变的首选检查方法。妇科医生所面对的很多疾病发生于宫腔，如子宫内膜息肉、子宫黏膜下肌瘤、宫腔粘连、妊娠物残留、子宫内膜恶性病变等。对于这些疾病的处理，如果不能在直视下进入宫腔，就只能通过探针或者刮匙等器械凭感觉去操作，结合经验及检查处理和治疗。当然，老一辈的妇产科医生通过大量临床经验的积累，单凭手下的感觉，也可以处理非常多的宫腔内疾病，挽救了很多患者。但是作为医务工作者，我们的目标是可以更加精准地治愈更多的患者、治疗更多的疾病，这也是医学科学不断前进的动力所在。

大约在1869年，第一台原始宫腔镜问世，多梅尼科·潘塔莱奥尼（Domenico Pantaleoni）医生对一名60岁绝经后出血的患者进行宫腔镜检查，当时他使用“宫腔镜”（比较原始的内镜）对宫腔进行可视化检查，并进行了化学烧灼，这大概是人类有记载的最早的一次宫腔镜操作。但是多年之后，随着科技的发展，宫腔镜才开始大量使用。大约在40年前，与现在的器械比较接近的宫腔镜面世了。之后，经过数代人的努力改进，宫腔镜全面发展，应用起来既方便又安全。

曾经有一位20多岁的新婚女性患者，因“阴道不规则流血一个月”就诊。在为她做了宫腔镜检查后，病理结果提示子宫内膜癌。子宫的恶性肿瘤，这对一位年轻的女性来说犹如晴天霹雳。本来向往着的美好家庭生活，一下子就被这冰冷的病理结果摧毁得烟消云散。子宫内膜癌根据传统的治疗规范是要切除子宫，那就意味着这些患者以后都无法拥有自己的孩子。但是非常幸运的是，随着宫腔镜和妇科肿瘤生育功能保留技术的发展，在一些符合条件的早期子宫内膜癌患者中，可以进行子宫内膜病灶切除，再使用大剂量的孕激素、促性腺激素释放激素激动剂或宫内放置左炔诺孕酮宫内缓释节育系统，通过逆转病变的子宫内膜，从而达到保留生育功能的效果。陈勍教授仔细告知患者切除子宫及保留子宫的利与弊：子宫切除是传统的标准治疗，治疗效果也是相对确切的；保留生育功能后虽然有可能生儿育女，但是子宫内膜癌进展和复发的风险就会相对增加。患者经过慎重考虑后决定请陈教授帮她进行保留生育功能的宫腔镜下子宫内膜癌病灶切除，然后使用药物，以及左炔诺孕酮宫内缓释节育系统逆转癌变的子宫内膜。三个月后，患者复查子宫内膜已经恢复了正常。在陈教授的协调和帮助下，生殖中心的专家继续做起这场保留生育功能的“接力赛”，为患者进行辅助生殖技术。非常幸运的是患者顺利妊娠。子宫内膜癌合并妊娠属于高危妊娠，在中山大学孙逸仙纪念医院产科的保驾护航之下，患者足月生下了一个健康的宝宝。患者复诊时带着孩子回来给陈教授看，感谢陈教授使她的家庭变得美满。癌症曾经是一个让人失去生存机会的可怕疾病，但在今日，不仅能保存生命，而且还可以保育，圆患者一个生育的梦。这离不开陈教授的仁心仁术，同时也离不开科学与工业的发展和进步。

仁心仁术是密不可分的。如果没有仁心，再高超的技术可能也不会被用到合适的地方；如果没有仁术，就算有再大的仁心也没有办法去帮助有需要的患者。陈勍教授所在的医院是教学医院，教学查房是对年轻医生进行教学的重要形式，也是展示医患沟通的重要时机。在查房的时候，陈教授总是非常认真地听管床医生汇报病例，遇到有疑问的地方，总是会去再次查核，保证病史信息的准确，为下一步的病情分析打好基础。有时候患者会说：“陈教授，您做了这么多例手术，具有丰富的经验，我绝对相信您。”这时候他总会跟患者和身后的年轻医生说：“每一台手术都有它的风险和并发症，不是我做得多一些就可以完全避免这些风险或保证不发生并发症。每一台手术，我都会像第一次做一样，小心谨慎，如履薄冰。”作为年轻医生，每一次听到陈教授这样说，都感受到责任之大，难度之高。作为患者也能够更好地认识手术治疗的获益与风险。在每一次的全力救助患者、挽救生命、挽救家庭的背后，最根本的是医者高超的医术和严谨的医疗态度。

在职场中流行一个说法——职业倦怠。职业倦怠是指个体在工作重压下产生的身心疲劳与耗竭的状态，是个体在职场中过度消耗心理和情感资源所造成的。最早由赫伯特·弗登伯格（Herbert J. Freudenberger）于1974年提出，他认为职业倦怠是一种最容易在助人性的行业中出现的情绪性耗竭症状。这是一个相当普遍的职业现象，容易发生在医生、教师等人群中。医疗工作是一个压力较大的助人性行业，每天与不同性格和背景的患者沟通，一个用药方案的决定，以及每一次打结、止血、缝合和切割等动作都含有风险。作为医生，需要自身的修养、性格和仁心、善良去完成自我的反省，消除这种倦怠，也需要牢记并且自我提醒医学的“初心”。就像陈勍教授前面所说的：“每一台手术，我都会像第一次做一样，小心谨慎，如履薄冰”。

医学的发展，很大程度上是建立在科学的发展之上的。终身学习，不断创新，精益求精，可以让以前无法治疗的疾病变得可以治愈，就如子宫内膜癌患者可以在宫腔镜治疗下保留生育功能一样。卖油翁可以通过铜钱的孔把油倒入油瓶中，技艺虽高，但是也不会比现代机械化的操作更加精准。尊重科学、崇尚技术是高质量医疗的核心。然而如何才可以把高质量医疗做得更丰满和人性化，这就需要医务人员牢记着行医的“初心”——治病救人。只有仁心仁术紧密结合，才有可能成为优秀的医生。

思政映射融入点与融入方式

专业知识、专业技能	思政映射融入点	融入方式
宫腔镜的发展史	人类健康的保障依赖医学的进步。医学的进步依赖于科学的进步。科学的进步是一代一代人脚踏实地、实事求是地探索和积累而成的。工业、技术、科学是现代社会的基础，是人类健康的基石	授课一开始，以宫腔镜的发展历史引起学生的学习兴趣，指出手术器械的进步是外科手术进步的基础之一

续表

专业知识、专业技能	思政映射融入点	融入方式
子宫内膜癌的保留生育功能治疗	随着生命科学的深入研究，人类对疾病的认识逐渐达到较深的层面和清晰的水平。激发学生的发现与质疑精神、探索精神和创新思维	通过宫腔镜出现前后对子宫内膜癌治疗方式的改变，让学生感受到科学发展的过程与获益
医生工作的性质和对待工作的态度	通过陈勍教授查房的故事，告诉医学生要增强自身职业技能，为保障人民生命安全砥砺前行	身边知名教授，既可敬又可爱。让学生看到医学事业的希望，提高学生学习的兴趣。让学生对医学事业既敬畏又憧憬，对患者既严肃又友善，对学习既刻苦又热诚
引入职业倦怠	通过职业倦怠概念的引入，引导医学生要不忘初心、时刻牢记自己的职业使命和责任	在授课接近尾声时，告知一个现实中经常会出现的消极现象，告诫学生要避免进入此种状态，不应受这样的消极情绪影响

（刘畅浩）

参考文献

[1] 夏恩兰. 中国宫腔镜30年[J]. 中国微创外科杂志，2023，23（10）：721-725.

[2] 王益勤，王建六. 子宫内膜癌患者保留生育功能治疗[J]. 中国实用妇科与产科杂志，2023，39（11）：1090-1095.

[3] 郑烨，柴金来，刘敏. 职业倦怠何以影响女性科技工作者的工作绩效[J]. 科学学研究，2024，42（12）：2588-2600.

[4] 王彤，王晓颖，崔龙，等. 医务人员道德韧性研究进展[J]. 中国医学伦理学，2024，37（2）：224-228.

从绝望中寻找希望，让复发性流产不再复发

案例呈现

张建平教授是我国著名的生殖免疫专家，每次出诊，诊室门口都挤满了患者，这些患者来自全国各地，有些甚至来自海外。在患者的眼里，张建平教授是能实现他们美好愿望的人。

复发性流产是指与同一性伴侣连续发生 2 次及 2 次以上在妊娠 28 周之前的妊娠丢失。据统计，复发性流产的发病率在 5% 左右，其在生理和心理方面对患者及其家庭成员产生诸多不良影响，损害人类生殖健康。在二十多年前，临床上对复发性流产的发病机制研究尚未深入，治疗方案比较单一，治疗效果不好，一直以来被业界公认为疑难杂症。随着国内外医疗的不断发展，临床上对自然流产的发病原因有了进一步了解，特别是生殖免疫的初步发展，使得复发性流产的诊治疗效有了一定的提高。但由于复发性流产的病因复杂且缺乏特异性临床表现，治疗思路较为零散，临床诊疗工作开展还是比较困难，不能形成一个常规的诊疗流程。

1998 年，张建平教授第一次与我国著名的妇产科专家、女性生殖免疫学泰斗、时任上海交通大学医学院附属仁济医院妇产科主任及学科带头人的林其德教授学习交流后，便开始对复发性流产这一疑难杂症产生了兴趣并开始探索，逐渐进行深入的研究。首先要解决的问题，就是把零散的诊疗思路重新进行归纳总

结，形成一个系统的病因筛查方案。胚胎染色体异常是自然流产最常见的原因，在早期自然流产中有 50% ~ 60% 的胚胎存在染色体异常的情况，可能是夫妻双方本身染色体异常，也可能是在胚胎形成过程中染色体数目或结构出现异常，因此复发性流产患者应完善夫妻双方及胚胎的遗传学检查。子宫解剖异常导致的复发性流产占 12% ~ 15%，因此复发性流产患者在孕前应该完善超声检查，了解是否有生殖器发育异常。流产次数多、经期异常的患者还需进一步完善宫腔镜检查，排除是否有宫腔粘连、子宫内膜炎、宫颈松弛等病变。内分泌异常如甲状腺功能亢进、甲状腺功能减退、糖尿病、胰岛素抵抗、黄体功能不足等，也是复发性流产相关原因。近年来，生殖免疫研究表明，复发性流产的病因约半数以上与免疫功能紊乱有关，如抗磷脂综合征，自身免疫病等；血栓前状态导致的易栓症也是复发性流产重要的原因。此外，生殖道感染、不良环境因素、不良心理因素等也是复发性流产的相关因素。

针对复杂的发病原因，张建平教授紧跟国内外研究热点，结合自己的临床及科研成果，提出“把复杂问题简单化，把凌乱问题程序化”，在我国最早整理出一套诊治复发性流产的综合诊疗方案，即在患者备孕前进行全面系统的检查，然后根据检查结果在孕前进行对因治疗，在合适的情况下指导备孕，怀孕后根据胚胎发育情况进行综合诊治。这种精准治疗的保胎流程使原来不足 50% 的保胎成功率提高到 90%。早期复发性流产的保胎成功推动了晚期流产及早产诊疗的发展。有一次张教授遇到这样一位特殊的患者：既往晚期流产五六次，再孕后宫口大开。他在翻阅大量国内外医学文献的基础上，做了许多总结和思考，再次开创性地进行了国内第一例“紧急宫颈环扎术”，改变了宫颈功能不全、难免流产患者的妊娠结局。中山大学孙逸仙纪念医院产科在张建平教授的带领下，在全国乃至国际上处于领先水平，广泛接收全国各大医院疑难病例的转诊，特色诊疗技术被多家杂志及媒体报道，吸引了全国各省市及部分海外患者。

张建平教授乐于将自己的成果向业界分享，他认为：“一个医生的精力和能力是有限的，通过成果的分享，整个社会的医学技术会得到进一步提升，这样才能让更多的患者受益”。复发性流产的综合诊疗方案简便易行，便于推广。张教授广泛接收全国各地的进修医生进行系统学习，毫无保留地传授诊治经验，希望进修医生们回到自己医院后能开展相应的诊疗，让更多患者受益。从 2003 年起，张教授开始举办国家级继续教育学习班，至今为止已经连续 22 年开展全国女性生殖免疫及相关疾病学习班，累计培养几十万名生殖免疫学员。在举办生殖免疫培训班的基础上，他还主编或参与撰写了多部学科教材和专家共识，其中包括“十一五”“十二五”“十三五”普通高等教育本科国家级规划教材，国内第一部针对流产问题进行临床指导的专著《流产基础与临床》、国内第一篇《复发性流产诊治专家共识（2016）》（2022 年更新第二版）等，引领全国复发性流产诊治的发展。

经过二十几年的发展，在全国医疗工作者的共同努力下，目前大家对复发性流产的认识已经有了很大的进步，诊疗技术已有明显提高。正是由于张建平教授这样的带头人勇于创新、积极探索、不断开拓，让无数复发性流产患者接受了精准的综合治疗，让复发性流产不再复发，让无数新生命顺利降临到这个世界上，让无数患者成为母亲，让无数个家庭得到属于他们的最珍贵的“礼物”。

思政映射融入点与融入方式

专业知识、专业技能	思政映射融入点	融入方式
复发性流产的发病情况	通过对临床影响力的描述，体现外院医生及患者对张建平教授的信任及尊重，让学生由此感受到职业荣誉感	通过诊室外的画面，让学生对复发性流产的群体有直观的印象
复发性流产的定义和发病机制	复发性流产是业界公认的疑难杂症，对这一疑难杂症的探索过程展示了医者仁心的职业精神和勇于探索的创新精神	通过介绍张建平教授最初学习的过程，一步步分析并厘清复发性流产的定义和病因，便于学生理解和掌握 介绍了复发性流产的定义、发病率及其复杂的病因，以及既往诊疗的难点
复发性流产的诊疗方案及效果	复发性流产的精准综合诊疗方案的提出及疗效的改善，体现了医者的担当精神和使命感，以及高度责任感和追求卓越的精神，激发学生在学习的过程中，注重理论和实践相结合，不断提高专业素养	根据张建平教授提出的“把复杂问题简单化，把凌乱问题程序化”，结合紧急环扎术的手术视频，展开讲解复发性流产的综合诊疗方案和疗效，使学生掌握相关知识点
复发性流产诊疗方案的发展和推广	张建平教授乐于将自己的成果向业界分享，让更多患者受益，体现了张教授的无私奉献的精神和强烈的社会责任感，也让学生从中感受到医学的传承与发展	通过介绍张建平教授培养进修医生、举办国家级培训班、撰写论文、参编教材及全国专家共识等方式推广诊疗方案的临床应用，帮助学生梳理复发性流产从基础概念到复杂的病理生理过程，再到具体的诊疗方法，层层递进

（祝丽琼）

参考文献

[1] CUNNINGHAM F G, LEVENO K J, BLOOM S L, et al. Williams obstetrics [M]. 24th ed. New York: McGraw-Hill Medical, 2014: 350-376.

[2] 孔北华，马丁，段涛．妇产科学 [M]．10 版．北京：人民卫生出版社，2024：75-78.

[3] 中华医学会妇产科学分会产科学组．复发性流产诊治的专家共识 [J]．中华妇产科杂志，2016，51（1）：3-9.

[4] 中华医学会妇产科学分会产科学组，复发性流产诊治专家共识编写组．复发性流产诊治专家共识（2022）[J]．中华妇产科杂志，2022，57（9）：653-667.

[5] 张建平，王英兰，张睿，等．妊娠中晚期紧急宫颈环扎术 4 例分析 [J]．中国实用妇科与产科杂志，2002，18（4）：245-246.

用心用爱，做更年期女性的好朋友

案例呈现

更年期是自然绝经前后的生理阶段，是从生殖期到老年期的过渡阶段，是衰老过程中的正常环节，并不是疾病的阶段。但是处于更年期的女性常常出现一系列的身体和心理症状，比如潮热、出汗、疲乏、失眠、抑郁、焦虑、易激惹等，给个人和家庭生活带来困扰，一些症状严重的女性甚至有“生不如死”的感觉。绝经激素治疗（menopause hormone therapy，MHT）是改善更年期症状的主要治疗手段，但一直以来在更年期患者的管理和治疗领域存在着三个难题：一是普通女性对更年期早期症状的认识不足，导致她们不能及时判别出自己的更年期症状，不知道去医院就诊；二是普通女性对绝经后长期低雌激素对健康的负面影响的认识不足，认为这是正常的生理过程，导致女性意识不到更年期健康管理的重要性；三是对绝经激素治疗的有效性和安全性的认知不足、存在误区，不愿意用或不敢用激素治疗，只要听到“激素”二字就将其与副作用画上等号。以上三个原因导致我国更年期女性激素治疗困难重重，大量围绝经期及绝经后女性仍在承受着绝经带来的各种不适，不能获得MHT带来的益处。

谢梅青教授很早就关注到更年期健康管理这一领域，也目睹了更年期各种症状给女性带来的困扰，她希望自己可以做好更年期健康管理，帮助女性顺利地度过这一特殊时期。谢梅青教授从1985年本科毕业进入中山大学孙逸仙纪念医院工作开始，就将自己工作的重心之一放在了更年期患者的教育和管理上。为了更加有的放矢地开展工作，她带领团队对1 019名在广州市企事业单位工作的白领女性进行了关于更年期知识和MHT认知情况的问卷调查。结果显示，42%的受访者完全不知道MHT；45%的受访者仅听说过MHT，但了解不多且认识比较片面，其中34%的女性认为MHT可以缓解绝经期相关症状，不到18%的女性认为MHT可以预防骨质疏松症，仅有16%的女性认为其可以解决泌尿生殖道萎缩的相关问题。谢教授感慨地说：“白领女性作为文化程度较高、获取信息相对更为便捷的女性群体，尚且对更年期及MHT的认知度、接受度如此低，对于那些受教育程度较低的女性来说，对更年期和MHT的认识就更少了。”她深刻意识到加强MHT相关的科普教育势在必行。于是，谢梅青教授将更多工作之外的时间用来进行义务科普宣教。她说：“只有把患者教育好了，她才能从家里走到医院来，给我们一个为她们进行健康服务的机会。只有把患者教育好了，医患双方紧密配合，才能有好的治疗效果，真正做到为患者的健康保驾护航。”据不完全统计，近二十年来，谢梅青教授通过现场讲课、义诊、媒体宣传等途径进行更年期相关知识宣讲，每年均超过 30 场。她不遗余力、不辞辛苦，只为能唤起大众对更年期的关注和认识，从而让真正有需要的更年期女性朋友得到最妥善的医疗帮助。刘女士就是这样来到谢梅青教授的诊室的，从 48 岁开始，她就被严重的潮热和失眠所困扰，经常晚上躺床上几个小时都难以入睡，有时候好不容易睡着了，却被时常发作的潮热及出汗所惊醒。潮热和失眠让刘女士的生活变得苦不堪言，但是她不明白为什么会这样，也不觉得自己是“生病”了，就这样在迷惑中忍受了 4 年。4 年后的一天，谢梅青教授带领团队来社区进行科普宣讲和义诊，刘女士这才知道原来是更年期惹的祸，而且治疗也并不复杂。在经过了几个月的激素治疗后，刘女士的潮热和失眠症状都消失了，她再次来到谢教授的门诊，激动地说：“多亏了谢主任来到社区给我们讲课、义诊，不然我还不知道自己这么难受原来是因为更年期，还不知道要难受多久呢！”类似于这样经过谢梅青教授诊治好的患者比比皆是。

2024 年 6 月 6 日，国家卫生健康委办公厅、国家中医药局综合司、国家疾病预防控制局综合司联合发布了《全民健康素养提升三年行动（2024—2027 年）》，其目标为以宣传推广《中国公民健康素养——基本知识与技能》为主线，推动健康教育进社区、进家庭、进学校、进企业、进机关。国家对全民健康推进的重视，更加激发了谢梅青教授要努力做好科普、推进更年期健康宣讲进社区进企业、做更年期女性的贴心好朋友的热情。她带领科室年轻有活力的团队，不仅更加积极地进行了多种形式的线下科普宣教，还借助新媒体的力量，让更年期的知识和理念不拘于时、不囿于形，通俗易懂地呈现在大众面前。

在专业学术领域，谢梅青教授更是精益求精，不断追求学术高峰。她带领科室团队在更年期领域进行了很多探索性的研究，发表了一系列学术论文。作为中华医学会妇产科学分会绝经学组的重要一员，她参与了数版《中国绝经管理与绝经激素治疗指南》的编写与推广，她的身影经常出现在各基层单位与学术指导的现场。谢梅青教授还积极主动担任中国医药教育协会生殖内分泌专业委员会更年期教育培训中心的副主任委员和广东省基层医药学会生殖妇科专业委员会的主任委员，立志要在更年期领域培养出更多的专业人才，服务更多的更年期女性。她明白个人的力量是有限的，“独行快，众行远”，只有集结大家的力量才能为更年期女性做更多的事情。于是她紧密团结广东省相关专家，不断为妇科内分泌和绝经管理领域培养人才。在谢梅青教授的带领下，中山大学孙逸仙纪念医院连续 16 年举办妇科内分泌疾病诊治与绝经期综合管理学习班，年复一年地为我国的更年期领域培养专业医疗人才，默默发挥自己的光与热。

对于患者来说，谢梅青教授不但是一位值得信任、专业技术过硬的好医生，更是一位知心、热心的好朋友。她经常说：“患者深受病痛的折磨，我们作为医生要有体恤之心。有的人从外地赶过来看病，来一次非常不容易，要尽可能为患者提供便利，帮助她们解决问题。”她是这样说的，更是这样做的。遇到挂不到就诊号的外地来的患者，谢梅青教授经常毫不犹豫地给她们加号，牺牲自己的休息时间为她们诊治，只为让患者少跑一趟，尽早解决困扰；对于某些病情特殊的患者，谢梅青教授甚至亲自出面为其联系医疗资源，只为尽快解决患者的问题，减少其就诊难度。以上种种，不足一一而论。谢梅青教授出于本心、出于朴素情感的所作所为，深深感动了身边的很多人。

思政映射融入点与融入方式

专业知识、专业技能	思政映射融入点	融入方式
更年期综合征的临床表现	通过对患者更年期知晓率的讲述，突出宣教的重要性，培养学生健康宣教、重视医患沟通的理念	讲述谢梅青教授对更年期症状知晓率的调查问卷结果，以及谢梅青教授重视科普宣讲、服务大众的事迹
绝经激素治疗的获益和适应证	激发学生的职业责任感，让其明白任何行业的发展都不是一蹴而就的，都需要经历一个慢慢被接受的过程，很多人在这背后默默地付出。坚定学生的理想信念和职业认同	讲述大众对 MHT 的误解，以及由此所产生的后果（不愿意用激素治疗，不能坚持治疗），引出谢梅青教授近年来对科普工作的付出和坚持，以及其重要意义
MHT 治疗	培养学生的爱伤观念	通过举例的方式列举谢梅青教授关爱患者、全心全意为患者服务的行为

（陈亚肖）

参考文献

[1] 陈冬梅，丁淼，李扬志，等. 中国南方地区女性代谢状况的初步研究 [J]. 实用妇科内分泌电子杂志，2023，10（11）：31-34.

[2] 唐瑞怡，王亚平，张绍芬，等. 香芍颗粒治疗围绝经期女性情绪障碍的临床研究 [J]. 实用妇产科杂志，2023，39（3）：210-216.

[3] 谢小倩，谢梅青. 重视绝经激素治疗的个体化 [J]. 中国计划生育和妇产科，2022，14（1）：7-9.

[4] 谢梅青，谢小倩. 绝经激素治疗的获益与风险 [J]. 协和医学杂志，2021，12（2）：151-156.

[5] 谢梅青，谢小倩. 围绝经期女性心血管疾病的防治 [J]. 实用妇产科杂志，2020，36（9）：647-649.

[6] 谢小倩，陈亚肖，方玲玲，等. 广州市白领女性对更年期知识和绝经激素治疗的认知现况调查[J]. 生殖医学杂志，2020，29（1）：62-67.

[7] 谢梅青，陈蓉，任慕兰. 中国绝经管理与绝经激素治疗指南（2018）[J]. 协和医学杂志，2018，9（6）：512-525.

守护大凉山上的“索玛花”

——智力扶贫提升青春期教育

案例呈现

四川凉山彝族自治州是中国最大的彝族聚居区，6 万余平方公里几乎都是山地，平均海拔 2 439 米。20 世纪 50 年代，凉山彝族自治州还处于奴隶制、农奴制和封建制并存的阶段，并保存着该区域民族、社会、经济发展的特殊模式和传统文化。由于极其不利的自然地理，以及历史人文等各种因素交织，17 个县（市）中就有 11 个为深度贫困县。贫困面宽、量大、程度深，属于综合、原始、整体、深度的贫困，是全国脱贫攻坚的主战场。自 1985 年起经过不同阶段、分批次分重点的帮扶，大凉山的面貌较其在中华人民共和国成立前已发生了翻天覆地的变化。2018 年习近平总书记在凉山调研时指出要精准脱贫，采取易地扶贫搬迁、发展适宜产业、注重教育等多种方式。创造就业机会、改善物质生活相对容易，改变观念、习俗则更需要长期细致的工作。

凉山彝族自治州部分习俗如男尊女卑、女童受教育机会少等消极落后。未婚青年多性伴侣现象比较突出，性传播疾病、垂直传播疾病发生率增加，形成恶性循环。凉山彝族自治州除了是扶贫攻坚的战场，还是我国获得性免疫缺陷综合征防治重点地区。校园、家庭来源的生理健康知识匮乏，女性自我保护意识欠缺，成为青春期女性性教育的短板。彝语“索玛薇薇”是杜鹃花。女性如花，大凉山的索玛花也象征着女性。针对“索玛花”的项目也许便是改变当地人观念的起始。2020 年 6 月，由中山大学孙逸仙纪念医院生殖医学中心张清学主任带队组成的志愿队深入大凉山布拖县等地开展“康乃馨”女童健康助学计划。

“康乃馨”项目是由中山大学艺术学院教师、漫画家林帝浣倡议发起并捐助，由广东省百蹊教育基金会负责具体策划和执行，东莞市崇德社工服务中心负责课程设计的公益项目。旨在为小学生、初中生，特别是女生开设青春期生理卫生教育课堂，讲解青春期性生理、心理方面的知识，科学引导学生树立正确的性观念，加强学生的自我保护意识。发起人林帝浣同时也是中山大学孙逸仙纪念医院客座教授、人文艺术治疗科主任。自 2019 年该项目启动后，中山大学孙逸仙纪念医院便积极参与其中，提供“智力扶贫”资源，组织医务工作志愿队利用个人假期前往大凉山开展专业科普工作。2020 年 6 月是该项目的第二期，志愿队分别前往拖觉镇中心校、补洛乡中心校、乐安乡中心校、美撒乡中心校、拉果乡中心校、乌依乡中心校开展科普宣讲工作。

志愿队队长张清学教授是生殖医学领域专家，平常出诊“一号难求”的他特意暂停了日常门诊参加此次志愿活动。他为孩子们带来了青春期生理心理知识的讲座。与专业教学课程不同，张教授采用通俗易懂的语言，用小鸟作比喻，以“接地气”的方式介绍了人体结构、生理作用等。“我们努力让孩子们将关于青春期的感性认识转变为终身受益的理性知识。他们日常接触这些知识的机会非常有限，合理运用教学模具能让他们有更加深刻的印象和感知。只要能帮助到这些孩子们，我们的努力就是值得的。”

“如何使用卫生巾”“什么是月经”“我是怎么来的”等话题无疑都是女孩平日羞于启齿，但又内心困惑的内容。在志愿者们的积极调动下，课堂气氛活跃，同学积极投入，踊跃回答小问题。通过课前和课后的对比测试，发现同学们对于生理卫生知识的掌握得到大幅度提升。科普宣讲的间隙，志愿者被孩子们团团围住，可爱的“索玛花”们不断把自己的心里话、悄悄话向志愿者倾诉。志愿者们坐在同学们的中间，耐心、细心地解答，让同学们不仅得到了专业的医学科普知识，也引发了自己对于未来美好生活的憧憬与向往。孩子们在课后悄悄地找到志愿者问道：“老师，我很想像您一样，成为一名医务人员，也能去帮助别人，我现在要怎么做呢？”孩子们感恩受助，期待助人，无疑是对志愿者们辛勤付出的最高肯定。

志愿者们在美撒乡对部分家庭困难学生进行了入户家访和调查。志愿者们认真仔细地向学生的家长或监护人了解家庭情况。尽管家庭条件简陋，部分学生还是由祖父母来抚养，但他们没有放弃对学习的热爱，他们内心依然有梦想和对未来的渴望。贫穷只是暂时的，看着“索玛花”眼中的希冀，志愿者们也受到了情感触动。教育提升认知，意识激发行动，付出会得到回报。在智力扶贫的第一线，扶贫者与帮扶者共同经受着内心的再净化。

距离这次助学计划五个月后，2020 年 11 月张清学教授再次带队，一行七人开展新一期的“康乃馨”女童健康助学计划。有记者采访张教授时问：“时隔半年再次带队出发，参加这一活动的最大动力是什么？”张清学教授说：“这是一个传递知识和爱的活动，这种传递不仅仅是我们和孩子们之间的传递，这些女孩有一天会成为妈妈，她们也会把这些东西教给她们的孩子。对于青春期性生理方面的知识，母亲的教导是非常重要的，她们能一代代传递下去，这里的现状就有希望得到根本的改变。”当问及两次前往大凉山有什么不同的感受时，张清学教授回答：“最明显的变化是能感受到她们的生活条件越来越好了，这是国家决战脱贫攻坚的成效，也让我更加坚信自己所做的这些公益活动是可以改变社会现状的，我也能为帮扶工作尽自己的绵薄之力。”同行的其他志愿者也纷纷表达了此行的感受：“我们想成为点亮她们的光，而她们的光也照到了我们心里。”她们说：“除了妈妈的样子，原来女生还可以活成这样！”“讲课结束，她们会围着我，想跟我合影，给我唱歌。她们也答应我要努力学习，走出大山，但不忘大山。”

从大凉山返回广州后，张清学教授感受到了女孩青春期教育的迫切性及相关优秀科普读物的欠缺性。张教授接受《小林漫画》作者林帝浣的邀请，参与了《做女孩，超自在——青春期女生健康悄悄话》这本配有漫画的公益科普书的编写工作。这本书讲述了女生青春期的生理变化、心理变化和青春期应知晓的卫生常识，引导女孩自信、自立、自强。困扰女孩的学业压力、成长压力、校园欺凌和暴力、自我保护等问题，都在书中以漫画形式给出了“正能量”的解答。而这些问题大多来自“康乃馨”计划实施过程中，课堂上“索玛花”们的提问。书里的内容无论是对青春期女孩，还是对乡村教师和志愿者团队等都有较大的参考价值。小林老师的30多幅漫画穿插书中，增添了科普作品专业性背后的温情与力量。

“康乃馨”女童健康助学计划通过实践凝练出“三个一”的模式。“一个包”——包内的物资大部分为消耗品，如肥皂、内衣裤、指甲钳、发夹、发圈等，解决的是培养良好卫生习惯的问题。"一堂课"——给青春期女孩上一堂青春期性教育课程，包含有生理及心理健康知识，课后会留下交流卡片，解决的是知识的传授和交流问题。"一本书"——解决的是知识的延续传播问题，可以在志愿者离开后持续发挥其教育和科普的作用。"三个一"看似简单，但发挥的作用是深远、润物细无声的。伟大孕育于平凡中，切身实地解决一个突出的问题，为一个孩子打开一扇窗便达到了非凡的效果。

中山大学孙逸仙纪念医院张清学教授及志愿者驰援大凉山女童的事迹，是无数个相似团队奋斗的缩影。四川省索玛慈善基金会索玛花支教项目，教育部教师工作司凉山教育脱贫攻坚国家行动，国务院扶贫办、教育部"学前学会普通话行动"，三峡集团凉山公益帮扶项目"三峡烛光行动"……"再苦不能苦孩子，再穷不能穷教育"，教育对于塑造人、改变现状的重要性已经深入人心。从更为宏大的视角来看，这是党的十八大以来在中国共产党带领下全国人民掀起脱贫攻坚战的缩影。脱贫不仅仅是经济层面，也包含了义务教育、基本医疗等领域。教育对个人成长乃至家庭都将产生重要影响。而聚焦青春期女性，在细分领域提供了专业、具体的帮助，有望影响两三代人，乃至对整个群体产生正向影响。

2021 年 2 月 25 日，习近平总书记在全国脱贫攻坚总结表彰大会上发表重要讲话，庄严宣告：经过全党全国各族人民共同努力，在迎来中国共产党成立一百周年的重要时刻，我国脱贫攻坚战取得了全面胜利，现行标准下 9 899 万农村贫困人口全部脱贫，832 个贫困县全部摘帽，12.8 万个贫困村全部出列，区域性整体贫困得到解决，完成了消除绝对贫困的艰巨任务，创造了又一个彪炳史册的人间奇迹！这是中国人民的伟大光荣，是中国共产党的伟大光荣，是中华民族的伟大光荣！在波澜壮阔的宏大社会变革中，正是每一个个体的积极响应、付出，把国家、社会、公民的价值要求融为一体，不断提高个人的爱国、敬业、诚信、友善修养，自觉把小我融入大我，不断追求国家的富强、民主、文明、和谐和社会的自由、平等、公正、法治，将社会主义核心价值观内化为精神追求、外化为自觉行动，从而积少成多、聚沙成塔，实现了彪炳史册的新业绩。我们每个人都应当继续努力奋进！

思政映射融入点与融入方式

专业知识、专业技能	思政映射融入点	融入方式
女性性传播疾病发生的高危因素	引导了解我国国情，认识到健康中国所面临的复杂情况。激发爱国情怀，结合专业特点思考自己的努力方向	授课一开始，用新闻等相关报道，介绍案例背景，引起学生的学习兴趣
青春期女性健康教育	助学计划践行社会主义核心价值观的具体体现，融入对社会主义核心价值观的介绍，同样也是中华优秀传统文化的体现	介绍助学计划的案例，突出医务工作者在助学活动中所发挥的作用，启发学生认识到不同岗位均可以结合自身优势进行健康教育宣传
青春期女性疾病预防	让学生感受“小和大”“伟大和平凡”的辩证性，激发学生“时时事事处处”的深刻感受	通过归纳助学计划的核心要素，将其要义以“三个一”作为总结，引出青春期女性疾病预防
全面脱贫的伟大历史成就	妇幼体系的发展是我国全面发展的一个缩影，以更为宏大的视角解读我国发展的历程，增进学生的使命感、自豪感及爱国、爱党热情	“以小见大”“宏观与微观”的思想贯穿在整个授课过程中

（黄佳）

参考文献

[1] 冯琳，袁同凯. 多元医疗的女性实践：基于凉山布拖彝族的田野调查 [J]. 民族研究，2022，3：81-94.

[2] QIAO J, WANG Y, LI X, et al. A lancet commission on 70 years of women's reproductive, maternal, newborn, child, and adolescent health in China[J]. Lancet, 2021, 397(10293): 2497-2536.

[3] 林帝浣. 做女孩，超自在：青春期女生健康悄悄话 [M]. 上海：上海科学技术文献出版社，2021：24-31.

给准爸爸、准妈妈们抚平伤痛，带来希望
——国内复发性流产群体哀伤辅导的先行者

案例呈现

中华医学会妇产科学分会产科学组发布的《复发性流产诊治专家共识（2022）》指出，同一性伴侣连续发生 2 次及 2 次以上在妊娠 28 周之前的妊娠丢失定义为复发性流产，包括生化妊娠。复发性流产在育龄女性中的发病率为 5% 左右。复发性流产的风险随着流产次数的增加和孕妇年龄的增长而上升。研究表明，有 3 次以上连续自然流产史的患者再次妊娠后胚胎丢失率可高达 40%。

拥有新生命是已婚夫妇最朴素的想法，对于准妈妈而言，胚胎停育、死胎是生命中最残酷的事情。在这场无声的告别中，准

妈妈们除了要承受身体上的创伤，还要遭受情感上的打击，包括情绪上的失落、自责、抑郁和不安。这种情感上的伤害不仅是来自失去新生命的悲痛，还有来自家庭和社会的冷落和评判。如果处理不当，将会让准妈妈们沉浸在罪恶感和抑郁之中。流产，尤其是复发性流产导致女性失去理智行为的相关新闻时有见诸报端，当她们情绪无法释放、过分压抑时，就可能以一种常人无法理解的方式爆发出来。此时，她们需要被理解和倾听，需要医务人员、亲朋好友的帮助和安慰，需要抒发内心的苦闷、自责和不安，并希望找到一个可以给心灵疗伤的港湾。

2020 年，美国妇产科医师学会（ACOG）发布了《死胎管理专家共识》，推荐应综合考虑死胎家庭经历的情感、社会等多重影响因素，据此给予精准的关怀与安慰，建议转诊至专业的丧亲辅导员、同伴支持小组或心理健康专家等，以管理丧亲产妇的悲伤和抑郁。国外围产期丧失支持开展较早的国家包括美国、澳大利亚和英国等，而国内针对遭遇围产期胎儿或婴儿死亡的妇女只停留在治疗疾病本身，对心理的照护基本上是空白。

中山大学孙逸仙纪念医院围产专科的保胎技术全国知名。在产前区病房里，经常住满了需要保胎的孕妇。尽管保胎成功率有 80%，但仍有不少患者流产，失去胎儿。有些孕妇历经千辛万苦妊娠至较大的孕周，却依然挽留不住腹中脆弱的胎儿，身心受到巨大的打击。从事护理工作三十多年的妇产科护士长翁雪玲感叹道："来住院保胎的准妈妈中，时常有'熟面孔'。有的人倾其所有，放弃工作，有的人甚至流产十多次，有的人不惜以命相搏，冒着大出血感染的风险，但最终还是保不住腹中胎儿。"

2018 年，一名经历反复流产的准妈妈出现了意外，这次经历让翁雪玲和同事们深受触动，她们看到太多此类患者心理情感上存在的危机，决定为 14 周以上胎停育的准妈妈们提供公益的

"哀伤辅导（即心理辅导）"。在她们最难的时候拉她们一把，劝劝她们，抱抱她们，让她们感受到温暖和希望，帮助她们走出人生的低谷和至暗时刻。在中山大学孙逸仙纪念医院妇产科病房，因胎儿停止发育而接受流产手术的孕妇住院后，护士便会对其进行"哀伤辅导"。如果遇到孕妇哭泣，护士便什么都不说，静静地握着她的手，轻轻抚摸她的肩背，默默陪伴，分担她的哀愁，等她稍平静时再进行安慰和鼓励。为了让父母充分宣泄悲伤，护士也会尽量满足他们的心愿，对于早逝的小生命，护士们也会让他们与"天使宝宝"进行最后的道别。

在医疗护理过程中，年轻的护士们面临着巨大的心理挑战，尤其是当她们护理与正常新生儿存在明显差异的娩出儿，有的因严重畸形而致命，有的则是由于水肿或肢体缺陷而未能存活。面临这样的困境，护士们依然以无比的细心和温暖对待每一个娩出儿，给予他们最后的关爱和尊重。翁雪玲指出："我的同事们大多很年轻，许多人还未经历过母亲的身份。看到她们为这些宝宝和准爸爸、准妈妈所做的一切，我常常感动得落泪，她们无私的付出让我心中充满感激。"这种付出展现了护理工作的高尚，也让医疗服务更"暖心"，体现了人文关怀的重要性。在这个过程中，护士们不仅是在完成职责，更是在传递生命的尊严与希望。

"与其说我们用'哀伤辅导'来治愈悲伤的准爸爸、准妈妈们，不如说是他们在震撼我们，治愈我们，让我们更加尊重生命。"深化实施这项护理服务的中山大学孙逸仙纪念医院妇产科护士长翁雪玲表示，对患者予以人文关怀，体现了医院"博爱"的院训，给早逝的小生命和他们的家长一个体面和温情的告别，让他们释放哀伤走出悲痛，过好接下来的人生。

曾有一位经历十多次失去宝宝的母亲，含着泪水对护士说道："分娩间里太冰冷了。"她的孤独感源于缺乏亲人的理解与支持，这使她在面临巨大的悲痛时愈加脆弱。护士们深切地体会到这种悲伤，不仅仅是母亲在遭遇痛苦，父亲的心灵创伤同样深重。翁雪玲和她的同事们曾见证了一位准爸爸在失去宝宝后，蹲在楼道里默默啜泣，看到路人经过又立刻站起，掩饰自己的悲伤。翁雪玲深感，这种无法从哀伤中走出来的状态，会妨碍他们与自己和解，从而影响今后的生活。

为了帮助他们更好地面对这些挑战，护理团队从一开始就注重让准爸爸参与其中，不仅为准妈妈提供支持，也引导准爸爸们释放自己的情感。在手术前后，护士们也耐心指导准爸爸如何安慰妻子。一位曾经历多次流产的妈妈，在怀孕七个月时又不幸胎死腹中，她的丈夫一直默默陪伴在旁，支持着她。护士们回忆，这位爸爸感性地为去世的宝宝留下脚印，在给孩子的告别卡片上，他写道："宝宝，能拥有你七个月的时间，爸爸妈妈感到无比幸福！"这种"哀伤辅导"的过程让不少准爸爸、准妈妈的心灵得到了慰藉，增进了彼此之间的理解与支持。

在接受过"哀伤辅导"的准妈妈们出院时感慨道："有人关爱的分娩间，不再冰冷。我从未想过，居然能在这里感受到这样的温暖。"翁雪玲指出："每一次心碎的告别仪式之后，我们最欣慰的是那些接受了'哀伤辅导'的家庭，尤其是准妈妈们能够走出悲伤，迎接新的开始和希望。"这样的关怀与温暖不仅是专业护理的体现，更是给每一个家庭带来了希望，让他们在悲痛中学会珍惜生命，关爱自己。

翁雪玲作为妇产科护士长，她从多个维度推动了公益"哀伤辅导"，为经历流产的孕妇和家人提供情感上的支持和安慰，帮助他们度过心理和生理上的困难。翁雪玲及其团队不仅在技术上提供护理服务，更注重为患者和家人提供心理护理和情感支持，促进家庭成员之间的理解和支持。这项工作不仅体现了医院人文关怀的理念，更为其他医疗机构处理类似患者提供了借鉴，为患者和家人提供了一个温暖和体面的告别环境，让他们在悲伤中得到治愈，重新面对生活。

国内目前的医疗模式更侧重于治疗疾病本身，很少关注疾病所带来的心理伤害和情感障碍。要实现深度的人文关怀不单是临床医护人员的问题，更是跨专业、跨学科的社会问题。翁雪玲为复发性流产夫妇创建"哀伤辅导"，对于产科医护人员和围产期丧子家庭而言，是一种全新的临床实践和人文关怀模式。这种关怀的过程旨在全面照顾个体的身心健康，促进其心理康复和社会融入。通过倾听、理解、安慰和陪伴，帮助准妈妈们重建自信，重新审视生活，促进家庭和谐及下一步生育规划。

长眠在纽约东北部萨拉纳克湖畔的爱德华·利文斯顿·特鲁多（Edward Livingston Trudeau）医生的墓志铭写道："有时去治愈，常常去帮助，总是去安慰"。翁雪玲所作的工作即是如此。

思政映射融入点与融入方式

专业知识、专业技能	思政映射融入点	融入方式
复发性流产的概念及对孕妇心理的影响	介绍复发性流产的概念，并指出其对孕妇身心健康的负面影响，引发学生的共鸣和思考	课程开始时，介绍复发性流产的定义，以及流产对孕妇和家庭的影响，引导学生从心理的角度去关注该疾病
流产对孕妇心理的巨大影响	流产对女性的心理会造成强烈冲击，而国内缺乏对流产女性的个性化心理照护，导致一些患者付出生命的代价。学生从中感受到医务工作者除了要关注患者疾病本身，也要关注患者的心理，展现人文关怀的重要性	提醒学生需要关注流产女性的心理问题

续表

专业知识、专业技能	思政映射融入点	融入方式
“哀伤辅导”的提出	“哀伤辅导”是一种心理上的关爱，帮助准妈妈们度过心理最低谷时期，引导学生对生命的尊重和敬畏，以及对流产女性的共情，增强职业责任感	通过对流产女性的陪伴和安慰、对“天使宝宝”的告别仪式、准父母对逝去的“天使宝宝”的深情告别等具体内容，来展示“哀伤辅导”的实施和创立这项公益活动的意义
“哀伤辅导”的多维度实施	“哀伤辅导”不仅提供给准妈妈，也包括准爸爸。从维系家庭和谐的角度，提供情感上的支持和安慰，让夫妻双方尽快走出阴影，迎接新的生活。提醒学生除了关注流产女性，也需要关注其家人的心理健康，全方位立体化为这一群体提供个性化的医疗和关爱服务	介绍翁雪玲及其团队通过“哀伤辅导”护理服务支持经历流产的孕妇和家人的举措
实施“哀伤辅导”后的成效	翁雪玲及其团队在提供“哀伤辅导”服务后，准爸爸、准妈妈们获得了心理释然，用积极的心态去面对未来的生活。说明这种心理辅导是有价值和意义的	分享患者及其家人在接受“哀伤辅导”后的反馈和情感体验，来说明其价值
医务工作者的责任	让学生意识到医疗手段虽然有限，但可以用我们的爱心和耐心对患者进行心理的疗愈	借用特鲁多医生的墓志铭引起学生的思考

（陈圣福）

参考文献

[1] 中华医学会妇产科学分会产科学组，复发性流产诊治专家共识编写组. 复发性流产诊治专家共识（2022）[J]. 中华妇产科杂志，2022，57（9）：653-667.

[2] American College of Obstetricians and Gynecologists; and the Society for Maternal Fetal Medicine in collaboration with Torri D. Metz, MD, MS;

Rana Snipe Berry, MD; Ruth C. Fretts, MD; Uma M. Reddy, MD, MPH; Mark A. Turrentine, MD. Obstetric Care Consensus#10: Management of Stillbirth[J]. Am J Obstet Gynecol, 2020, 222(3): B2-B20.

[3] 刘璐，王为红，孙世文，等. 终止畸形胎儿妊娠孕产妇哀伤辅导方案的构建及应用 [J]. 中华护理杂志，2022，57（24）：2964-2971.

[4] 申乔乔，冯现刚，梁韵仪，等. 围产期哀伤辅导指南的系统评价 [J]. 中华护理杂志，2021，56（9）：1329-1334.

[5] 申乔乔，张正敏，梁韵仪，等. 助产士对围产儿死亡产妇进行哀伤辅导体验的质性研究 [J]. 中华护理杂志，2021，56（3）：393-398.

[6] 宋丽莉，李立梅，刘杨，等. 对产科护士胎儿丢失哀伤护理的态度、行为调查 [J]. 中华现代护理杂志，2019，25（23）：2934-2937.

[7] 杨志芬，杜丽佳，柳云，等. 叙事哀伤照护赋能围产期临床人文关爱实践 [J]. 医学与哲学，2023，44（22）：33-36.

稳扎稳打，才能“救”在身边

——记地铁站救人的妇产科医护人员

案例呈现

2021 年 11 月 13 日下午，曾先生乘坐广州地铁 6 号线，在黄沙地铁站附近突然倒地，不省人事。听到地铁广播有乘客急需抢救时，中山大学孙逸仙纪念医院妇产科的聂晓露医生，以及凌慧婷、霍颖两位护理实习生立即响应，挺身而出。她们合力将曾先生抬至站台安全位置后，经专业判断曾先生为心搏骤停，三人凭借着扎实的急救知识和技能，临危不惧，分工合作，一边进行心肺复苏，一边联系地铁站工作人员取来自动体外除颤器（automated external defibrillator，AED）对曾先生进行抢救，同时呼叫救护车。经过心肺复苏和使用AED进行两次除颤后，曾先生终于恢复自主呼吸和脉搏。随后救护车赶到，曾先生被送去医院进一步治疗，后顺利康复出院。

2021年12月28日上午，中山大学孙逸仙纪念医院举行职工见义勇为座谈会，对聂晓露、凌慧婷、霍颖的行为进行表扬。曾先生的女儿在座谈会上为三位医护人员送上锦旗和感谢信，并感激地说道:“幸亏有你们出手相救，抓住了黄金抢救时间，我爸爸才保住了性命。感谢各位白衣天使，谢谢你们！”聂晓露医生表示，自己的所作所为完全出于职业本能，医院每年开展心肺复苏培训，要求所有医护人员均掌握心肺复苏、气管插管等“三基”技能，而自己正好是“三基”教员，在地铁站成功施救也是医院历年坚持严格“三基”培训的成果。凌慧婷、霍颖两位实习同学表示，为把所学的急救技能和护理知识学以致用，最后成功施救感到开心，同时也深刻感受到医务工作者的责任和担当。2022年1月27日下午，广州地铁相关领导和代表为三位医护人员送上“最美乘客”牌匾和锦旗，感谢她们展现的专业素养和高尚情操，感谢医院培养出优秀的医护工作者。2022年2月25日上午，广州市见义勇为基金会举行2022年第一批见义勇为人员集中慰问奖励仪式，聂晓露医生荣获嘉奖。

回顾此次地铁站救人事件，医务人员长期坚持“三基”培训、地铁站等公共场所配备AED急救设备、地铁站工作人员等社会人员接受急救技能培训这三个方面如同“铁三角”，成功挽救了曾先生的生命。

首先，应了解“三基三严”。“三基”是指基本理论、基本知识、基本技能，“三严”是指严格要求、严密组织、严谨态度。“三基三严”由著名的医学教育家、胸心外科学家、中国科学院院士黄家驷教授在20世纪60年代总结北京协和医院的办学经验提出，是我国医学基础教育和临床继续教育的重要思想，对提高医学教育水平和医学人才培养具有深远的指导意义。中国工程院院士、复旦大学附属中山医院内科的陈灏珠教授认为，“三基三严”是年轻医师必备的基本功，不具备“三基三严”的基本功，医生特别是年轻医生将成为“无源之水”“无根之本”，重视培养“三基”的基本功训练，才能“根深叶茂”“大树参天”。“三基”培训的基本内容包括内、外、妇、儿及中医等各系统和诊断学的基本理论和知识，包括视、触、叩、听等体格检查，胸腔穿刺、腹腔穿刺、导尿术、气管插管术、心肺复苏（cardiopulmonary resuscitation，CPR）等基本操作技能，心力衰竭、休克、中毒抢救、烧伤及补液量计算等处理原则。基础不扎实，犹如大厦无根基，难以稳固。医护人员不论专业，不论岗位、职务，都需要严格掌握“三基”知识，并进行定期培训和定期考核。正因为坚持严格要求，严密组织，全员掌握，聂晓露医生等三位医务人员才能在危急时刻及时准确地运用专业知识和技能拯救危重患者的生命。

其次，急救设备AED的配置是本案例成功救治的另一个关键因素。AED作为一种便携式急救设备，配有提示如何安装电极片的彩图，在急救过程中通过语音提示使用者放置电极片，并自动诊断特定的心律失常，判断是否需要放电，提醒放电时不要触碰患者，指示使用者进行电除颤和胸外按压。因此，即便是非专业人员，也可以使用AED抢救心搏骤停患者。高度自动化的AED操作便捷，有效地解决了医务人员无法在第一时间对心搏骤停患者进行救治的难题。在国外许多发达国家，AED的配置率比较高，以平均每万人计算，日本50台，美国30台，瑞典18.5台，新加坡5台。然而，我国AED配置数量严重不足，与发达国家相比差距较大。以一线城市为例，深圳平均每万人配备1.75台，上海0.45台，北京0.25台。2020年《中国AED布局与投放专家共识》提出，建议根据区域人口基数及急救需求等因素，可以按照“每10万人配置100～200台AED”的原则，确定合理的公共场所AED配备数量，统一规划配置。如果AED像灭火器一样得到足够重视，在公共场所广泛配置，更多生命将得到挽救。

再次，本案例亦是公众启动除颤的一个成功事例。公众启动除颤（public access defibrillation，PAD）是指在院外心搏骤停发生率高、人员密集的公共场所配置AED与公众培训CPR，当发现院外心搏骤停患者时，由现场第一目击者在急救人员到达现场前使用AED对患者进行除颤，从而提高院外心搏骤停患者的院前复苏率和院内抢救成功率。据报道，我国每年心源性猝死的人数约为54.4万。心源性猝死是由于各种心脏原因所致的突然死亡，当心搏骤停发生时，抢救非常重要。已经有研究表明，在1分钟内实施CPR，3～5分钟内进行AED除颤，可使心搏骤停患者存活率达到50%～70%。心源性猝死多发生在公共场所，如运动场、机场、火车站、地铁站、大型购物中心和工厂等，其中67%左右有现场目击者，但通常为非医务人员。换言之，如何在医务人员到场前进行有效急救就成为心搏骤停救治的关键。并不是每个人都可以像本案例的曾先生一样，在需要帮助时身边恰好就有医务人员。所以，第一目击者实施现场救护可最大程度避免死亡、减轻伤残。第一目击者是指在意外或伤病发生现场有意愿、有能力开展救护工作的施救者或志愿者。从2019年《现场救护第一目击者行动专家共识》，到2023年《中国现场救护第一目击者行动公众指南（2023）》，共识和指南的陆续发布为公众急救知识普及与技能培训提供了详尽的指导和帮助。

最后，就是推动全社会力量积极参与急救。2021年《中华人民共和国民法典》第一百八十四条提出："因自愿实施紧急救助行为造成受助人损害的，救助人不承担民事责任"。被俗称为"好人法"的这一规定以法律的形式确立了正确的荣辱观，是弘扬社会主义核心价值观的体现，解决了公众在助人为乐时的后顾之忧。近年，政府相关宣传部门和媒体、自媒体不断以多种形式广泛宣传AED和公共急救基本知识，对于见义勇为的好人好事，将其作为正能量典范来树立榜样，给予表彰。在本案例中，中山大学孙逸仙纪念医院、广州地铁和广州市见义勇为基金会都对三位医务人员的救治行为予以正面的肯定和赞扬。令人欣慰的是，公众对急救培训的认识也在逐步提升，2021年一项广州市居民的问卷调查显示，97.03%的调查对象表示愿意接受急救培训，41.9%表示愿意施救。

2024年1月20日，电视台报道了深圳市急救的新模式，依托出租车24小时流动性和分布广的特点，在出租车上配置AED，而且配套提供AED位置信息的急救专用系统，开启"城市流动救助网络"。主持人在节目里这样评价："近年来，大家对应急的重视有所提高，但这只是刚迈出头几步，离拥有更大的安全感、离全民拥有急救意识和急救能力还有很长的路要走。有备无患，只有在平常的日子里我们抓应急，应急的时候面对它才能更平常。""雄关漫道真如铁，而今迈步从头越"，我国的急救工作还在路上。

思政映射融入点与融入方式

专业知识、专业技能	思政映射融入点	融入方式
三基三严	救死扶伤、救治生命既是医务人员的天职，也是基本要求。医务人员平时应严格培训，具备扎实的专业知识和技能，在危急时刻更要挺身而出，敢于担当	讲述中山大学孙逸仙纪念医院妇产科聂晓露、凌慧婷和霍颖三位医务人员在地铁救人的感人事迹，引用身边人和身边事，娓娓道来，更能打动学生
AED 急救设备的配置	我国 AED 设备配置数量远低于发达国家，激发学生的爱国主义情感，增强使命担当意识	以具体的数据显示我国 AED 配置与发达国家的巨大差距
公众启动除颤的意义	第一目击者在现场救护中发挥着极其重要的作用，鼓励学生学习和掌握急救知识，在危急时候弘扬见义勇为的精神	以第一目击者作为切入点，讲述公众启动除颤的急救意义
全民参与院外急救工作的意义	从国家立法到媒体宣传，再到民众调查，多个角度展示我国公众急救工作的开展。只有全社会齐发力，“健康中国”才能稳步前行	以电视台对深圳市急救新模式的报道作结尾，体现急救工作在实践中探索，在实践中创新

（潘萍）

参考文献

[1] 陈灏珠.“三基三严”受益永远 [J]. 中国实用内科杂志，2011，31（6）：401-402.

[2] 张宏，郭志娟.“三基三严”培训考核工作的再认识和方法探讨 [J]. 临床医药实践，2022，31（7）：558-560.

[3] 曹昱，牛升梅. 中国 AED 配置现状分析与对策 [J]. 中国急救复苏与灾害医学杂志，2021，16（12）：1439-1441.

[4] 中华医学会急诊医学分会，中国医学科学院海岛急救医学创新单元（2019RU013），海南医学院急救与创伤研究教育部重点实验

室，等．中国 AED 布局与投放专家共识 [J]．中华急诊医学杂志，2020，29（8）：1025-1031.

[5] 中国老年保健协会第一目击者现场救护专业委员会，现场救护第一目击者行动专家共识组．现场救护第一目击者行动专家共识 [J]．中华危重病急救医学，2019，31（5）：513-527.

[6] 中国老年保健协会第一目击者现场救护专业委员会．中国现场救护第一目击者行动公众指南（2023）[J]．中华危重病急救医学，2023，35（2）：113-123.

[7] 陈小燕，周梅芳．广州居民自动体外除颤器认知与施救意愿及其影响因素 [J]．中国急救复苏与灾害医学杂志，2021，16（10）：1107-1109.

凝聚力量，守望相助

——党支部不会放弃任何一位同事

案例呈现

在中山大学孙逸仙纪念医院这个医疗的大家庭中，每一位成员都像是彼此生命的守护者。几年前的一天，妇科门诊突然出现了一位本院的同事前来就诊。这位同事因为阴道流血多日，妇科检查后发现是宫颈的菜花样赘生物导致异常阴道流血。经过查体、病理学和影像学等检查，确诊这位同事已经罹患了宫颈癌。面对同事的病情，妇科肿瘤专科党支部和手术室麻醉科党支部迅速行动起来，妇科肿瘤专科教职工党支部书记陈勍教授带领各位教授立即组织了科内会诊，大家集思广益，仔细分析了同事的病情后，诊断该同事罹患特殊类型局部晚期宫颈癌，须尽快治疗。

局部晚期宫颈癌（locally advanced cervical cancer，LACC）是一种预后相对较差的宫颈恶性肿瘤。根据国际妇产科联盟2018年颁布的子宫颈癌分期系统，狭义的局部晚期子宫颈癌（locally advanced cervical cancer，LACC）为ⅡB3和ⅡA2期，广义的LACC为ⅠB3～ⅣA期。由于LACC常伴有宫旁受累、淋巴脉管间隙浸润、淋巴结转移等中高危复发因素，5年总生存率只有65%。为了提高LACC治疗的效果，学者们进行了大量的临床研究，改进手术方式，试验不同的化疗药物、不同的放疗方案，或者联合靶向药物治疗等作出了很多努力，但是治疗方案的选择仍然需要具体到每一个患者，精益求精的医生们仍然在为每一项治疗细节的改进而不懈努力。

局部晚期宫颈癌的手术是妇科肿瘤手术中范围比较大的手术，术后还需要放疗、化疗，费用昂贵，家庭经济问题也是这位同事面临的首要问题，家中有孩子要抚养，且生病以后无法工作，收入也明显减少，在自己生病的同时还要担心家里的经济情况，让她的心情更加焦虑。妇科肿瘤专科党支部和手术室麻醉科党支部书记知道了同事的困难后，马上组织两个党支部进行捐款，同事们都纷纷慷慨解囊，很快就筹集了足够的治疗费用。温暖的举动、善良的人心让这位同事减少了很多后顾之忧，同时也深深感受到了党组织的温暖和关爱。

虽然这位同事在医院工作，但是她并非专业的医护人员，所以在治疗初始，她非常想采取腹腔镜微创的手术方式。但实际上，根治性子宫切除术的标准术式是经腹手术。前瞻性随机对照试验表明，腹腔镜根治性子宫切除术和经腹根治性子宫切除术比较，无病生存率和总体生存率较低。由于这位同事没有医学背景，因此病情解释和沟通并不容易。陈勍教授尽了最大的努力，用最通俗易懂的方法进行沟通，直到把病情解释清楚。最后同事决定行经腹手术治疗。

在治疗过程中，两个党支部书记及党员们始终坚守在同事的身边。他们轮流到医院探望，带去党组织的关心和温暖。每次探望时，党员们都会详细询问同事的病情和身体状况，鼓励她积极面对治疗，战胜病魔。同时，他们还主动与同事的家人沟通，了解他们的需求和困难，尽力提供帮助和支持。除了医疗上的支持，党支部还非常关心同事的心理状态，大家轮番上阵对这位同事进行心理疏导，通过耐心倾听和安慰，帮助她缓解了焦虑和恐惧，让她以更加平和的心态面对治疗。在两个党支部书记和全体党员的共同努力下，这位同事历经手术和辅助放化疗后，病情逐渐好转，也回到了工作岗位。此举让同事感受到了家人般的温暖，也重新找回了生活的信心和勇气。

医务人员和患者是一个战壕的战友，共同的敌人就是疾病，大家在对抗强大的疾病时也结下了深厚的友谊。团队成员的健康，不仅是个人福祉，更是团队力量的源泉。职工健康管理事关每一位员工的切身利益，医院应该通过各种手段完善员工健康管理工作，爱护自己的职工。健康中国行动推进委员会的成立、《国务院关于实施健康中国行动的意见》和《健康中国行动（2019—2030年）》的发布，表明国家已经明确“把以疾病治疗为核心的医疗方式逐步转变成以健康为核心的医疗方式”。医院要加强员工健康管理，因地制宜，符合员工真实需求，创新管理体制，做到有措施、有执行、有效率、有健康，特别是经常上夜班，或者承受巨大压力的医务人员，应该特别关爱他们，提高医院的凝聚力。医院要贯彻落实党的二十大精神和全面实施健康中国战略，提高员工健康管理工作水平，进行关爱员工的实事工程，通过党的领导与医院政府、工会等部门的联合管理，增强关心员工健康管理的意识。各部门积极配合，为医务人员提供良好、安全、人性化的工作环境。通过强化员工各项健康管理措施和重视员工的家庭和谐，能够让越来越多的医务人员感受到来自医院的温暖，才可以更好地为人民生命安全提供医疗服务。

妇科肿瘤专科党支部、手术室麻醉科党支部书记，以及全体党员帮助宫颈癌同事战胜疾病的故事，不仅彰显了党组织的凝聚力和战斗力，也传递了人间真情的温暖与力量。在未来的日子里，医院各个党支部将继续发扬这种优良传统，为更多需要帮助的人提供坚实的支持和帮助，营造更强的团队凝聚力，创造更加美好的生活。

思政映射融入点与融入方式

专业知识、专业技能	思政映射融入点	融入方式
宫颈癌的分期	人类健康的保障依赖医学的进步、科学的进步，以及一代又一代人脚踏实地、实事求是地探索。医学经验的积累是人类健康保障越来越好的基础	讲述针对宫颈癌的不同分期治疗手段的进展，从单纯放疗，到手术、化疗、放疗、免疫治疗、靶向治疗联合
局部晚期宫颈癌的定义、预后高危因素及治疗原则	随着生命科学的深入研究，人类对疾病的认识逐渐达到较深的层面和清晰的水平。激发学生发现质疑精神、探索精神和创新思维	通过讲述患者的具体诊疗步骤及医患沟通，让学生掌握局部晚期宫颈癌的相关知识
对恶性肿瘤患者的心理支持	通过展示在治疗过程中党支部对于患者的心理支持，引导学生认识到社会主义制度优越性，以及作为医务人员需要具备的同理心、人文精神	通过讲述妇科肿瘤专科党支部、手术室麻醉科党支部帮助宫颈癌同事的故事，让学生学习到除了对于患者除了医疗技术的应用，心理支持同样重要

续表

专业知识、专业技能	思政映射融入点	融入方式
身心健康的多重保障	通过阐述国家相关政策，强化学生的政治担当、集体主义精神和职业责任感，以仁心守护“战友”健康	在授课接近尾声时，总结员工健康管理在《健康中国行动（2019—2030 年）》中的重要性和具体表现。让学生了解员工身心健康的多重保障

（刘畅浩）

参考文献

[1] 周晖，刘昀昀，罗铭，等.《2024 NCCN 子宫颈癌临床实践指南（第 1 版）》更新解读 [J]. 中国实用妇科与产科杂志，2023，39（11）：1119-1121.

[2] 王高亭. 健康中国行动下医院员工的健康管理 [J]. 名医，2023（6）：186-188.

[3] 黄河，刘晔，吴羽青. 白求恩精神融入新时代医学生德育的价值与路径 [J]. 卫生职业教育，2024，42（3）：48-51.

[4] 张菁霓，蔡晶，王泽华. 局部晚期子宫颈癌新辅助化疗的争议及现状 [J]. 中国实用妇科与产科杂志，2023，39（7）：677-683.

第五章

典型案例及临床思维

抽丝剥茧，寻找罕见病的蛛丝马迹

——一例疑点重重“宫外孕”的诊治

案例呈现

对于成女士来说，48 岁这一年的经历艰辛曲折，就诊的开始是一个常见的“宫外孕手术”。这一年的 5 月，成女士因“停经、阴道流血”就诊于当地医院，检查血人绒毛膜促性腺激素（human chorionic gonadotropin，HCG）约 9 万 IU/L，超声提示“内膜增厚，宫内未见明确孕囊，右附件类囊性包块”。根据抽血结果考虑妊娠可能，但宫内未见明显孕囊、宫外见肿物，高度怀疑“宫外孕”。因此，成女士接受了急诊手术，刮宫的同时还切除了双侧输卵管、剥除了卵巢肿物。令人疑惑的是，术后病理提示“输卵管和卵巢肿物未见妊娠组织，宫内见绒毛组织，局部滋养细胞增生活跃，绒毛高度水肿”，因此当地医院诊断为“宫内妊娠”。

然而，术后复查发现，血 HCG 下降后再次升高，超声提示“宫腔内不规则混合回声团块，可见蜂窝样低回声，血供丰富，不排除妊娠滋养细胞疾病”。成女士又接受了第二次手术，在宫腔镜下直视下刮宫，术后病理提示“高度水肿的绒毛，滋养细胞高度增生，有异型性，免疫组织化学 P57 局灶阳性”。结合病理结果及病史，当地医院修正诊断为“部分性葡萄胎”。

成女士术后继续密切监测血 HCG，但是再次出现血 HCG 下降后升高，肺部 CT 提示“双肺多发小结节”，盆腔 MRI 提示“宫底左侧占位病变，符合妊娠滋养细胞疾病”。根据妊娠滋养细胞肿瘤的诊断标准，部分性葡萄胎侵犯肌层、出现肺部转移、血 HCG 降而复升，当地医院再次修正诊断为“侵蚀性葡萄胎（Ⅲ：5）”。

根据妊娠滋养细胞肿瘤的治疗原则，成女士开始接受单药化疗，但是血 HCG 下降并不满意，同时出现了呕吐、肝肾功能损伤、骨髓抑制、粒细胞减少性发热等严重并发症。

面对如此棘手的病例，当地医院推荐成女士前往中山大学孙逸仙纪念医院妇科肿瘤专科寻求帮助。妊娠滋养细胞肿瘤团队的医生不敢大意，将成女士的诊疗经过重新复盘、推敲、分析，并且再次进行了全面的评估。由于成女士血 HCG 未降至阴性、子宫肌层仍存在病灶，诊断存疑，在医疗团队与成女士就化疗方案、手术风险、生育意愿、疾病预后等细节进行充分沟通后，为她进行了“腹腔镜下子宫全切术”，术后病理提示“宫体灰褐色肿物为广泛出血坏死组织，其中可见坏死的绒毛影，周围平滑肌组织中可见少量残留的合体滋养细胞及中间滋养细胞”。此外，团队还为成女士的组织标本进行了细胞来源鉴定，结果提示为“二倍母源性和单倍父源性染色体构成的非葡萄胎三倍体（双卵单精型）”。导致成女士痛苦的原因终于被发现了，的确是“宫外孕”，但并不是常见的“输卵管妊娠”，而是罕见的子宫肌壁间妊娠。

受精卵在子宫体腔以外着床称为异位妊娠，又称“宫外孕”，其中输卵管妊娠占绝大多数（高达 95%），而卵巢、腹腔、宫颈及阔韧带等部位的妊娠则较为罕见。异位妊娠是妇产科常见的急腹症，发病率为 2% ~ 3%，是妊娠早期孕妇死亡的主要原因。迄今为止，关于异位妊娠的首例明确记载可追溯至公元 10 世纪西班牙著名医学家艾布·卡西姆·扎哈拉维（Abu al-Qasim al-Zhrawi）（936—1013 年）的资料。但是直到迈入 19 世纪之前，异位妊娠仍然被视为一种极具危险性且往往致命的事件。19 世纪 40 年代末，异位妊娠从普遍的致死事件变为育龄期女性常见的急诊手术指征。跨越一个世纪的光阴，异位妊娠的死亡率实现了断崖式下降，从 1880 年的 72% ~ 90% 锐减至 1990 年的 0.14%。

子宫肌壁间妊娠作为一种极为罕见的异位妊娠形式，其发生率仅占所有异位妊娠的约 1%，且目前全球范围内的相关文献记载有限。这种文献的稀缺，更可能归因于该病症在诊断上的挑战性，而非直接说明其真实发病率较低。在医疗领域，即使是罕见病也应给予充分重视。2020 年，欧洲人类生殖与胚胎学会异位妊娠工作组发布了全面的分类指南，将宫颈妊娠、剖宫产瘢痕妊娠和壁内妊娠统一归入异位妊娠范畴，定义为妊娠位于宫腔内但突破蜕膜 - 子宫肌层的界限，并延伸至子宫肌层深部。工作组进一步细化了子宫肌壁间妊娠的分类，依据超声影像表现分为完全型与部分型。前者妊娠完全局限于子宫肌层内，而后者则与宫腔保持一定程度的连通。2024 年，《子宫肌壁间妊娠诊治中国专家共识》发布，为中国的妇产科医生诊治这类罕见疾病指明了方向。

子宫肌壁间妊娠早期症状不典型，患者常无症状或仅表现为少量阴道流血与腹痛，诊断困难，易与妊娠滋养细胞疾病混淆，可能引发子宫破裂，失去生育功能，造成不可挽回的后果。部分患者因误诊为宫内孕而多次接受无效清宫，随后因血 HCG 不降、超声显示子宫肌层病灶，被误诊为妊娠滋养细胞肿瘤，进而接受化疗干预。

回顾成女士的病史，她的初始症状为妊娠终止后伴随阴道流血及血 HCG 水平异常上升，此时应考虑异位妊娠、流产不全及妊娠滋养细胞肿瘤的可能。其中异位妊娠应包括不典型的输卵管妊娠、宫角妊娠、宫颈妊娠、子宫瘢痕妊娠、子宫肌壁间妊娠、子宫残角妊娠、腹腔妊娠等多种类型。难以鉴别的原因如下：超声检查的征象缺乏高度特异性；血 HCG 水平在各类疾病间存在重叠区间；对于宫角、残角子宫或肌壁间等特殊位置的妊娠，常规刮宫术难以触及并清除妊娠组织。

由于第一次刮宫病理提示绒毛水肿、局部滋养细胞增生，第二次刮宫免疫组织化学 P57 灶性（+），一度修正诊断为部分性葡萄胎。部分性葡萄胎的鉴别诊断有时较为困难，病理检查时因绒毛水肿、滋养细胞增生不明显等造成混淆，需要与水肿性流产、伴有滋养细胞增生的早期非葡萄胎妊娠相鉴别，必要时利用 DNA 倍体分析及细胞来源鉴定等技术进行鉴别。由于部分性葡萄胎的诊断，导致后续诊断均以妊娠滋养细胞肿瘤为前提，并予以化疗。

本例患者盆腔影像学检查提示宫体病变，性质不明，在后续的诊治中医生应想办法明确病变性质。在临床诊疗过程中，医生面对患者的症状和体征时，遵循一定的思维逻辑和诊断流程是非常重要的。常见病具有高发性和易识别性，首先考虑常见病可以迅速缩小诊断范围，提高诊断效率，避免不必要的延误。在没有足够证据支持罕见病诊断的情况下，过早地考虑罕见病可能会增加诊断的复杂性和难度，甚至导致误诊。在实际应用中需要灵活掌握，避免刻板思维导致误诊或漏诊。如发现宫体病灶，应考虑为常见的不全流产、妊娠物残留或妊娠滋养细胞肿瘤，可通过盆腔超声或 MRI 检查帮助鉴别。宫腔内占位，可行清宫术或宫腔镜；子宫肌层内占位、子宫角部占位、附件区占位，可行腹腔镜或宫腔镜。本例患者影像学检查提示宫体病变，可行腹腔镜或宫腔镜进行病灶活检或切除术以明确诊断。

此外，成女士的胸部 CT 提示多发肺部小结节，从而在初诊时考虑为妊娠滋养细胞肿瘤肺部转移病灶。但是临床医生应了解，肺部 CT 的高分辨率可发现 2 ~ 3mm 的小结节，因此 40% 胸片无阳性发现者，CT 可呈现阳性结果。高分辨率带来高灵敏度的同时，降低的是特异度。≤ 10% 的正常人会有肺部 CT 阳性结果（如肉芽肿）；滋养细胞的栓塞（正常妊娠）亦可能误诊为妊娠滋养细胞肿瘤，过度治疗；孤立的单个小结节（＜ 4mm），不作为诊断治疗的依据；如多个肺结节考虑转移。本例 CT 提示多发肺部小结节，亦需要排除正常人的肺部结节、炎症等可能性。

针对本例患者，中山大学孙逸仙纪念医院医生在接诊后充分分析病情，抓住重重疑点，先从明确诊断开始。在与患者和家属充分沟通后，进行了“腹腔镜下子宫全切术”，术后病理检查发现在子宫肌层内可见绒毛影。另外，加做细胞来源鉴定，结果提示“二倍母源性和单倍父源性染色体构成的非葡萄胎三倍体（双卵单精型）”。最终结合病史、病理结果和细胞来源鉴定结果，明确诊断为罕见的子宫肌壁间妊娠。

临床思维在医学实践中非常重要，这不仅是医生专业素养的核心体现，更是保障患者安全、提升医疗质量的关键。当患者的症状和体征与常见病不完全吻合，或者经过常规检查和治疗无法缓解时，医生应该保持开放的临床思维，考虑罕见病的可能性，并进行相应的鉴别诊断。此外，随着医学知识的不断更新和医疗技术的进步，一些原本被认为是罕见病的疾病可能会被重新认识，医生需要保持对新知识的敏感性和学习热情。在临床实践中，面对疑似肿瘤等复杂疾病，医生切忌轻率定论，不可轻易给患者扣上沉重的帽子，若不慎误诊，后果不堪设想。因此，医生当以患者为中心，秉持科学严谨之态度，运用临床思维之精髓，尽一切办法明确诊断，以实际行动践行“大医精诚”之精神，为患者的生命健康保驾护航。

思政映射融入点与融入方式

专业知识、专业技能	思政映射融入点	融入方式
异位妊娠的临床表现及实验室检查	在梳理曲折的诊治经过中启发学生独立思考的能力，培养缜密的临床思维	在介绍罕见异位妊娠、妊娠滋养细胞肿瘤时，采用临床的真实病例进行启发式教学，围绕病例诊疗不断抛出问题，带领学生判断、分析和讨论，引导学生主动思考
异位妊娠的概念、诊断及治疗	通过展示异位妊娠治疗结局的前后变化，引导学生理解科学发展、技术进步的曲折性，激发学生的探索精神和创新意识	通过讲解异位妊娠诊治的发展历程，加深学生对基本概念和诊断治疗原则的理解及掌握
子宫肌壁间妊娠的发生率、临床表现、诊断及治疗	通过此例患者诊治过程的介绍，引导学生建立科学的临床思维和培养探究精神	介绍子宫肌壁间妊娠被误诊而化疗的情况，引出本例患者的诊治过程，引起学生的警醒，以及通过案例分析一步步掌握相关专业知识

（凌小婷）

参考文献

[1] 彭铮，韩丽萍，戴毅，等. 子宫肌壁间妊娠诊治中国专家共识（2024年版）[J]. 中国实用妇科与产科杂志，2024，40（4）：429-434.

[2] 孔北华，马丁，段涛. 妇产科学[M]. 10版. 北京：人民卫生出版社，2024：74-81.

[3] 花茂方，王媛，姚军. 子宫肌壁间妊娠：宫腔镜及腹腔镜成功诊治一例并文献复习 [J]. 中华腔镜外科杂志（电子版），2019，12（4）：250-252.

[4] LURIE S. The history of the diagnosis and treatment of ectopic pregnancy: a medical adventure[J]. Eur J Obstet Gynecol Reprod Biol, 1992, 43(1): 1-7.

[5] 霍夫曼，肖治，布拉德肖，等. 威廉姆斯妇科学. 3 版 [M]. 段华，王建六，译. 北京：北京大学医学出版社，2021：168-183.

[6] NIJJAR S, BOTTOMLEY C, JAUNIAUX E, et al. Imaging in gynecological disease(25): clinical and ultrasound characteristics of intramural pregnancy[J]. Ultrasound Obstet Gynecol, 2023, 62(2): 279-289.

[7] MEMTSA M, JAMIL A, SEBIRE N, et al. Diagnosis and management of intramural ectopic pregnancy[J]. Ultrasound Obstet Gynecol, 2013, 42(3): 359-362.

将伦理融入医学，做有温度的医生

——陕西榆林产妇事件引发的思考

案例呈现

2017 年 8 月 30 日，陕西榆林县一产妇因临产入院待产。次日，产妇在待产过程中难以忍受宫缩疼痛，曾多次向家属提出要求剖宫产，均被家属拒绝。之后产妇因疼痛难忍，烦躁不安，情绪失控而跳楼。虽然医务人员及时对产妇开展抢救，但最终抢救无效死亡。该案件相关的伦理问题引起了社会各界的广泛关注。

这些相关问题主要包括以下几个方面：

1．阴道分娩与剖宫产的利弊 诱发这一惨剧的原因是阴道分娩与剖宫产的选择。

阴道分娩是自然生理过程，与剖宫产相比，阴道分娩对产妇及新生儿均有益处。对产妇而言：阴道分娩损伤小，恢复快，有利于促进产后乳汁分泌，避免剖宫产的并发症；对新生儿而言：产道的挤压可挤出口鼻羊水，减少新生儿湿肺、肺炎的发生，促进肺表面活性物质分泌，促进肺扩张，促进大脑及前庭功能发育，提高免疫力。

剖宫产是通过手术切开腹壁及子宫取出胎儿，在处理难产、产科合并症和并发症、降低母儿死亡率等方面起着重要作用。但作为一种非自然、创伤性的手术分娩方式，不可避免地存在诸多问题。产妇方面的并发症包括：出血（切口撕裂、宫缩乏力）、术中损伤周围邻近器官（膀胱、输尿管、肠管）、仰卧位低血压综合征、羊水栓塞、术后肠粘连、肠梗阻、血栓性静脉炎或下肢静脉血栓形成、晚期产后出血、腹部或子宫切口感染、产褥感染、泌尿系统感染、腹壁子宫内膜异位症、盆腔脏器或腹膜粘连、月经失调、盆腔炎或慢性盆腔痛、腰背酸痛、再次妊娠及分娩风险增高。新生儿方面的并发症包括：新生儿肺透明膜病、产伤、神经压挫伤、软组织压挫伤、头颅骨折、新生儿感觉统合失调等。

临床上需要严格把握剖宫产指征。以下情况可实施剖宫产：胎儿窘迫，胎位异常如臀位或横位，前置胎盘或前置血管，胎盘早剥，严重的妊娠期高血压疾病，妊娠急性脂肪肝，妊娠合并严重内外科疾病，阴道分娩存在机械性梗阻因素如巨大子宫肌瘤、严重移位的骨盆畸形、软产道畸形等阻碍胎头下降，妊娠晚期原发性或非原发性生殖器单纯疱疹，子宫肌层损伤性手术如子宫肌瘤切除术、子宫先天性畸形的重建修复术，产程停滞等。

2．剖宫产伦理问题 剖宫产是历史上最早的外科手术之一，其最初的目的是挽救已死亡或即将死亡的孕妇腹中的胎儿，是尊重生命的具体表现。随着医学的发展，剖宫产技术日趋成熟，但无指征剖宫产率逐渐升高。分析其原因有：剖宫产技术的安全性提高、产妇不能忍受分娩疼痛或担心胎儿并发症、封建迷信思想要求择吉日分娩、产妇及家属对剖宫产近期及远期并发症认识不足、医患关系紧张、医护人员自我保护等。那么，该如何利用医学伦理知识分析当前面临的社会困境？

医学服务的提供者和服务对象是人，医学不是单纯的科学，还涉及文化、法律、心理、伦理等方面。妇产科医生面对的不只是疾病本身，还需要考虑患者的心理特点：对疾病的恐惧，担心对后代的影响，传统观念的影响，害羞心理的影响。医生在诊治疾病的过程中，应该始终坚持医学伦理学的基本原则：不伤害原则、有利原则、尊重原则和公正原则。不伤害原则，即不使患者受到不应有的伤害，是临床伦理原则中的底线原则。产妇及家属最大的愿望是顺利分娩健康的宝宝，但除此之外也有更高的需求，比如减轻疼痛、减轻心理压力等。所以作为医生，不仅要关注患者的躯体性疾病，也要重视患者心理、社会因素对疾病发生、发展、康复和预后的影响，要把“病”和“人”统一起来。

然而，如果产妇或其家属提出无指征剖宫产的要求医生应如何对待？合理指征的剖宫产能挽救产妇及胎儿生命，体现了科技进步的价值，但无指征剖宫产则会给患者带来不必要的伤害，不伤害原则及有利原则和尊重原则如何选择？如不实施剖宫产，后续带来不可预计的伤害和风险，又如何评价？从这个角度讲，医学伦理问题归根结底是医患关系问题，只有建立和谐的医患关系，从患者的心理状况、经济状况等方面全方位考虑的基础上为患者解决医疗问题，才是人们所追求的道德进步的体现。无指征剖宫产虽然绝大多数是由患者及家属提出，但是从根本上违反了医学伦理学的不伤害原则及有利原则。我们应该提出更多更好的方法，以降低剖宫产率，促进阴道分娩。

3．降低剖宫产率，促进阴道分娩的举措 2002年国际围产医学学术会议上专家们提出了“人性化分娩”的概念，所谓人性化分娩便是提倡家庭化、导乐、自由体位分娩，以及分娩镇痛等。家庭化分娩就是将产房的环境模拟家庭化装修，产妇分娩时可以由家属陪伴，减轻医疗环境对产妇的心理压力。在生产过程中，由有经验的助产士对产妇进行解释、宣教、按摩、陪伴，可以有音乐、香薰等。产妇可以自行选择体位，如蹲着、站着、躺着，甚至在水中待产。这些人性化分娩服务能为产妇提供一个家庭式环境，增强产妇安全感，克服心理上的障碍，满足生理与心理的要求，更好地促进自然分娩。

本案例虽然只是罕见的个案，但值得所有医务工作者深思。我们要坚守医学伦理学的原则，做一个有温度的医生，在治疗身体疾患的同时，还要关注到患者全方位的心理需求。随着社会、经济和医学的发展，医学伦理学的研究及实践也不断深入发展，并不断规范医学行为，调解医患矛盾，推动医学技术日益进步。

思政映射融入点与融入方式

专业知识、专业技能	思政映射融入点	融入方式
如何选择分娩方式	利用案例的展示，让学生认识到医患沟通与信任、人文关怀与心理疏导的重要性	通过真实的案例，引起学生对于分娩方式选择的重视及思考其中所涉及的伦理问题

续表

专业知识、专业技能	思政映射融入点	融入方式
阴道分娩和剖宫产的利弊及剖宫产的指征	通过对阴道分娩和剖宫产两种方式的分析，引导学生用辩证的思维去看待问题，培养严谨、科学的思维方式和决策能力，并将人文关怀融入医疗决策过程	通过讲解阴道分娩和剖宫产的过程，对比分析两种分娩方式的利弊，使学生掌握剖宫产的指征，并熟悉对于具体的患者如何选择合适的分娩方式
无指征剖宫产率升高的原因及对策	面对当前的社会问题，引导学生要注重充分的沟通和人文关怀，一切以患者利益为先，增强学生的职业责任感	医学服务的提供者和服务对象是人，医学不是单纯的科学，还涉及文化、法律、心理、伦理等方面。引导学生理解无指征剖宫产率升高的原因，并对相应的对策进行讨论，思考分娩方式选择时的伦理问题
促进阴道分娩的措施	多种措施使阴道分娩更加人性化，让学生体会到医学技术的发展是需要伦理的知识来推动的，并充分考虑产妇生理与心理要求，体现医学服务中以人为本的核心思想	通过深度剖析阴道分娩所面临的各种问题，与学生讨论可能的解决方案，最终使学生掌握有效地促进阴道分娩的措施

（祝丽琼）

参考文献

[1] CUNNINGHAM F G, LEVENO K J, BLOOM S L, et al. Williams obstetrics[M]. 24th ed. New York: McGraw-Hill Medical, 2014: 350-376.

[2] 翟晓梅，王辰. 生命伦理学面临的新挑战 [J]. 医学与哲学，2022，43（11）：1-4.

[3] 白洁，赵晓蕊，肖霄，等. 导乐陪伴分娩的研究进展 [J]. 循证护理，2022，8（9）：1202-1206.

[4] 钟致向，李仲均. 水中分娩镇痛疗法的研究进展 [J]. 现代诊断与

治疗，2023，34（12）：1780-1783.

[5] 杲桂荣. 分娩镇痛对降低剖腹产率影响 [J]. 生命科学仪器，2023，21（S2）：51.

多学科携手护佑生育梦
——一例中期妊娠合并卵巢肿瘤患者的诊治

案例呈现

27 岁的陈女士停经 6 周时行超声检查提示“宫内可见孕囊、卵黄囊、胚芽及心管搏动”。一家人沉浸在孕育新生命的喜悦之中，然而妊娠之路并没有那么顺利。停经 7 周时出现少许阴道出血，超声检查发现左附件区约 4cm 囊肿，并怀疑有囊肿内出血。因没有其他异常的症状和体征，医生让陈女士定期复查。虽然之后没有再次出现阴道出血，但连续几次的超声检查却提示异常。孕 12^{+3} 周超声提示左盆腔见混合回声区约 10.2cm × 3.8cm × 7.9cm，内见高回声并可探及血流信号，不排除肿瘤可能。肿瘤标志物甲胎蛋白为 72.66ng/ml，高于正常值。能不能继续妊娠？肿瘤会不会危及生命？胎儿的发育会不会受到影响？这一系列的问题让陈女士和家人十分担忧。考虑到病情的特殊性，患者转诊至中山大学孙逸仙纪念医院就诊。复查超声提示宫内妊娠 12^{+6} 周，右附件区见混合回声约 2.3cm × 1.7cm × 2.3cm，以高回声为主，考虑卵巢畸胎瘤声像可能，左附件区见混合回声区约 9.3cm×4.9cm×8cm，内以液性暗区为主，见实性低回声约 5.5cm×4.2cm×3.2cm。甲胎蛋白 111.8ng/ml。

面对这样的检查结果，林仲秋教授首先与患者和家属进行了充分沟通，了解到全家对这一胎的热切期待，以及盆腔肿物对母胎影响的担心。面对患者和家属信任的目光，林教授带领团队联合麻醉科、产科、超声科等进行了一场多学科会诊。摆在多学科团队（multidisciplinary team，MDT）面前的一系列问题包括：肿物是良性还是恶性？是否需要手术？什么时候做手术？采用什么麻醉方式？麻醉会不会对胎儿造成影响？手术刺激是否会诱发宫缩？针对这些问题，参加讨论的专家各抒己见，最后集思广益，形成了以下意见：①考虑到肿物为双侧性，且左侧肿物从妊娠早期至今有所增大，并有实性成分，不能完全排除恶性可能。虽然肿物目前暂未引起压迫而出现流产症状，但若肿物为恶性，不积极进行手术处理，肿瘤进展可能会导致患者预后不良。②此时为妊娠中期，妊娠基本由胎盘分娩的激素维持，卵巢黄体的作用大大减少，且子宫也不会太大，手术有可进行的操作空间，对子宫的刺激可控，是一个合适的手术时机。③因目前暂无肿瘤播散转移的证据，可能仅行附件切除即可，腰硬联合麻醉应该可以满足手术对麻醉的要求，对胎儿造成的影响也最小。④术后积极使用抑制宫缩药物，围手术期请产科团队制订宫缩抑制方案。经过与患者及家属再次沟通，多学科团队细心缜密地计划之后，患者于孕 14^{+4} 周在腰硬联合麻醉下进行手术。术中取腹腔冲洗液找癌细胞，探查双侧卵巢完整，与周围组织无粘连，遂完整剔除双侧卵巢肿物。术中冰冻病理提示左侧卵巢畸胎瘤部分区域细胞幼稚、密集、丰富，不排除未成熟畸胎瘤可能；右侧卵巢畸胎瘤。探查淋巴结及其他部位未见可疑转移。根据术中病理结果，继续行左附件切除术及大网膜切除术。术后病理提示左侧卵巢未成熟畸胎瘤（G3），右卵巢成熟畸胎瘤，大网膜未见恶性肿瘤，腹腔冲洗液未见癌细胞。此时摆在治疗团队和患者面前的又是一个棘手的问题：如果是非孕期，ⅠA期（G3）未成熟畸胎瘤是需要进行化疗的，且最常用的方案为BEP方案（博来霉素+依托泊苷+顺铂），但化疗是否会对胎儿的生长发育造成不良影响？改为其他方案可不可行？根据林仲秋教授团队既往处理妊娠合并妇科恶性肿瘤的经验，以及相关文献的报道，TC方案（紫杉醇+卡铂）对胎儿来讲是更为安全的方案，避免了博来霉素的肺毒性，且疗效也与BEP方案相当。最终，林仲秋教授团队与患者及家属充分沟通之后采用TC方案，化疗6个疗程。陈女士也成功妊娠至39^{+1}周，剖宫产一男婴，剖宫产同时也进行了盆腔淋巴结清扫术。后续随访，母儿均身体健康。

这是一个妊娠期合并卵巢恶性肿瘤的实例，并且治疗结局较好。

在临床实践中，妊娠期卵巢肿瘤的发生率为0.05%～2.4%，其中大部分为生理性卵巢囊肿和良性肿瘤，恶性肿瘤占1%～6%。主要发生在妊娠早期，其次是妊娠中期，妊娠晚期最少。多数为生理性囊肿或良性肿瘤，只有3.6%～6.8%持续存在的卵巢肿瘤最终诊断为恶性肿瘤。而与非妊娠期卵巢恶性肿瘤相比，妊娠期卵巢恶性肿瘤预后相对良好，5年生存率为72%～90%，与卵巢恶性肿瘤相关的病死率约为4.7%。作为临床医生，应该对这些数据非常熟悉，才能够在与患者及家属沟通病情、讲解预后、制定决策时游刃有余，让其充分了解自身疾病的情况，做出理智的选择。

因无特异性临床表现、妊娠子宫增大及妊娠时较少做妇科检查等原因，妊娠期卵巢肿瘤多在超声检查或剖宫产时意外发现。因产检的普及性，前者更为常见，且多数患者发现时只是一个孤立的包块，尚未扩散，这无疑是得益于国家经济的发展，以及人们生活水平和体检意识的提高。在优生优育的国家政策下，无论婚前检查还是孕期产检都有必要的检查项目，如孕前超声、孕早期超声、孕 13 周超声等，这些检查有助于妊娠合并卵巢肿瘤等异常情况的早期发现、早期处理。另外，在提倡全民健康素质教育的大背景下，国家鼓励医疗卫生机构和医疗人员主动投身健康教育。孕产妇是科普的重点人群，每年在妇女节、世界卵巢癌日都有许许多多的科普活动，这无疑也提高了人民群众的健康意识，进行体检、产检的女性越来越多，对于妊娠合并卵巢肿瘤的早期发现、早期处理功不可没。

发现妊娠合并卵巢肿瘤后，在患者的诊治过程中，医务人员要时刻想到患者处于妊娠这一特殊状态。选择的相关辅助检查也应尽可能精简，减少对胎儿的危害。较为安全的辅助检查包括超声，非增强的 MRI，血液学检查如 CA125、CA199、癌胚抗原、甲胎蛋白、人附睾蛋白 4、乳酸脱氢酶等肿瘤标志物。尽量避免 CT 和增强 MRI 的使用，不得已需要使用时，应与患者及家属充分沟通，讲明利弊。正如这位患者，术前进行的与诊断相关的检查只有超声和抽血检测肿瘤标志物，但却可以帮助医生做出诊断和处理的决策。

对于妊娠期卵巢肿瘤的处理，要同时考虑母体与胎儿安全性的问题，母体和胎儿都安全固然是最理想的做法，但要在其中寻找最佳的平衡点。如果怀疑是恶性肿瘤，优先要考虑母体的安危，其次才是个体化的保胎。任何治疗方案的选择都需要与患者及家属进行充分沟通：积极处理还是期待？处理时机？合不合适保留胎儿？恶性病变是否化疗？化疗可能对母胎的影响？这些问题都是非常考验医生的专业知识、临床经验和医患沟通能力的。患者在得知自己生病时肯定是非常焦虑的，在妊娠状态下更是如此。患者及家属首先想到的可能是要保住胎儿，医生应该设身处地地为他们着想，根据病情给予恰当的风险告知，既不能过分夸大，增加患者的焦虑情绪，也不能为了稳定患者情绪而弱化病情，掩盖存在的风险。有技巧地客观表达、充分沟通才是最为合适的做法。

MDT 会诊在妊娠合并卵巢肿瘤的诊治过程中是非常重要的，正如在本例患者诊治中，林仲秋教授团队牵头，联合包括妇科肿瘤、产科、麻醉科、超声科在内的多个科室，为患者及家属提供一站式的高效、精准、有温度的医疗服务。通过多学科会诊，做出最佳的治疗策略，也有利于患者及家属对肿瘤及母胎风险充分了解。

总之，妊娠合并卵巢肿瘤相比非妊娠期卵巢肿瘤的情况更为复杂，临床医生在处理的过程中除了参考相关的诊疗指南外，在诊疗过程中还要综合兼顾肿瘤病情（分期、分级）、胎儿（孕周和生存能力）、孕妇及家属意愿，以及可能存在的相关风险，才能做到规范化、个体化且人性化的处理。

思政映射融入点与融入方式

专业知识、专业技能	思政映射融入点	融入方式
妊娠合并卵巢肿瘤的症状、体征、相关检查解读	病史中体现孕育新生命时的喜悦、出现阴道出血及发现卵巢肿物时的焦虑，让学生与患者产生共情；在多次复查超声的详细报告中感受影像科医生的专业素养和谨慎态度	通过临床案例的分析一步步展开介绍患者的病史、相关检查，让学生基于病例学习相关知识

续表

专业知识、专业技能	思政映射融入点	融入方式
妊娠合并卵巢肿瘤患者的决策和医患沟通	对于妊娠合并卵巢肿瘤的患者，需要考虑多方面的问题，使学生认识到此类患者诊疗的复杂性与专业性。同时在诊疗过程中尤其要注意与患者的沟通，对其进行心理建设，使学生认识到医疗不只是专业知识的传递，还有人文关怀	讲述妇科肿瘤、麻醉科、产科等专科对该病例的决策和诊治过程，让学生了解不同专业如何合作，并学习其中的决策过程和医患沟通技巧
妊娠合并卵巢肿瘤的流行病学	流行病学的讲解，使学生认识到扎实掌握的专业知识才是我们与患者一同面对疾病时的利器，增强学生认真学习、努力提高专业素养的决心	通过流行病学数据的展示，让学生对这类疾病有直观的认知
早期发现妊娠合并卵巢肿瘤的辅助检查，以及选择检查手段的原则	随着国家经济的发展、优生优育政策的推行、健康科普的宣传，越来越多的妊娠期卵巢肿瘤得以早期诊断和处理。使学生认识到祖国的强大、医学科普的重要性，以及以人为本的原则，提升学生的自豪感、使命感及职业责任感	通过一步步展示患者的具体情况，采取提问、讲解等方式使学生掌握相关的医学知识
妊娠合并卵巢肿瘤的处理原则和策略	在妊娠合并卵巢肿瘤的处理过程中要注意个体化、医患沟通、母胎安全等问题，其中对患者及家属的人文关怀贯穿在整个诊治过程中。让学生感受到职业道德、职业规范，增强职业使命感	通过对比妊娠合并卵巢肿瘤和非妊娠期卵巢肿瘤的相关知识点，加深学生对知识点的理解和掌握，以及在此过程中需要考虑的相关问题

（王东雁　林仲秋）

参考文献

[1] 中国优生科学协会肿瘤生殖学分会，中国医师协会微无创医学专业委员会妇科肿瘤专委会. 妊娠期卵巢肿瘤诊治专家共识（2020）[J]. 中国实用妇科与产科杂志，2020，36（5）：432-440.

[2] 中华医学会计划生育学分会，中国优生优育协会生育健康与出生缺陷防控专业委员会. 早中期妊娠合并卵巢肿瘤终止妊娠的中国专家共识 [J]. 中国实用妇科与产科杂志，2021，37（6）：654-659.

层层剖析，揪出病源

——一例取卵后诊断的库肯伯格瘤

案例呈现

张女士37岁，结婚6年，婚后2年剖宫产生下女儿，2019年因“异位妊娠”切除右侧输卵管，此后没有避孕再也没有成功怀孕。2021年9月，患者夫妇来中山大学孙逸仙纪念医院生殖中心就诊。经过详细的不孕病因筛查和生育力评估，患者被诊断为输卵管因素性不孕症，建议采用体外受精-胚胎移植技术治疗。助孕前患者体格检查无阳性体征，辅助检查无明显异常的结果，于是进行促排卵治疗。2021年12月20日患者进行双侧卵巢穿刺取卵，获卵27个，口服抗生素预防感染，取卵手术过程顺利。因获卵数多和卵巢过度刺激综合征（ovarian hyperstimulation syndrome，OHSS）风险取消新鲜胚胎移植。在取卵后第3天，患者自觉腹胀，偶伴恶心，超声检查发现双侧卵巢明显增大，盆腔大量积液。结合血尿常规、凝血常规、肝功能和生化指标等综合评估后，考虑为轻度OHSS，门诊随诊观察后患者症状好转。

2022年3月患者准备行冻融胚胎移植，超声检查提示：子宫后方巨大混合回声包块，大小144mm×61mm×124mm。CA125较正常值升高3～4倍，人附睾蛋白4（human epididymis protein 4，HE4）正常。3月24日患者无明显诱因出现剧烈腹痛、发热，急诊入院，给予静脉滴注抗生素抗感染。入院后CT检查发现盆腔一囊实性肿块，双肺各叶散在实性结节，经呼吸科会诊，完善结核相关检查无异常。经过积极治疗，患者体温降至正常，复查超声提示盆腔包块较前缩小，盆腔积液减少，血常规、降钙素原等感染指标降至正常，遂予出院。6 天后患者再次因发热、腹痛入院，超声检查提示盆腔包块同前，伴盆腔包裹性积液，给予抗感染治疗后仍反复低热。4 月 20 日查多个肿瘤标记物明显升高，其中 CA125 102U/ml，CA19-9 666U/ml，CA72-4 > 500U/ml。PET-CT 提示：结肠脾曲肠壁不均匀增厚，考虑结肠癌可能；病灶旁淋巴结转移瘤可能；右肺各叶及左肺上叶多发结节，不除外肺多发转移瘤可能；腹腔中量积液，腹膜炎性改变可能；双侧卵巢不规则增大并多囊样改变，考虑取卵术后并感染可能。电子结肠镜：结肠脾曲见绕腔一周的鱼肉样肿物，伴明显坏死溃烂，肠腔狭窄，病理示结肠肿物符合腺上皮中 - 重度不典型增生，局部考虑癌变。4 月 26 日行“经腹全子宫切除 + 左侧附件切除 + 右侧卵巢切除 + 双侧卵巢动静脉高位结扎 + 盆腔淋巴结切除 + 腹主动脉旁淋巴结切除 + 大网膜切除 + 膀胱表面肿物切除 + 腹膜表面肿物切除 + 阑尾切除 + 左半结肠根治性切除术”。术后病理：左半结肠中分化腺癌，癌组织浸润至肠壁外膜脂肪组织、大网膜、腹膜表面、膀胱表面、子宫浆膜层、阔韧带和双侧卵巢。

由其他器官或组织转移至卵巢形成的肿瘤均称为卵巢转移性肿瘤或卵巢继发性肿瘤，占卵巢肿瘤的 5% ~ 10%。原发肿瘤的瘤细胞经淋巴管、血管或体腔侵入卵巢，形成与原发病类同的肿瘤，但两者没有解剖部位关系。与原发性卵巢肿瘤相比，卵巢转移性肿瘤患者较年轻，卵巢功能好，血供丰富，适宜癌细胞增殖，原发灶通过各种方式转移至卵巢机会多。中国工程院院士、著名的妇产科专家郎景和院士在其编著的《妇科肿瘤的故事》中这样描述卵巢转移性肿瘤：说来奇怪，小小的卵巢竟然擅自“接受”和“容纳”外来的肿瘤，岂不多事。糟糕的是转移来的肿瘤都是恶性的！有人甚至将卵巢比作“癌库”，令人望字生畏。

常见的卵巢转移性肿瘤是库肯伯格瘤（Krukenberg tumor）。最早于1896年由德国妇科医生弗里德里希·恩斯特·库肯伯格（Friedrich Ernst Krukenberg）报道，他发现5例卵巢肿瘤具有独特的临床病理特征：多有腹水，累及双侧卵巢；卵巢外观正常，但切面为表面光滑的多房囊腔；显微镜下见交织分布的黏液带，累及淋巴管，见大量细胞核被黏液挤向一侧的细胞（即印戒细胞），伴纤维肉瘤样的周围间质增生。库肯伯格当时认为这是原发性卵巢肿瘤的一种新类型。时隔6年，库肯伯格于1902年发现这其实是上皮来源的肿瘤转移至卵巢，绝大多数继发于胃肠道。虽然“库肯伯格瘤”提出至今已有100余年，但其概念仍存在一些争议。有学者将其拓展至所有的卵巢转移性肿瘤，有学者仅限定其为继发于胃癌的卵巢转移瘤；有学者提出废弃概念不清晰的“库肯伯格瘤”说法，有学者认为“库肯伯格瘤”是指以镜下印戒细胞结构为特征的肿瘤，准确的定义具有一定临床意义，能用于识别肿瘤的生物学行为，评估预后，选择治疗方案。

库肯伯格瘤的临床表现缺乏特异性，可以在诊断原发肿瘤的同时发现卵巢转移，也可以盆腔包块伴腹痛、腹胀和腹水为首发症状，而原发肿瘤的表现并不明显。2022年一项系统性回顾纳入48项研究共3 025例库肯伯格瘤，发现临床异质性很大：原发肿瘤的常见类型依次为胃癌（42.5%）、结直肠癌（26.1%）、乳腺癌（9.3%）；48.7%与原发肿瘤同步，64.3%累及双侧卵巢，40.5%肿物直径≥10cm；常见症状依次为腹水（51.7%）、可触及的包块（31.3%）、疼痛（29.3%）、腹胀（28.7%）；29.4%癌胚抗原升高，27.5% CA125升高。

本病例以发热、腹痛、盆腔包块为首发症状。“无巧不成书”，患者因输卵管因素性不孕症行辅助生殖技术助孕，曾行促排卵治疗，且因获卵数多达 27 个取消新鲜胚胎移植。当时，这些病史对诊断造成了极大干扰。患者在取卵后 2 个月仍有双侧卵巢明显增大，伴盆腔积液，这与 OHSS 疾病的自限性特点不相符，可排除，所以，当时首先考虑取卵术后并发盆腔感染。然而，经过积极抗感染和维持水电解质平衡的支持治疗，患者症状反复，在血常规和降钙素原等感染指标降至正常后，盆腔包块并无明显缩小，且伴有血清肿瘤标志物持续升高。患者曾行 CT 检查提示双肺散在实性结节，经呼吸科会诊和完善检查后排除肺结核。于是重新梳理病情：反复发热、腹痛、腹胀的症状，盆腔囊实性肿块、盆腹水的体征，辅助检查中多个肿瘤标志物升高，抗感染治疗效果欠佳，这些临床信息高度提示恶性肿瘤可能。但是，病灶究竟在何处呢？原发性肿瘤？转移性肿瘤？若为原发性卵巢肿瘤，以上皮性肿瘤常见，但本例 HE4 正常。若为卵巢转移性肿瘤，腹部 CT 未提示明显占位性病变。之后，采用全身 PET-CT 检查，锁定病灶在结肠，再顺藤摸瓜采用结肠镜获取病理，最后行手术治疗，病理确诊结肠癌是“罪魁祸首”。

检索文献，国内学者于 2021 年报道过与本例相似的个案。患者 37 岁，促排卵自然试孕，出现腹胀、腹水、双侧卵巢对称性多囊性增长，剖腹探查及病理证实为缩窄型结肠低分化腺癌和双侧卵巢库肯伯格瘤。推测可能在促排卵药物刺激下出现 OHSS，盆腔器官血供丰富，淋巴循环活跃，为结肠癌细胞到卵巢的快速转移和 / 或使已转移的结肠癌细胞爆发性生长创造了机会和条件。

郎景和院士在《妇科肿瘤的故事》中形容卵巢转移性肿瘤是“恶魔的影子”，并作题记“医生做诊断，像是警察缉拿凶手，未果是常有的事”。这个病例的诊断颇为曲折，但最终还是揪住了潜伏的“恶魔”。在“狡猾”的疾病面前，我们需要化身成柯南·道尔笔下的名侦探福尔摩斯，保持冷静的头脑，借助敏锐的观察力，善用演绎推理，将疾病抽丝剥茧，层层过滤，擒拿隐匿在错综复杂病情背后的“真凶”。

思政映射融入点与融入方式

专业知识、专业技能	思政映射融入点	融入方式
一例取卵后诊断的库肯伯格瘤的特殊病例	采用临床的真实病例进行启发式教学，围绕病例诊疗不断抛出问题，带领学生判断、分析和讨论，在梳理曲折的诊治经过中启发学生独立思考的能力，培养缜密的临床思维	在讲授卵巢肿瘤或辅助生殖技术并发症时，可以采用此真实病例开篇，吸引学生注意力
库肯伯格瘤的来源和命名争议	以讲故事的形式，展示人们对库肯伯格瘤的认识是循序渐进的，目前仍存在争议，将来可能在争议中取得突破，激发学生发现、质疑、思考和探索的精神	在搜索引擎 PubMed 上以“Krukenberg tumor”作为关键词，按照年份呈现文献检索结果。虽然库肯伯格瘤不是研究热点，但相关研究数量在缓慢增加，表明医学工作者对该疾病仍在孜孜不倦地探索
库肯伯格瘤的临床表现	结合本病例讲解库肯伯格瘤的临床表现“缺乏特异性”，讲解鉴别诊断的思路，让学生了解临床诊疗有时扑朔迷离，需要坚韧不拔、探寻真相，最终才能“拨云见日”	将医生诊治疾病类比成耳熟能详的侦探福尔摩斯破案，增加授课的趣味性

（潘萍）

参考文献

[1] 曹泽毅，乔杰. 中华妇产科学 [M]. 4 版. 北京：人民卫生出版社，2023：2388-2391.

[2] 孙建衡，盛修贵，白萍. 妇科肿瘤学 [M]. 2 版. 北京：北京大学

医学出版社，2019：957-961.

[3] 郎景和. 妇科肿瘤的故事 [M]. 武汉：湖北科学技术出版社，2015：65-67.

[4] AGNES A, BIONDI A, RICCI R, et al. Krukenberg tumors: seed, route and soil[J]. Surg Oncol, 2017, 26(4): 438-445.

[5] ZULFIQAR M, KOEN J, NOUGARET S, et al. Krukenberg tumors: update on imaging and clinical features[J]. AJR Am J Roentgenol, 2020, 215(4): 1020-1029.

[6] LIONETTI R, DE LUCA M, RAFFONE A, et al. Clinics and pathology of Krukenberg tumor: a systematic review and meta-analysis[J]. Minerva Obstet Gynecol, 2022, 74(4): 356-363.

[7] 王霞，张会媛，朱姝，等. 促排卵后快速进展的双侧卵巢库肯勃瘤一例报告并文献复习 [J]. 国际妇产科学杂志，2021，48（4）：477-480.

令人迷惑的性发育异常

案例呈现

小刘已经 20 岁了，却一直没来过月经。每当听到舍友们讨论来月经的种种不便与烦恼，小刘总是感觉到深深的不安。自己不会是有什么疾病？怎么到现在还没有来月经？她觉得自己的乳房发育与同年龄女生相比也有差异。

月经是一种正常的生理现象。规律月经的出现是女性生殖功能成熟的重要标志。女性第一次月经来潮称为初潮，大多数发生在 11 ~ 16 岁之间。月经初潮的年龄主要受遗传因素控制，其他因素如营养、体重也起着重要作用。女性 16 岁以后月经尚未来潮者应当引起重视。

正常月经的建立和维持有赖于下丘脑 - 垂体 - 卵巢轴的神经内分泌调节、靶器官子宫内膜对性激素的周期性反应和下生殖道的通畅，其中任何一个环节障碍均可引起无月经，医学上称之为闭经。原发性闭经指年龄超过 14 岁、第二性征未发育，或者年龄超过 16 岁、第二性征已发育，月经还未来潮。继发性闭经指正常月经建立后月经停止 6 个月，或按自身原有月经周期计算停止 3 个周期以上。小刘的情况就属于原发性闭经。

怀着忐忑的心情，小刘在母亲的陪伴下来到中山大学孙逸仙纪念医院妇科就诊。谢梅青教授接诊了小刘，她详细询问了病史。得知小刘是足月顺产，小时候的生长发育一直与同龄人类似，智力发育也与同龄人相仿。到了青春期，女孩们都逐渐乳房发育，月经来潮，可是小刘虽然身高与同龄人相仿，却一直没有乳房发育，也没有月经来潮。此外，小刘没有任何不适，也没有周期性下腹痛的情况。谢梅青教授为小刘进行了细致的体格检查：身高 1.67m，体重 55kg，无颈蹼、低位耳、盾状胸或肘外翻等，乳房发育 Tanner 分期 Ⅱ 期，外阴发育 Tanner 分期 Ⅲ 期，外阴女性型，无阴蒂肥大，双侧腹股沟处未扪及包块，可见处女膜和阴道口，棉签可探及阴道长约 7cm。谢梅青教授初步判断，小刘没有体格上的发育异常，仅第二性征未发育，显示低雌激素的表现。

原发性闭经多为遗传原因或者先天性发育缺陷引起，约 30% 的患者伴有生殖道异常。根据第二性征的发育情况，可分为第二性征存在和第二性征缺乏两大类。根据小刘的体格检查，她属于第二性征缺乏的患者。第二性征缺乏的原发性闭经可能有以下两种原因：①低促性腺激素性性腺功能减退症：多因下丘脑分泌促性腺激素释放激素（gonadotropin releasing hormone，GnRH）不足或者垂体分泌促性腺激素不足而引起，最常见为体质性生长与青春期延迟，其次为卡尔曼综合征（Kallmann syndrome），又称性幼稚嗅觉丧失综合征，为下丘脑 GnRH 先天性分泌缺乏，同时伴有嗅觉减退或丧失。②高促性腺激素性性腺功能减退症：原发于性腺衰竭所致的性激素分泌减少，反馈性引起卵泡刺激素（follicle stimulating hormone，FSH）和黄体生成素（luteinizing hormone，LH）升高，常与生殖道异常同时出现。

为了进一步帮助小刘寻找闭经的原因，谢梅青教授为小刘开具了初步检查项目：性激素六项、甲状腺功能检查和经直肠妇科超声。性激素六项显示 FSH、LH 明显升高（均＞40IU/L），雌二醇水平低下如青春前期或绝经期；甲状腺功能正常；超声显示幼稚子宫声像，未探及卵巢。谢教授详细解释了检查结果的意义：雌激素水平低下，子宫还是青春期前状态，很可能跟性腺功能有关，目前的性激素检查提示卵巢是没有功能的，即高促性腺激素性性腺功能减退症。高促性腺激素性性腺功能减退症可能有以下三种病因，特纳综合征：属于性腺先天性发育不全，性染色体异常，核型为 45,XO，或 45,XO/46,XX，或 45,XO/47,XXX，常表现为原发性闭经，卵巢不发育，身材矮小，第二性征发育不良，常伴有蹼颈、盾状胸、后发际低、腭高耳低、肘外翻等。46,XX 单纯性腺发育不全：体格发育无异常，卵巢呈条索状无功能实体，子宫发育不良，女性第二性征发育差。46,XY 单纯性腺发育不全：又称 Swyer 综合征，临床表现同 46,XX 单纯性腺发育不全，两者的鉴别需要通过染色体检查，区别在于 Swyer 综合征由于含有 Y 染色体，患者易发生性腺母细胞瘤或者无性细胞瘤，故确诊后应切除条索状性腺。

听完谢教授的解释，小刘母女情绪激动。她们无法接受小刘的卵巢已经没有功能，甚至可能需要手术切除的事实。谢梅青教授耐心安抚母女的情绪，让她们明白进一步染色体检查的必要性，同时告诉她们通过激素补充治疗，小刘以后是有可能会来月经的，也不会对身体健康造成其他影响。

但经染色体检查，结果显示46,XY。谢梅青教授非常遗憾地告诉她们，小刘的诊断是46,XY单纯性腺发育不全，属于性发育异常的一种。判断新生儿的性别，传统方法是出生时看外生殖器，有阴囊、阴茎即为男性，有阴唇、阴道即为女性，绝大多数个体用这种方法判断性别是准确的，但有极少一部分个体性发育异常，即性染色体、性腺或性激素性别表型不典型的先天性异常，就不能单凭外生殖器鉴别男性和女性。有文献报道性发育异常发病率新生儿为1/（4 500 ~ 5 000）。

1955年，46,XY单纯性腺发育不全由杰拉尔德·斯沃耶（Gerald Swyer）首先描述，并以其名字命名为Swyer综合征。是由于在胚胎发育早期睾丸不发育，未能分泌睾酮和抗米勒管激素，导致胚胎未能向男性分化而造成的，虽然患者的染色体性别为男性，但是内外生殖器均是女性型，因此绝大多数患者的社会性别都是女性，被按照女性抚养长大，其心理性别也以女性居多。在治疗上，由于患者有Y染色体，性腺容易发生肿瘤，因此必须行腹腔镜手术切除发育不良的性腺。此外周期性给予雌孕激素可促进女性第二性征的发育，包括外阴、乳房的发育，并预防骨质疏松。由于此患者具有子宫，以后也可以通过供卵和体外受精-胚胎移植技术获得妊娠。

虽然小刘对这个结果表示难以接受，但在谢梅青教授的安慰、鼓励下，慢慢走出了最初的震惊和痛苦。经过沟通，小刘决定切除性腺，以女性的社会性别继续生活。考虑到患者来自外市，往返广州不太容易，谢梅青教授当天就为患者安排了入院，并尽快进行了手术。术后为患者制订了雌孕激素补充治疗的方案，嘱患者在当地医院按照此方案长期用药，每半年回本院复诊一次，以便及时调整方案，跟踪疗效。

思政映射融入点与融入方式

专业知识、专业技能	思政映射融入点	融入方式
性发育异常的病理生理机制和临床表现	在讲课中向学生传授"关爱患者心理感受"的理念。对于一名社会女性，突然知道自己染色体性别为男性，心理震撼很大，难以接受。医者仁心，医生不仅面对着人的病，更面对着病的人。要向患者提供心理支持和安慰，助其走出这个时期，顺利接受现状	案例展示，通过让学生了解胚胎的性别分化过程，理解染色体性别和生殖器性别、社会性别不一致的情况
性发育异常的诊断和治疗	诊断过程中，应遵循先简单再复杂、先无创再有创的原则，一步步明确诊断。盲目做很多检查的做法不可取。治疗要充分尊重患者的意愿。本例患者的染色体性别和社会性别不一致，在制订治疗方案时应与患者充分沟通，尊重其意愿。不仅为患者提供医疗资源和帮助，也要尽可能为患者提供心理支持。告诫学生医生同理心的培养非常重要	通过案例所展示的小刘的诊断过程和治疗决策，让学生掌握相关知识点

（陈亚肖）

参考文献

[1] 田秦杰. 实用女性生殖内分泌学 [M]. 3 版. 北京：人民卫生出版社，2024：86-152.

[2] 孔北华，马丁，段涛. 妇产科学 [M]. 10 版. 北京：人民卫生出版社，2024：278-285.

[3] 薛晴，李克敏．妇科与生殖内分泌掌中宝．3版．北京：北京大学医学出版社，2018：1-45.

[4] 马若鹜，郭雅彬，张清学，等．46，XY 女性性发育异常临床分析[J]．中华妇幼临床医学杂志（电子版），2022，18（1）：61-66.

基础研究与临床研究的实践运用

——新技术助力一例无精子症患者的孕育道路

案例呈现

来自广东省汕尾市海丰县的凌先生夫妇结婚已有4年，始终未能怀孕。一年前他们在居住地医院就诊，女方检查双侧输卵管通畅，卵巢、子宫功能正常，而男方多次检查精液均未见精子。“无精子症”这个诊断对于凌先生来说犹如晴天霹雳。无精子症是指精液离心镜检未见到精子。流行病学研究显示该疾病在男性中患病率约1%，而在不育人群中约10%～15%。60%的无精子症由严重的生精功能障碍引起，通常称为非梗阻性无精子症（non-obstructive azoospermia，NOA）；40%由先天性或后天性输精管道梗阻引起，称为梗阻性无精子症（obstructive azoospermia，OA）。

夫妻二人到当地一位有名的老专家处诊治，坚持服用了半年的药，但多次复查凌先生的精液里都没有发现精子。之后又换了几家医院，找不同的医生看病、吃药、打针、复查精液，然而还是没有任何改变。

一心想要孩子的夫妇二人不断抱有希望又不断失望，反复的打击让人身心疲惫。作为“当事人”，凌先生承受的压力并不比妻子少，焦虑、沮丧、羞愧，求医路上，许多复杂的情绪不断裹挟而来。像凌先生这样的无精子症患者，在中国男性生育人群里占 1%。男性不育是近年来备受关注的社会健康问题之一。

1677 年，荷兰学者安东尼·范·列文虎克（Antonie van Leeuwenhoek）利用其发明的显微镜第一次观察到男性生殖细胞——精子。由此男性生殖研究逐渐从宏观走向微观，男性生殖系统的解剖学、生理学和病理学等得到发展。1940—1950 年，随着电子显微镜、超薄切片和新型染色技术的发展，对不同物种的精子结构有了新认知。1978 年，首例体外受精 - 胚胎移植胎儿的诞生，1992 年，卵胞质内单精子注射（intracytoplasmic sperm injection，ICSI）的首次报道，成为精子研究领域新的里程碑事件。精液中只要有一个精子即有生育的可能，然而无精子症患者依然缺乏有效治疗手段。随着医疗技术的发展，这些患者有了生育遗传性子代的可能性。1995 年，一名 NOA 患者行开放性手术即睾丸精子抽吸术（testicular sperm aspiration，TESA），从睾丸中获取精子，再结合 ICSI 技术助孕成功。临床上相继采用多种取精方法解决无精子症的困境，包括经皮附睾精子抽吸术、开放性睾丸活检术、经皮睾丸活检取精术、经皮活检枪取精术等。上述手术均采用“盲法”穿刺，随机选择穿刺部位，因此睾丸功能损伤较大，获得精子的概率较低，获得的精子数量也少。随着显微外科的快速发展，1998 年，临床报道了显微镜下睾丸切开取精术（micro-dissection testicular sperm extraction，micro-TESE），能够显著提高 NOA 患者获精概率，使得 NOA 治疗有了新的突破。2001 年，美国康奈尔大学男性生殖医学与显微外科中心将 micro-TESE 理念带到中国。随着国内辅助生殖技术的快速发展，2010 年起北京、上海、广州等大型生殖中心开展了 micro-TESE。

显微取精术目前被认为是 NOA 患者取精的金标准。取阴囊正中切口或者阴囊双侧纵切口，逐层打开皮肤、肉膜、鞘膜等，暴露睾丸。在手术显微镜下观察睾丸白膜，尽量避开粗大血管切开白膜，切至约 2/3 周径。切开白膜的同时仔细观察生精小管，发现粗大、饱满、不透明的生精小管时，使用显微精细镊或显微双极电凝将其游离取出，交于实验室人员处理、镜检。与传统取精术相比，显微取精术具有手术切口小、视野好、精子获得率高、并发症少等优点。不同病因的获精率存在差异，腮腺炎合并睾丸炎为 80% ~ 100%，克兰费尔特综合征、隐睾术后、Y 染色体 c 区缺失约为 50%，特发性无精子症为 20% ~ 30%；均超过普通“盲法”睾丸取精 10% ~ 40% 的获精率。

广东省内开展显微取精术的生殖中心主要集中在广州。凌先生听闻中山大学孙逸仙纪念医院深汕中心医院可以开展这一新技术后，果断前往寻求希望。

生殖中心男科李医生详细回顾了患者夫妇既往诊疗经过，指出精液中没有精子不能反映睾丸中是否有精子，需要进一步检查和评估。无精子症患者的评估需要明确以下问题：分析检查方法是否规范。常规射出精液未发现精子后，应对标本离心，镜检沉渣均未见精子，且 2 次以上非同日检查结果一致，方可确认为无精子症；区分梗阻性和非梗阻性病因；评估是否存在可逆因素；评估是否存在遗传异常。病因排查方面以睾丸为中心，可分为睾丸前性（主要是内分泌疾病）、睾丸性（各种原因导致的睾丸本身生精功能障碍）、睾丸后性（输精道梗阻）三大类。部分患者可能同时存在多种病因。经过详细的沟通解释，凌先生进一步完善了相关检查，最后诊断为“特发性无精子症”。李医生综合考虑患者的分型及严重程度，建议进行三个月的内分泌治疗，再考虑显微取精术。

经过科室集中讨论技术流程，围绕技术的先进性、可行性、有效性、风险性，以及突发事件预案、人员资质等展开充分论证，组建了包含生殖男科专家、泌尿外科专家、胚胎学家及病理学家等的多学科协作团队。同时对患者取精后精子的保存、冷冻、运输等事宜也进行了详细规划。科室还成立了后勤保障团队，协调装备科、后勤科、中心手术室等多科室，制订了不同的预案，共同促进新技术的顺利开展。大量前期工作顺利完成后，李医生安排凌先生入住病房，准备进行显微取精术。

术前准备：与患者沟通了解疾病种类、原因、手术方式过程，可能的并发症及处置；减轻患者焦虑，保证充足睡眠；做好会阴部的清洁卫生。手术经过：顺序切开各层并严格止血，手术显微镜引导下在睾丸表面无血管区切开白膜后，仔细逐层寻找发育良好、相对饱满的生精小管，用显微镊将饱满的生精小管夹出，放到培养皿中，交由胚胎学家进行机械性处理，再在倒置显微镜下观察寻找精子；历时 2 个多小时手术顺利结束，冻存的精子可供后续 ICSI 使用。术后治疗与护理：术毕，患者返回病房后，护理人员观察与记录患者生命体征、意识状态，观察伤口渗血渗液、敷料情况。术后 4 ~ 6 小时凌先生便下床行走，伤口愈合良好，术后第二天已达出院标准并顺利出院。

显微取精术的成功开展开创了粤东地区的技术先河，填补了区域技术空白。该项新技术的顺利开展体现了筹备新技术落地的过程中，“时时以患者安全、患者利益最大化”为初心的科室理念。各部门通力合作，稳健、高效、安全、精益求精，共同推进医疗事业的不断发展。术前、术中及术后的团队协作也为新技术的开展作好了铺垫。良好的医患沟通、想患者所想、解决患者疑问是开展任何医疗措施的基础。

显微取精术是治疗 NOA 的革命性进步，然而依然面临需优化解决的问题，如术前获精预测指标的欠缺、睾丸样本中分离精子方法的有效性及效率性问题、无精子症的遗传原因探究等。已知的 NOA 表型中遗传因素约占 30%，主要包括染色体异常（如克兰费尔特综合征、性反转综合征），其次是 Y 染色体微缺失和单基因缺陷。通过全外显子组测序（whole exome sequencing，WES）确定了越来越多的新型单基因病因。基因检测对于诊断、预后判断，以及患者长期健康影响等均具有重要的遗传咨询价值。精准识别出睾丸无精子的患者，避免“无效”手术操作，预警个体及其后代长期健康风险等，将为医疗模式优化提供新思路。

目前研究者正尝试制作 NOA 动物模型，一方面应用多光子显微镜、超声探针、单细胞拉曼光谱、微流控技术等示踪技术来定位或寻找精子。另一方面精子发生是人类已知的最复杂、细胞连续增殖和分化时间最长的生理过程之一。长期以来科学家一直追求在体外生成功能性精子。2016 年，南京医科大学沙家豪教授和中国科学院动物研究所周琪院士、赵小阳教授等人合作实现了小鼠胚胎干细胞体外分化并获得具有功能的精子细胞。2021 年 10 月，美国佐治亚大学的研究人员报道可使用灵长类胚胎干细胞在培养皿上制造功能性精子细胞。2022 年，哥伦比亚大学的科学家利用 3D 技术打印出人类睾丸细胞，并发现其有产生精子的早期迹象，证实了使用临床衍生的人体组织 3D 打印成人睾丸细胞的可能性，打开了男性不育症治疗的新大门。

从对精子的认知出发，到临床实践解决无精子患者的困境，可以发现基础研究提供了深入理解疾病的分子和细胞机制的基础，为开发新治疗方法提供了前提条件。而临床观察和应用既是对基础研究发现的肯定，又在运用中提出了新的研究问题和方向，推动基础研究的深入。精子从无到有，依赖的是基础研究和临床实践的共同推进。基础研究与临床之间的界限变得越来越模糊，两者的结合也越来越紧密。做新时代复合型医学人才是未来我们不断努力的方向。

思政映射融入点与融入方式

专业知识、专业技能	思政映射融入点	融入方式
了解不育症病因，掌握病因筛查路径，明确诊断	不育症患者面临身心双重压力，需要引入医学人文精神；现有诊治手段存在局限性，需要科学探究精神	授课一开始，用临床真实个案为引子，引起学生的学习兴趣。通过共情使学生领会疾病的诊治包含了理性及感性维度。“有时去治愈，常常去帮助，总是去安慰”
了解人类从发现精子到解决相关疾病的科学历程	医学面临的难题需要从基础研究出发，通过观察、思辨、假说、验证等过程从而认识生理病理机制。医学生必须具备扎实的基础医学知识，并具有对未知不断探索和创新的精神	以时间轴的方式呈现重大节点，让学生感受到认知过程的不断深入，以及技术的发展为解决问题所提供的新方法
了解男性无精子症诊治新方案	新技术的运用需要严格适应证、重视并发症和禁忌证，要求医务工作者具有高度的责任心和使命感。体现了遵纪守法、爱岗敬业、开拓创新的职业规范要求	以显微取精术作为例子，介绍基于基础研究，临床新诊疗技术的发展，不同术式的比较，展现临床科学家对疾病诊治手段发展的努力。以点带面，见微知著
了解新技术开展过程中对安全性、有效性的把控环节	临床研究的突破，离不开紧密的协作和严格的质控。加深学生对团队协作、患者利益优先等的认知	以案例具体实施过程为切入点，介绍新技术落地过程中医疗管理、医疗技术、患者沟通等不同维度的保障措施

续表

专业知识、专业技能	思政映射融入点	融入方式
了解无精子症诊治的现有难题及未来发展方向	医学有突破但又带来新挑战，不断认知、不断创新是医学发展的必由之路	罗列现有困难，对应基础研究进展，通过对照，激发同学对研究和临床密切关联的认同

（黄佳）

参考文献

[1] PUERTA S J, DU PLESSIS S S, CARDONA M W. Spermatozoa: a historical perspective[J]. Int J Fertil Steril, 2018, 12(3): 182-190.

[2] DABAJA A A, SCHLEGEL P N. Microdissection testicular sperm extraction: an update[J]. Asian J Androl, 2013, 15(1): 35-39.

[3] 中国医师协会生殖医学专业委员会生殖男科学组无精子症诊疗中国专家共识编写组. 无精子症诊疗中国专家共识 [J]. 中华生殖与避孕杂志，2021，41（7）：573-585.

[4] 宋明哲，孙莹璞，孙海翔，等. 无精子症不育诊断和治疗中国专家共识 [J]. 生殖医学杂志，2023，32（1）：9-18.

[5] 中国医师协会生殖医学专业委员会生殖男科学组睾丸显微取精术围手术期管理中国专家共识编写组. 睾丸显微取精术围手术期管理中国专家共识 [J]. 中华生殖与避孕杂志，2023，43（3）：226-234.

[6] PUNJANI N, KANG C, SCHLEGEL P N. Two decades from the introduction of microdissection testicular sperm extraction: how this surgical technique has improved the management of NOA[J]. J Clin Med, 2021, 10(7): 39-42.

[7] KRAUSZ C, CIOPPI F. Genetic factors of non-obstructive azoospermia: consequences on patients' and offspring health[J]. J Clin Med, 2021, 10(17): 98-103.

怎样与患者及家属交代病情和传递“坏消息”

——一例晚期卵巢癌病例的医患沟通

案例呈现

在女性生殖系统恶性肿瘤中，卵巢癌发病率在全球排名第三，死亡率仅次于宫颈癌。在发达国家中，卵巢癌位列女性生殖系统恶性肿瘤中死亡率第一位。全球范围内，2020 年新增卵巢癌患者 313 959 例，死亡共 207 252 例。2024 年发布的 2022 年中国恶性肿瘤流行情况分析显示，我国新增卵巢癌患者发病数约为 6.1 万例，死亡病例约 3.3 万例。卵巢癌在绝经后妇女中发病最为普遍，因为盆腔及腹腔的容积很大，肿瘤早期症状不明显，没有疼痛、肿胀等，极易发生漏诊和诊断延迟，从而导致很多患者一旦发现已是晚期，有播散和转移，因此 5 年生存率一直很难提高，病死率高。

临床工作中，医生经常要跟患者及家属交代病情，尤其是严重的疾病还会有“坏消息”。在现实的医疗实践中，医生发现患者和家属对病情的理解程度十分有限，即使有些患者或者家属可能在网上查阅了一些资料，但是由于医学的专业性，多数都很难对这类疾病有相对清晰的认识，比如疾病进展速度、预后、花费等。妇科肿瘤医生每次跟一些晚期的肿瘤患者或其家属交代病情的时候，心里面都会有些沉重，特别是晚期卵巢癌患者，复发率极高（约 70% 左右），复发后治疗比较棘手。那如何既把病情说得清晰明白、科学准确，同时又能兼顾患者和家属的心理感受？这是妇科肿瘤医生需要仔细考虑的一个问题。

2019 年，中山大学孙逸仙纪念医院妇科肿瘤专科收治了一位 40 多岁的晚期卵巢癌患者。让人印象很深的是，这位患者在半年前体检时做过妇科检查，当时的结果没有异常。后来因为腹胀就诊，检查后发现卵巢癌的可能性很大，马上收入院给予进一步检查及手术治疗，手术后确诊为卵巢高级别浆液性腺癌Ⅲ C 期。家属知道患者罹患晚期卵巢癌后非常担心，这种情况是不是很严重？是不是要化疗？化疗是不是很痛苦？化疗后是不是还会复发？还能活多长时间？家属因为担心患者接受不了自己的病情，所以强烈要求医生给予保密。医生固然能够在一段时间内对患者本人进行一定程度的病情保密，但是作为患者家属应该非常清晰地了解卵巢癌的发病情况、治疗方法、不良反应及预后。于是，妇科肿瘤医生对患者家属解释了卵巢癌的发病机制及发病率，同时也告诉家属这是一个比较严重的、病死率比较高的妇科恶性肿瘤，手术后需要进行 6 ~ 8 次化疗，且化疗有一定的不良反应，大多数晚期卵巢癌患者治疗后都会复发，能够存活 5 年的患者只有 30% ~ 40%。患者家属听到这个消息后，很久没有说话。

患者家属的心情医生是很能够理解的，但是作为医生，是不是交代完病情，把所有的专业知识全部“输出”就完成了对肿瘤患者的病情交代呢？显然这样的做法是不够的。党的十八大以来，习近平总书记领导的党中央始终坚守着以人民为中心的发展理念，将人民健康放在优先发展的战略地位，一直都在不断推进我国医疗卫生体制改革，持续优化卫生健康体系的建设和升级。我国的卫生健康事业已经从“以治病为中心”转变为“以人民健康为中心”，全国的医疗系统及医疗工作者都在努力做到全方位、全周期地保障人民健康。作为现代的中国医生，如果只能单纯治疗生理疾病显然是不能满足人民群众的需要。

作为医生，在与患者及家属交代病情，尤其是比较严重的病情时，应该怎样做？首先，应对患者及家属真心同情与共情。同情与共情也许是一个小小的拥抱，也许一个恰如其分地拍拍肩膀。可以让患者或家属稍事休息后，对其说：“你不用太难过，现代医学对于疾病的研究越来越深入，疾病的诊断也越来越早，所以才发现了现在这个问题。”家属听到这句话后，心情平静了很多。这句话听起来就像跟朋友的普通聊天，很平淡，但是却很真实。合理的宣泄和有效的疏导，比起讲道理或者是机械的安慰语言，往往会来得更有效，让人感到更加亲切和舒适。沟通方法有千万种，每一位医生都有自己独特的与患者沟通的技巧和方法，关键是让患者及家属体会到医者之心。

“从患者中来，到患者中去”，也是医生这个助人性职业必须理解并且履行的。有时候医生说很多专业的话，把病情交代得非常清楚，但患者及家属可能听不明白，甚至陷入一种无限的愧疚、焦虑或者抑郁的状态。信心是治病的基础，作为医生，应该用通俗易懂的语言向他们解释病情、治疗方案和预后等内容，确保他们能够清晰理解。医者仁心，能急病人所急、想病人所想，要换位去思考，坚定信心是一切治疗的基础。

接着，医生又说了下面的话：“十几年前我还在读研究生时，卵巢癌的治疗效果是非常差的，那时候我们总是要跟患者说可能只有 2 ~ 3 年的生存期。但是现在随着化疗药物的创新与发展，靶向药物、抗体药物偶联物、抗血管生成药物的使用，卵巢癌患者很多都可以多生存 5 ~ 7 年，甚至是终身的治疗。部分卵巢癌已经变成了一种慢性的疾病，比以前的治疗效果好很多，所以不要失去信心。如今，新的治疗药物和技术层出不穷，又能够给卵巢癌的治疗带来新的转折和希望。”虽然医生的工作很繁忙，但是花费时间进行必要的沟通同样也是治疗疾病所必需的。只有让家属有信心，患者才会有信心，才能够去接受治疗。手术恢复后，医生和家属一起逐步向患者透露病情，让患者平稳度过心理和生理的不适期。

这是一次在肿瘤治疗过程中医生进行的关于妇科恶性肿瘤的病情交代。作为医生，既要治疗患者生理上的疾病，也要帮助患者进行心理上的治疗。虽然没有办法在很短的时间内完全改变患者和家属的心理状态，但是关切的态度、积极的沟通完全有可能让患者逐步走出心情的低谷，慢慢去接受疾病，并且积极配合治疗。

在医疗实践中，向患者及家属交代病情，尤其是坏消息是一项极具挑战性却至关重要的任务。医生不仅要具备专业的医学知识，还需要掌握有效的沟通技巧和共情能力，这样才能够以一种恰当的、温柔的、舒适的和尊重的方式去交代病情和鼓励患者。

首先，医生应该要认识到，交代坏消息并不是简单机械的病情告知。告诉患者坏消息的过程其实是一个涉及情感、心理、家庭支持和社会支持等多方面、多维度的复杂过程，因此需要充分准备，确保自己具备足够的耐心和同理心，同时还要有充足的医学知识储备。在与患者和家属的沟通中，要始终保持尊重和理解，不要使用过于直接或冷漠的语言。有行为研究曾经统计过一些医生查房时的动作，发现部分医生查房时喜欢双手交叉放在胸前，行为研究认为这是一种置身事外的表现。如何让患者感觉到医疗的温度，需要医生用整个职业生涯去学习和总结。医生的任务是治疗，但是治疗必须包括心理、生理等各方面的治疗。

习近平总书记多次强调“不忘初心”，医疗工作者的“初心”就是尽力使用一切办法，对患者付出最大的耐心和仁心，关怀患者及家属的情绪就是医生“初心”的重要部分。

其次，医生要明确沟通的目标和重点。医生在与患者家属的沟通中，要重点解释患者的病情、治疗方案、预后，以及可能的风险和副作用。在交代病情的同时要关注患者家属的情感反应和疑虑，给予积极回应和解答。特别是在跟一些预后不良的患者沟通的时候，更加要鼓励患者积极面对病情，多鼓励、少指责、少指示，最终目的就是让患者和家属乐观、积极配合。

同时，医生还可以使用一些具体的沟通技巧来增强沟通效果。例如，可以使用开放性问题来引导患者和家属表达自己的看法和感受；在查房、换药的时候营造一种乐观积极的语言环境，不要过于生硬或使用过多的专业名词；同时也可以利用肢体语言（如拍一下肩膀、握一下手）和面部表情来传递关怀和鼓励的情感。

最后，关怀和支持要有持续性。交代病情和坏消息只是沟通的开始，医生还需要在后续的治疗过程中与患者和家属保持密切的联系，同时及时关注其情绪变化和需求变化，根据相应的变化医生应该提供合适的支持和帮助。医生和患者保持联系的方式方法有很多种，最传统的是患者通过门诊跟医生进行联系，在互联网时代，医生和患者也可以通过医院建立的数字化平台、互联网医院进行实时沟通，互联网的实时性可以让医生和患者的交流更加便利和及时，并且给患者及家属提供足够的安全感。

通过以上沟通方式的介绍和举例，希望能够帮助医务人员更好地与患者及家属交代病情和坏消息，减轻患者与家属的心理负担，增强患者对治疗的信心和配合程度。

国务院在2016年10月25日印发的《"健康中国2030"规划纲要》，充分体现了党中央、国务院高度重视人民健康工作。该规划纲要已经明确指出健康建设是全方位的，不是单纯的生理健康，还包括非常重要的心理健康。心理健康的建设和支持，是现代医学不可或缺并且必须做好的重要部分。中山大学中山医学院有副楹联写着"救人救国救世，医病医身医心"，简单的12个字，写出了医生的家国情怀和医生的职责——医病医心，救人爱国。

思政映射融入点与融入方式

专业知识、专业技能	思政映射融入点	融入方式
卵巢癌的发病率与预后	通过讲述卵巢癌的相关数据，体现医者的仁术和仁心，激发学生的探索精神和创新精神，以及对患者的人文关怀	授课一开始，用一串科学的数字告诉学生卵巢癌的发病率与病死率，增加课堂的科学性。每年更新的数字可以让学生自行查阅，从而提高学习的兴趣，并且培养学生知识收集和检索的能力，增加学习的主动性
如何进行医患沟通	在治疗患者疾病的同时，医生必须注重患者的心理支持与健康，从而拓展专业课程的广度、深度和温度，增加课程的人文性，提升课程的开放性	以故事的形式在课堂呈现，可以通过提问的方式，让学生提出不同的沟通方案，最后总结。同时也告诉学生不同的人适合不同的沟通方法，并不是千篇一律的
总结医患沟通的技巧和方法	只有做到病、身、心的全面治疗，才能契合"健康中国2030"，坚持以人民为中心的发展思想，牢固树立和贯彻落实新发展理念，坚持正确的卫生与健康工作方针的布局	通过引用"救人救国救世，医病医身医心"的楹联，告知学生"医病"的同时也要"医身"与"医心"。让学生认识到，要想把患者治好，医生需要同时给患者提供生理和心理上的支持

（刘畅浩）

参考文献

[1] 陈静红，尹如铁. 2023 年欧洲肿瘤内科学会《新诊断和复发性上皮性卵巢癌的诊断、治疗和随访临床实践指南》解读 [J]. 实用妇产科杂志，2024，40（2）：116-121.

[2] 李琏，温灏，刘淑娟，等. 2023 年中国卵巢癌诊疗现状白皮书 [J]. 中国实用妇科与产科杂志，2023，39（12）：1225-1232.

[3] ARMSTRONG D K, ALVAREZ R D, BACKES F J. NCCN guidelines® insights: ovarian cancer, version 3.2022[J]. J Natl Compr Canc Netw, 2022, 20(9): 972-980.

[4] 李宝兰，胡瑛. 与晚期癌症患者及其家属进行有效沟通的尝试及思考 [J]. 中国医学伦理学，2015，28（6）：948-950.

[5] 李婷，陈瑛罡. 肿瘤患者治疗过程中的医患沟通 [J]. 中华结直肠疾病电子杂志，2013，2（4）：201-202.

[6] 许民，王建中，邹向红. 浅谈与妇科肿瘤患者医患沟通的环节和技巧 [J]. 齐齐哈尔医学院学报，2008，29（21）：2688-2689.

[7] 包雯光，彭志刚，钟进才，等. 试论培养肿瘤学专业学生临床医患沟通的措施 [J]. 教育教学论坛，2019，18：34-35.

[8] 许敏，程纬民，曾清. 医患沟通在血液科临床教学中的应用探讨：以医患沟通情景剧为例 [J]. 教育教学论坛，2022，32：57-60.

"有时去治愈，常常去帮助，总是去安慰"

——一封来自肿瘤终末期患者父母的感谢信

案例呈现

2022年的春节刚过，在医生们准备重新投入繁忙的日常医疗工作中时，一封感谢信送至中山大学孙逸仙纪念医院妇科肿瘤专科李教授的手上。

尊敬的李教授：

您好！

在这封信中，我们想向您表达最深切的感谢。虽然我们的女儿小菲已经离开了我们，但在她生命的最后阶段，是您和您的团队给予了她最专业、最细心的照顾。在我们心中，您不仅是一位医生，更是一位温暖人心的朋友。

两年前小菲在外院被诊断卵巢内胚窦瘤后，我们全家都陷入了极度的恐慌和无助之中。年仅15岁的她承受了手术和化疗的痛苦，但仍阻止不了病情的恶化，复发的消息对我们来说如同晴天霹雳。当我们带着绝望的心情几经辗转慕名来到您的团队时，是您用专业的知识和无限的耐心给了我们希望，让我们一家重燃和病魔抗争的信心，也让我们全家多了两年相伴的时光。这两年间，一次次病情的变化，您和您的团队不仅给予小菲医疗上的帮助，也给予我们全家精神上的支持。尽管最终的结果并不是我们所期待的，小菲在与病魔抗争的第二个春节，在家人的陪伴下遗憾地离开了我们，但您和您的团队所做的一切努力，我们都看在眼里，铭记在心。在这段艰难的旅程中，您就像一盏明灯，照亮了我们艰难而多舛的抗癌之路。

科室大门口贴的对联给我留下了深刻的印象——宁可手中刀生锈，唯愿天下人无瘤。这是您和您的团队美好的夙愿，也是我们身为患者家属的愿望。但我们知道，现实中还需要像您这样医术和医德双馨的好医生，不辞辛劳为广大患者解除病痛。

衷心祝愿您和您的团队身体健康，工作顺利。愿您的每一天都充满阳光和欢笑，就像您为患者带来的希望一样。

特 1 床小菲父母敬上

2022 年 2 月 9 日

在科室交接班早会上，这封信在大家手中传阅，在每个人心中都泛起了涟漪。

根据世界卫生组织的数据，全球每年约有 50 万女性被诊断患有妇科恶性肿瘤。在发达国家，由于早期筛查手段的普及和健康意识的提高，妇科恶性肿瘤的发病率和病死率相对较低。然而，在发展中国家，由于医疗资源有限和健康意识不足，妇科恶性肿瘤的发病率和病死率仍然处于较高水平。近年来，随着生活方式的改变和环境污染的加剧，肿瘤患者年轻化趋势越来越明显。数据显示，宫颈癌、子宫内膜癌和卵巢癌是妇科三大常见的恶性肿瘤。其中卵巢癌是致死率最高的女性生殖道恶性肿瘤，2022 年，全球新增卵巢癌病例约 32 万例（占女性癌症总数的 3.4%），死亡病例约 21 万例（占女性癌症死亡总数的 4.8%）。除了传统的手术、化疗和放疗，近年来涌现了靶向治疗、免疫治疗等新兴治疗手段。在国家经济水平不断提升、践行“健康中国”的大环境下，不断出台的医保政策使得越来越多的患者得以使用这些新兴治疗方法。然而，宫颈癌、卵巢癌等妇科恶性肿瘤仍严重威胁着女性健康。70%的卵巢癌患者诊断时即为晚期，即使经过规范的手术和化疗，仍有约70%的患者会在3年内复发，约70%在5年内死亡。

“肿瘤”是个让人闻之色变的词语，特别是妇科恶性肿瘤，涉及的子宫、卵巢等与女性生育功能密切相关的器官。从事妇科肿瘤专业的医护人员，在整个医疗过程中均需要具备扎实的医学人文素养，因为从病史采集到进行妇科检查的全过程都可能涉及患者的敏感问题，例如对于宫颈病变的患者需详细询问开始性生活的年龄、性伴侣个数、有无高危性生活等非常隐私的问题；专科体格检查需要检查生殖道这一特殊部位。缺少医学人文素养和技巧的病史采集和体格检查，可能给患者带来不适的体验从而无法配合诊治，严重者可能造成漏诊、误诊，甚至让患者产生抵触情绪，不愿意配合临床治疗方案，影响患者治疗效果。而良好的沟通技巧能缓解患者敏感而紧张的情绪，获得患者和家属信任，让患者积极配合诊疗、改善患者治疗效果和预后。我国著名的妇产科医生郎景和院士有一句名言：“医生给患者开出的第一张处方是关爱”。郎景和院士的这句话强调了关爱和安慰对于患者治疗的重要性，特别是妇科肿瘤患者，她们不仅要面对疾病的折磨，还要承受心理、家庭和社会的压力等多重负担。医务人员在肿瘤治疗过程中给予患者的爱护和安慰等医学人文关怀，对于提高患者的生活质量、增强治疗效果具有重要意义，主要体现在以下几个方面。

1. 增强患者的心理素质 妇科肿瘤患者在治疗过程中，往往会产生恐惧、焦虑、抑郁等不良情绪。这些情绪会影响患者的心理状态，进而影响治疗效果。通过倾听患者的心声、关注患者的需求等人文关怀方式可以帮助患者建立信心，增强心理承受能力，使患者更加积极地面对治疗。

2．提高肿瘤治疗效果 人文关怀对于患者的生理和心理具有很好的调节作用。研究表明，正向的心理因素有利于改善治疗效果。

3．提高患者的生活质量 关爱和安慰可以帮助患者树立战胜疾病的信心，使患者更加积极地面对治疗。同时，还可以帮助患者调整心态，关注生活中的美好事物，从而提高患者的生活质量。此外，还可以帮助患者建立良好的生活习惯，提高身体素质，为康复创造良好条件。

4．减轻家庭和社会压力 妇科肿瘤患者在治疗过程中，往往需要家庭成员的陪伴和支持。医生的关爱和安慰可以让患者感受到家庭和社会的关爱，减轻患者的心理负担，有利于患者的康复。

5．促进医患关系和谐 关爱和安慰是医患沟通的重要手段，是增进医患之间信任和理解的桥梁。在妇科肿瘤治疗过程中，可以使患者感受到温暖和关爱，从而建立起良好的医患关系，有助于提高患者的依从性。

“有时去治愈，常常去帮助，总是去安慰”，爱德华·利文斯顿·特鲁多（Edward Livingston Trudeau）医生的墓志铭说出了众多肿瘤科医务人员的心声。依靠手术、放疗、化疗等手段，有些肿瘤可以被治愈，但遗憾的是即使靶向、免疫等肿瘤治疗如雨后春笋般涌现，仍然有很多的妇科恶性肿瘤患者不可避免地走到生命的尽头，称她们为肿瘤终末期。肿瘤终末期患者的医疗沟通是一项极具挑战性的任务。这些患者面临着生命的威胁，她们的痛苦和恐惧需要得到充分理解和关怀，对于医护人员的人文素养要求更高。同理心、换位思考，以及临终关怀的知识和技能，可以更好地帮助患者和家属度过这段艰难的时期。同理心是指能够理解和感受他人的情绪和经历，换位思考则是站在他人的角度去思考问题，可以帮助医护人员理解患者的痛苦和恐惧。肿瘤终末期的患者往往会感到无助和绝望，通过同理心和换位思考，医护人员可以理解他们的感受和需求，从而提供更为人性化的医疗帮助。例如，有些肿瘤终末期的患者在清楚治疗无望、时日不多的情况下，表达了想落叶归根的愿望，放弃医院的姑息性治疗，选择回家在亲人的陪伴下走完人生最后一程。身为医务人员应尊重患者及家属的意愿，为患者的转运创造条件，帮助其达成心愿。而也有一些患者可能因为还有未完成的心愿而希望尽可能延长生命，可以在充分沟通病情、患者知情同意、遵守医疗原则的前提下给予适当的积极治疗。当患者生命进入倒计时后，临终关怀的重要性不言而喻，强调照护为主、治疗为辅，尊重患者的生命尊严，关注其身体、心理、社会和精神需求，目标是提高患者的生活质量，减轻患者痛苦，帮助其尽可能平静地面对死亡，包括疼痛管理、情绪支持、家庭支持等。

本案例开头信中提到的主人公小菲及其家属，非常幸运地遇到了李教授及其医护团队，在团队过硬的专业知识、良好的沟通、家属充分的信任下医患携手走过了两年的抗癌之路。虽然结局有缺憾，但医治过程中的温暖不遗憾。

思政映射融入点与融入方式

专业知识、专业技能	思政映射融入点	融入方式
医术与医德并重的重要性	面对肿瘤患者及家属，不仅要用专业本领去治疗，还要用人文关怀去温暖，体现了医生的职业精神中“以患者为中心”的核心价值，促使学生自觉遵守职业道德规范，培养善良、仁爱、耐心等品质	通过临床真实病例，让学生认识到在医疗工作中医学人文的重要性

续表

专业知识、专业技能	思政映射融入点	融入方式
妇科恶性肿瘤的现状	尽管肿瘤防治得到世界范围的重视，肿瘤治疗取得了进展，但妇科恶性肿瘤特别是卵巢癌、宫颈癌仍威胁着女性健康，激发学生学习的信念感和责任感	列举妇科恶性肿瘤的数据，引起学生对妇科恶性肿瘤治疗的重视
肿瘤患者临终关怀的需求	对于肿瘤终末期的患者重视临终关怀，体现了对生命的尊重和敬畏；正视医学的局限性，体现了理性的认知态度	通过分析肿瘤患者临终需求，并引用特鲁多的名言“有时去治愈，常常去帮助，总是去安慰”，帮助学生掌握对于肿瘤患者临终关怀的原则

（吴妙芳）

参考文献

[1] BRAY F, LAVERSANNE M, SUNG H, et al. Global cancer statistics 2022: GLOBOCAN estimates of incidence and mortality worldwide for 36 cancers in 185 countries[J]. CA Cancer J Clin, 2024, 74(3): 229-263.

[2] 郑荣寿，陈茹，韩冰峰，等. 2022 年中国恶性肿瘤流行情况分析 [J]. 中华肿瘤杂志，2024，46（3）: 221-231.

[3] 王少明，郑荣寿，韩冰峰，等. 2022 年中国人群恶性肿瘤发病与死亡年龄特征分析 [J]. 中国肿瘤，2024，33（3）: 165-174.

[4] TORRE L A, TRABERT B, DESANTIS C E, et al. Ovarian cancer statistics, 2018[J]. CA Cancer J Clin, 2018, 68(4): 284-296.

[5] CHESSA F, MORENO F. Ethical and legal considerations in end-of-life care[J]. Prim Care, 2019, 46(3): 387-398.

[6] HUI D, BRUERA E. Models of palliative care delivery for patients with cancer[J]. J Clin Oncol, 2020, 38(9): 852-865.

[7] KAMAL A H, BAUSEWEIN C, CASARETT D J, et al. Standards,

guidelines, and quality measures for successful specialty palliative care integration into oncology: current approaches and future directions[J]. J Clin Oncol, 2020, 38(9): 987-994.

[8] 韩启德. 医学的温度 [M]. 北京：商务印书馆，2020：151-169.

[9] 郭莉萍. 叙事医学在中国：现状与未来 [J]. 医学与哲学，2020，41（10）：4-8.

[10] 杨凤姣，陈欢，王海燕，等. 我国临终关怀面临的突出问题及解决措施 [J]. 中国医学伦理学，2019，32（12）：1562-1565.

小隐私，大纠纷

案例呈现

隐私权是自然人对其私人生活与私人信息享有的权利，依法受到法律保护，且不应被他人非法侵扰、知悉、收集、利用和公开。隐私权的起源可以追溯到十九世纪。1890 年，路易斯 · 布兰代斯（Louis Dembitz Brandeis）和塞缪尔 · 沃伦（Samuel Dennis Warren）提出了隐私权的概念。20 世纪中叶颁布的《世界人权宣言》及《公民权利和政治权利国际公约》等国际人权文件明确了隐私权是一项基本的人权。患者的隐私权是一种特定人群的权利，主要关联在医疗机构接受医疗服务时涉及患者自身因诊疗服务需要而被医疗机构及医务人员合法获悉的基本信息，如患者家庭住址、联系方式、经济状况，以及患者的健康信息如主诉、现病史、既往史及家族史等。近年来，我国多部法律法规对个人隐私保护做了明确规定。《中华人民共和国民法典》指出：自然人享有隐私权，任何组织或者个人不得以刺探、侵扰、泄露或公开等方式侵害他人的隐私权。《中华人民共和国医师法》第二十三条第三项规定：医师在执业活动中应尊重、关心、爱护患者，依法保护患者隐私和个人信息。若泄露患者隐私或者个人信息，该法第五十六条第一项规定：县级以上人民政府卫生健康主管部门将责令改正，给予警告，没收违法所得，并处一万元以上三万元以下的罚款；情节严重的，责令暂停六个月以上一年以下执业活动直至吊销医师执业证书。

医疗活动中，医务人员是患者隐私的直接接触者和知情者。由于工作性质，医务人员可以接触到大量患者的个人数据和私密信息，但如果医务人员对患者隐私保护的意识缺乏，不经意间把平日接触的患者信息当成日常生活中的谈资，甚至上传到网上会造成患者隐私的泄露。余思萍等的调查发现，约 10.5% 的医务人员通过网络发布过与患者有关事件信息，曾经私下谈论患者个人隐私的医务人员甚至高达 51.6%，足见医务人员法律意识的淡薄、隐私保护意识的薄弱。有些医务人员会在诊疗过程中发自拍展示自己日常的工作，有些会在网站发表有关患者信息的内容，或者公开在聊天软件讨论患者的病情。此外，还有专业医疗网站、期刊等刊载患者的医疗信息、文字、图片、声音和视频等内容，在医学的专业数据网站、医疗交流平台上分享诊疗经验和经历、发表见解等情况。这些都可能被别有用心的人利用，大量碎片化的患者信息会被累积和关联，形成证据链，最终指向特定患者，从而暴露患者的隐私。2022 年 9 月，某卫生监督所接到市民投诉，称某医院检验科陈某于 2022 年 6 月在医院的工作聊天软件上私自转发患者的病理检查申请单照片，泄露了个人隐私，并提供其本人病理检查申请单、收费单据及聊天截图。经后续调查发现，陈某为该院检验科技师，案例中的患者是该院的医生，病理检查申请单上有其姓名、年龄，以及临床诊断为 HPV 感染等个人信息。依据相关法律法规，对陈某泄露患者个人健康信息的行为，给予警告和罚款 15 000 元的行政处罚。

医务人员特殊的工作性质，让他们有获取患者信息的条件，少数医务人员出于个人炫耀的目的，将患者的隐私信息曝光出去。如今高度发达的网络、便携的移动设备和日益兴盛的新媒体平台，给人们获取、交流和传播信息提供便利的同时，也成为患者隐私泄露的强大推手。患者的隐私一旦从源头上流出，便像开闸的洪水，在网络世界里迅速蔓延、扩散。2022 年 1 月，某市一男麻醉医师在媒体平台上直播患者妇科手术，暴露患者隐私部位，造成恶劣影响。根据我国的法律法规，该医生被依法依规注销其执业医师资格证书，公安机关介入对其刑事拘留，所在单位将其开除，解除人事合同。除了对个人进行处罚，上级主管部门还对本市卫生部门、涉事医院负有领导责任和直接管理责任的相关人员进行了严肃追责问责，对负有直接管理和领导责任的人员予以免职。2023 年 1 月，某社交平台发布女性患者私密部位照片并配有不雅文字引爆舆论，经调查，该照片由某市妇产科医生姜某上传，随即该医生被暂停执业，进一步接受调查。2023 年 12 月，某演员因病去世，但在此之前，患者的就诊病历（包括姓名和所患疾病等信息）被医务人员出于炫耀的目的，将患者病历拍照发至聊天软件，导致信息扩散，造成恶劣社会影响，被依法对其行政拘留。虽然泄露患者隐私事件属于个别事件，当事医生及相关人员会面临处罚，但经过网络的扩散和放大后，会引起社会舆论的强烈关注，破坏原本就脆弱的医患互信，加剧医患矛盾，冲击医疗信誉。

患者隐私泄露的潜在原因众多。如电子化病历的普及、信息化建设的推广，有助于提高医疗服务的效率和质量，但在信息安全保护措施不足的情况下，也增加了患者隐私泄露的风险。医疗机构和医务人员的信息安全意识和技术水平参差不齐，导致在信息管理和保护方面存在薄弱环节，还有一些机构缺乏完善的信息安全管理制度和技术设备，容易受到网络攻击或内部泄露的影响，进而导致患者隐私泄露。另外，医疗系统中存在的利益冲突和不正当利益输送，如医务人员出于一己私利或非法利益，将患者的个人健康信息售卖，也是导致患者隐私泄露的原因之一。

医务人员是患者隐私接触的主体和第一责任人，患者出于对医务人员的信任，从治疗疾病的角度，会将自己的隐私毫无保留地告知医务人员。明朝裴一中的《言医·序》:“学不贯今古，识不通天人，才不近仙，心不近佛者，宁耕田织布取衣食耳，断不可作医以误世！”医务人员是患者隐私保护最重要的关口，要不断强化法律意识及患者隐私保护意识，加强医德医风修养和职业道德教育。在为患者进行诊疗时，尽量创造一个私密的空间。教学医院带教过程中，对患者问诊、查体等教学活动，要取得患者或其家属的同意。在学术会议或者文献报道过程中，隐去可能识别患者身份信息的内容。在使用电子信息系统时，应该使用安全密码、加密技术等，确保患者信息不被未经授权的人员访问。在日常生活中，不出于炫耀、好奇等目的谈论涉及患者隐私的内容。医务人员应该始终将保护患者隐私视为自己的职业责任，确保患者的个人健康信息得到充分的保护和尊重。

保护患者隐私具有多重重要意义。首先，它代表了对患者个人权利的尊重和保障，体现了医务人员的职业操守和伦理责任。

通过维护患者隐私，医患建立起信任的基础，促进更加顺畅和有效的沟通与合作。其次，保护患者隐私有助于确保个人健康信息的安全，避免了未经授权的人员获取和滥用这些信息的风险，从而维护了患者的个人生活、就业和社会地位。此外，保护患者隐私还有助于提高医疗质量和治疗效果，创造一个开放、诚实的医疗环境，患者更愿意与医务人员分享病史和症状，为医务人员提供更为准确的诊断和治疗依据。因此，保护患者隐私不仅是对患者权利的尊重和保护，也是维护医疗质量、遵守法律法规、提升医务人员职业操守和社会信誉的必要举措。保护患者隐私是一项艰巨的任务，需要医务人员加强对自身行为的约束，同时也需要社会各界共同努力，通过法律法规、行为规范、技术手段的建立和实施，形成保护患者隐私的有效屏障。

保护患者的隐私任重道远，医生作为医疗活动的主体，是接触患者隐私的第一人，也是防止医疗隐私泄露最关键的一环。古希腊医学家希波克拉底（Hippocrates of Kos）告诫医者："行医处事所见所闻，永当保密，绝不泄露。"

思政映射融入点与融入方式

专业知识、专业技能	思政映射融入点	融入方式
隐私、隐私权的概念及由来	教育引导学生牢固树立法治观念，深化其对法治理念、法治原则、重要法律概念的认知	用隐私权的历史由来及具体定义，激发学生学习的兴趣
隐私权受到许多现行法律制度的保护	教育引导学生学思践悟习近平法治思想。提高学生运用法治思维和法治方式维护自身权利、化解矛盾纠纷的意识和能力	介绍相关的法律法规，强化法律法规意识。帮助学生理解医务人员泄露患者隐私可能面临的法律责任和制裁

续表

专业知识、专业技能	思政映射融入点	融入方式
医务人员是泄露患者隐私的主体	通过几起典型的泄露患者隐私"社会事件"，告诫医学生泄露隐私的危害	通过典型的泄露患者隐私的案例来说明，更生动具体，容易激发学生的兴趣
患者隐私泄露的原因及对策	通过分析患者隐私泄露背后的原因，让学生牢固树立法治观念，增强法律意识，提高保护患者隐私的意识	从人、技术及利益驱动等多个方面来进行比较和阐述，加深学生的印象
保护患者隐私的重要性	教育引导学生树立保护患者隐私的意识，筑牢严守隐私底线，培养遵纪守法、爱岗敬业、诚实守信的精神	反复引导学生思考保护患者隐私，懂得医务人员应该承担的责任和义务
医者的职业规范和责任	教育引导学生深刻理解并自觉实践各行业的职业精神和职业规范，增强职业责任感	引用伟大的医学家希波克拉底的医学誓言加以说明，突显医学本质

（陈圣福）

参考文献

[1] 左晖. 谈病案管理与患者的隐私保护 [J]. 中国病案，2015，16（10）: 20.

[2] WARREN S D, BRANDEIS L D. The right to privacy[J]. Harvard Law Review, 1890, 4(5): 193-220.

[3] 付建彬. 刍议患者隐私保护：从某医师泄露明星病历被行拘案件谈起 [J]. 中国医学人文，2024，10（3）: 64-65.

[4] 逯改. 论患者隐私权的伦理价值 [J]. 医学与哲学，2002，23（12）: 26-28.

[5] 魏彩霞，李文娟. 健康医疗大数据应用中患者隐私保护及对策研究 [J]. 网络安全技术与应用，2022，10: 64-67.

[6] 余思萍，潘碧，刘秋霞，等. “互联网 +”时代医务人员对患者隐私的保护意识及对策研究 [J]. 中国医学伦理学，2018，31（11）：1385-1389.

[7] 王敦，宫芳芳，李亚男. 患者隐私权保护在大数据和远程医疗中面临的挑战和对策 [J]. 现代医院，2021，21（1）：38-39.

[8] 刘振宁. 保护患者隐私是应有之义 [J]. 方圆，2021，1：75.

[9] 刘智新，刘俊萍，孙明雷，等. 突发公共卫生事件下公众对患者隐私泄露情绪反应及行为应对分析 [J]. 中国公共卫生，2022，38（5）：624-628.

[10] 付建彬. 刍议患者隐私保护——从某医师泄露明星病历被行拘案件谈起 [J]. 中国医学人文，2024，10（03）：64-65.

[11] 王雪峰. 泄露患者隐私的渠道、方式及防范措施 [J]. 锦州医学院学报（社会科学版），2006，4（3）：7-9.

[12] 李立清，丁海峰. “互联网 + 医疗”背景下我国患者隐私泄露风险及防控策略 [J]. 医学与社会，2023，36（1）：57-63.

55